# ANNALES

DE LA

# FACULTÉ DES LETTRES

# D'AIX





Tome II — N^os 1-2

Janvier-Juin 1908

PARIS
FONTEMOING, ÉDITEUR
4, Rue Le Goff, 4

MARSEILLE
IMPRIMERIE BARLATIER
19, Rue Venture, 19

1908

## SOMMAIRE :



---

## ABONNEMENTS

France.................................... **5 francs**
Union postale.............................. **6** —
Un fascicule séparé........................ **3** —

# JEAN-JACQUES ROUSSEAU



## De Genève à l'Hermitage (1712-1757)

PAR

Louis DUCROS

## AVANT-PROPOS

« J'ai dit le bien et le mal avec la même franchise ».
(*Les Confessions*).

Au lendemain de la mort de Rousseau, La Harpe écrivait, dans le *Mercure de France*, le 5 octobre 1778 : « Ce serait une chose intéressante de suivre, dans tout le cours de la vie de Rousseau, les rapports de son caractère avec ses ouvrages, d'étudier à la fois l'homme et l'écrivain ». Tel est le but que je me suis proposé dans cette étude, dont je ne me dissimule pas d'ailleurs l'extrême difficulté.

Qu'il soit très difficile de pénétrer Rousseau, c'est ce que savent de reste ceux qui l'ont lu de près et ce qui, je le crains, n'apparaîtra que trop, au cours de ce travail, à ceux qui le connaissent moins. A n'envisager, en effet, que l'homme même, tout est problème pour son biographe : quel fut, au juste, son caractère ? il n'en est pas de plus malaisé à démêler, parce que Rousseau est pétri de contradictions. Tantôt égoïste et cynique, il est tantôt, ou paraît, affectueux et tendre, épris d'héroïsme et de vertu et il semble que c'est pour lui que Pascal ait écrit son mot fameux sur l'homme : c'est un monstre incompréhensible.

Quelle a été sa vie ? il n'en est pas, on le sait, de plus singulière, de plus féconde en surprises, en contrastes, en aventures de toutes sortes. A-t-il été réellement fou ? et, s'il l'a été, à quelle époque de sa vie, c'est-à-dire, à quel moment de son œuvre, l'est-il devenu ?

Or, toutes ces questions ne sont pas seulement intéressantes par elles-mêmes : elles ont encore, et c'est pour cette raison qu'il faut les étudier avec soin, une importance littéraire exceptionnelle, puisque Rousseau s'est à tel point exprimé et confessé lui-même, non seulement dans ses mémoires, mais dans tous ses autres écrits, qu'il n'est pas peut-être d'œuvre plus personnelle que la sienne.

Et cette œuvre est immense : roman, pédagogie, politique, questions de théâtre et questions religieuses, dans tous ces domaines il a dit des choses neuves ou, si l'on veut, paradoxales et qui, en tout cas, provoquent la discussion. J'aurai assigné, je crois, à Rousseau son vrai rang parmi les littérateurs de son époque, si je dis qu'en somme il a été l'esprit le plus *original* (dans tous les sens du mot), l'écrivain le plus éloquent et le seul vrai poète du XVIIIe siècle, avant la Révolution.

Pour ce qui est enfin de son influence sur la postérité, il ne suffirait pas de dire qu'elle a été très grande, car elle a été telle qu'aucun écrivain d'aucun temps ni d'aucun pays n'en a jamais exercé une pareille. En littérature, — et pour ne rappeler que ce que tout le monde sait, — chacun salue en lui le premier maître du Romantisme français ; car, sans lui, les prédécesseurs mêmes de ce Romantisme, un Chateaubriand et une Mme de Staël n'auraient pas été tout ce qu'ils furent. Et, hors de chez nous, on sait ce que lui doivent, sans parler de l'auteur de la *Critique de la Raison pure*, les deux plus grands poètes de l'Allemagne, l'auteur des *Brigands* et l'auteur de *Werther*.

En politique, nul n'ignore ce qu'est devenu le *Contrat Social* dans les mains des théoriciens et des orateurs de la Révolution ; et, en pédagogie, il a eu des disciples, et qui comptent, jusqu'à l'étranger.

Le secret de son action extraordinaire est connu de ses lecteurs ;

à la fois penseur, orateur et poète, Rousseau n'a pas seulement des idées fécondes ou brillantes ; il a surtout ce qui fait germer et fructifier ces idées dans l'esprit des autres : la chaleur communicative, la flamme du style, les frémissements de l'âme enfin qui seuls peuvent expliquer cette influence vraiment singulière de certains enchanteurs qui traînent comme à leur suite des générations successives de penseurs et d'artistes.

Voilà bien des raisons pour me faire pardonner la longueur de cette étude. Quant à son opportunité, on me permettra de la justifier brièvement par cette seule considération que, si l'on a beaucoup écrit, en France et ailleurs, sur Jean-Jacques Rousseau, on ne l'a pas peut-être étudié assez à fond ni, je le crois du moins, avec l'impartialité nécessaire.

Pour ne parler que des auteurs les plus connus, Saint-Marc-Girardin, dans son ouvrage, d'ailleurs si ingénieux, mais inachevé, a parlé de Rousseau en adversaire politique, puisqu'il déclare lui-même qu'ayant entrepris son cours en Sorbonne au lendemain de 48, « c'était son *Contrat social* qu'il voulait examiner, afin d'attaquer dans son principe la plus funeste erreur de toutes celles qui égaraient en ce moment la société. » — En 1851, Morin, tout au contraire (*Essai sur la vie et les ouvrages de J.-J. Rousseau*, 1851) ne prend la plume que pour défendre Rousseau contre ses nombreux ennemis et pour se faire, comme il dit, « l'avocat de Rousseau ». — Plus récemment, un auteur catholique, M. Henri Beaudouin, a écrit sur Rousseau deux volumes fort utiles (*La vie et les œuvres de J.-J. Rousseau*, 1891) que je ne me permettrai pas de juger à cette place : je dirai simplement que sur le même sujet je me propose d'écrire un ouvrage très différent du sien.

En Angleterre, M. John Morley (*Rousseau*, 2 vol. London, 1891) et en Allemagne M. Brockerhoff (*J.-J. Rousseau. Sein Leben und Seine Werke*, Leipzig, 1874, 3 vol.) ont écrit sur Rousseau des ouvrages consciencieux, intéressants même, je parle surtout de celui de M. Morley, mais trop peu documentés et, à ce qu'il me semble du moins, trop dénués d'esprit critique : par exemple, ils ont trop ajouté foi aux récits des *Confessions* ; et d'ailleurs un écrivain, allemand ou anglais, peut-il apprécier pleinement un écrivain français ? Il y a, il est vrai, un Français, très intelligent et très érudit, le regretté Texte, qui a écrit sur Rousseau une thèse des plus suggestives : *J.-J. Rousseau et les origines du cosmopolitisme littéraire*, 1895. Mais, outre qu'il n'étudie dans Rousseau qu'une question très particulière, j'estime que Texte s'est fortement mépris en voyant dans Rousseau ce qu'il n'a pas été vraiment, et ce qu'a été, à sa place, Mme de Staël, à savoir l'inventeur du cosmopolitisme littéraire, de cet état d'esprit que Mme de Staël précisément a appelé « l'esprit européen ».

Mais si Rousseau n'était pas, comme on l'a prétendu, un cosmopolite, qu'était-il donc ? — Avant tout un Genevois, et il faut, par conséquent, pour essayer de le bien comprendre, se demander tout d'abord ce qu'est Genève et le caractère genevois ; c'est donc par un rapide aperçu sur l'esprit genevois que je commencerai cette étude (1).

Un dernier mot avant d'aborder mon sujet. Les Rousseauistes me reprocheront peut-être de n'avoir pas attendu, pour écrire mon livre, l'achèvement de l'œuvre si vaillamment entreprise par la Société Jean-Jacques Rousseau. Je répondrai que s'il faut, pour parler de Rousseau, attendre qu'une édition critique de ses œuvres ait été publiée, que sa correspondance ait été complétée, attendre enfin tout ce qu'on découvrira d'inédit au cours des âges, personne ne devra avant plusieurs générations rien écrire sur Rousseau. N'est-il pas permis, dès maintenant, après avoir rassemblé les documents mis au jour et consulté les manuscrits connus, en France et surtout en Suisse ; après avoir essayé, ce qui est plus nouveau qu'on ne pense, de lire Rousseau avec des yeux non prévenus, n'est-il pas permis, dis-je, de

(1) M. Brédif a fait naguère sur *Le caractère intellectuel et moral de Rousseau* 1906, un livre utile et substantiel, mais dont le plan échappe au lecteur. Et je n'ai pas besoin de rappeler les brillantes causeries de M. Jules Lemaître, sur *Rousseau*, 1907. J'aurai plus loin l'occasion de dire mon sentiment sur l'ouvrage récent de Mme Macdonald : *J.-J. Rousseau, a new criticism*, London, 1906. Enfin, il me suffira sans doute de mentionner ici le très vivant et très impartial petit volume de M. Chuquet sur *Rousseau* dans la collection des *Grands écrivains français*, de Hachette.

hasarder une étude, qu'on s'efforcerait d'écrire aussi exacte et aussi impartiale que possible ? Il m'a semblé qu'une telle étude, au cas où la mienne aurait ces humbles mérites, pourrait être utile pour un temps, et cette utilité toute provisoire suffirait à mon ambition.

---

# CHAPITRE PREMIER

## GENÈVE ET L'ESPRIT GENEVOIS

« O lac, sur les bords duquel j'ai passé les douces heures de mon enfance ! charmants paysages où j'ai vu pour la première fois le lever du soleil, où j'ai senti les premières émotions du cœur; hélas ! je ne vous verrai plus. Ces clochers, qui s'élèvent au milieu des chênes et des sapins, ces ateliers, ces fabriques, bizarrement épars sur des torrents, ces sources, ces prairies, ces montagnes qui m'ont vu naître, elles ne me verront plus (1) ».

Ainsi Rousseau, au soir de sa vie, évoquait, du fond de sa rue Plâtrière, le souvenir, à la fois triste et doux, de son ingrate et toujours chère Genève : c'est l'image de cette même Genève que j'aimerais évoquer à mon tour pour préparer le lecteur à mieux comprendre l'originalité du plus illustre de ses enfants; non que je veuille décrire ce qui fait de Genève une « ville charmante », ainsi l'appelle Claire d'Orbe ; ce n'est pas la Genève pittoresque, avec son lac enchanteur, que je voudrais peindre, et comment l'oserais-je d'ailleurs, après Rousseau ? mais c'est, si je puis dire, la Genève politique et morale, que je voudrais brièvement esquisser, parce que c'est de cette Genève là que Rousseau tient quelques-uns des traits les plus saillants de son caractère et même de son génie.

Pour bien faire connaître Genève, il faudrait pouvoir raconter en détail les émouvantes péripéties de son histoire. Mais, même à ne la considérer que dans son ensemble et, si l'on peut dire,

(1) J.-J. Rousseau : Lettre à M. le prince de Belozelski (27 mai 1773).

dans son sens général et philosophique, l'histoire de Genève va nous montrer ces deux nobles choses : comment une petite cité, entourée de puissants ennemis, réussit, à force de vigilance et de courage, à sauver son indépendance politique; et comment cette même cité, par la profondeur et la ténacité de ses convictions religieuses, est devenue l'indestructible foyer d'une foi nouvelle et le refuge assuré de tous ceux que cette nouvelle foi a fait chasser de leur pays.

Et d'abord, l'histoire politique de Genève est comme une longue veillée d'armes; cette petite cité a contre elle, tour à tour ou tout à la fois, l'Empereur, l'évêque et le comte de Genevois, et, plus tard, le duc de Savoie, qui concentre dans ses mains les droits de l'évêque et du comte : elle tient tête à tous ses ennemis et, en les opposant habilement l'un à l'autre, elle arrive à les annuler l'un par l'autre; et, finalement, après avoir échappé à mainte embûche et à des coups de main sans nombre, elle réussit à rester une ville libre, maîtresse absolue de ses destinées. Naguère encore, jalouse à bon droit de son glorieux passé, elle célébrait, à la fois par d'originales études dues à la plume de ses plus savants historiens, et par de brillantes fêtes auxquelles prenait part le peuple tout entier, une des plus grandes dates et des plus populaires de son histoire : c'est le 12 décembre 1602, au milieu de la nuit, que les soldats du duc de Savoie, en train d'*escalader* la ville, furent repoussés et précipités du haut des murs. Genève, en effet, était défendue par des remparts depuis le XVIe siècle : mais, comme dans les cités antiques, les meilleurs remparts, pour elle, avaient été, de tout temps, les poitrines de ses bons citoyens : voilà pour l'histoire politique.

Son histoire religieuse, à partir du XVIe siècle, se résume dans un nom: celui de Calvin. Calvin fut, pour cette Sparte moderne, ce que Lycurgue avait été pour la Sparte antique : plus qu'un législateur, un régénérateur. Confondant, comme Licurgue, la morale et la politique, il fit de la vertu d'alors, c'est-à-dire de la piété, le premier devoir du citoyen; et, par la rigueur de ses lois, mais surtout par sa volonté de fer, il dompta la turbulente cité, lui donna, chose étrange ! non seulement une physionomie, mais des mœurs nouvelles et la recréa vraiment à son image. Que tout ne soit pas à louer dans son œuvre, c'est ce que la biographie même de Rousseau nous donnera mainte occasion de constater : mais ici encore, comme pour l'histoire politique, si l'on envisage seulement le but atteint, on ne peut qu'admirer l'énergie de la vieille cité qui, renouvelée et comme grandie par le haut idéal moral que lui avait assigné son impérieux dictateur, se dressa fièrement, en face de la Rome des papes, comme la forteresse inexpugnable du protestantisme.

Or cette ville qui, après avoir si bravement défendu sa liberté politique, assurait maintenant à tous les Réformés d'Europe la liberté religieuse, combien comptait-elle donc d'habitants ? 13.000 à peine.

Il est permis de dire, après cela, que Genève n'est pas seulement la très belle ville aux quais magnifiques qu'admirent seule les étrangers, mais qu'elle est encore une des plus vaillantes et des plus nobles cités dont puisse s'enorgueillir la démocratie moderne ; et l'on comprend alors que, d'être Genevois, cela inspire une très légitime fierté.

Mais la fierté confine à l'orgueil : les fils de Calvin se sont-ils gardés de ce travers ? nous abordons ici la psychologie du caractère genevois. Les luttes journalières où, sans cesse, pour défendre sa liberté, on expose sa vie, trempent le caractère et font le vrai citoyen : mais ce citoyen, elles l'exaltent en même temps et, lui donnant une très haute idée de sa valeur personnelle, elles l'inclinent à l'orgueil. Le Genevois est foncièrement orgueilleux.

Il n'est pas vaniteux : le vaniteux, comme le Français, recherche les honneurs ; il les étale et il s'en vante, comme aussi de ses hautes relations sociales, et il semble avouer, par ses vanteries même, que ces distinctions le rehaussent à ses propres yeux, qu'il s'en trouve honoré ; vous ne croiriez pas peut-être, s'il ne vous le disait, qu'il ait mérité tant d'honneurs et de si illustres amitiés : c'est pourtant vrai, et il fait en sorte que vous en soyez informé : il y a une réelle humilité au fond de sa vanité. Tout autre est l'orgueilleux : les distinctions et les récompenses honorifiques, il les dédaigne, il n'en a pas besoin, lui, pour oser s'estimer tout son prix ; il ne se vante pas, mais son ton de voix, son attitude, son silence même, son silence surtout en de certaines occasions, vous font savoir de reste qu'il sait tout ce qu'il vaut ; tel est l'orgueilleux et tel est bien un peu le Genevois, s'il est vrai qu'il croie avoir un double motif d'être content de lui : n'est-il pas d'abord « citoyen de Genève » et ces mots-là n'ont-ils pas pour lui un aussi beau son que le titre fameux : *civis romanus sum* ? N'est-il pas ensuite protestant et ne sait-on pas (un proverbe local l'affirme), qu'il faut au moins trois juifs pour faire un protestant de Genève ? Rousseau lui-même aura-t-il de l'orgueil ? il n'en saurait manquer étant, on le verra, de bonne famille genevoise. Seulement la nature l'a de ce côté si copieusement pourvu qu'on pourrait dire qu'il y a autant d'orgueil en lui seul que dans toute la ville de Genève.

Mais voici une autre conséquence de l'intensité de la vie politique : s'il veut être prêt à repousser les attaques subites du duc de Savoie, à éventer les complots de l'évêque et de tous ceux qui en veulent à sa liberté, il faut que le Genevois soit toujours aux aguets et sur le qui-vive ; qu'il ait l'œil, non seulement sur l'ennemi déclaré, mais sur ses complices, il y en a toujours dans la ville ; plus tard, sous la dictature de Calvin, il faut qu'il se surveille lui-même s'il veut échapper à la redoutable censure de MM. les Pasteurs : tout cela fait qu'on se replie en soi et qu'on s'observe pour donner moins de prise au soupçon ; l'on se méfie alors et l'on devient soupçonneux soi-même et susceptible à l'excès. On ne s'apprête pas seulement à repousser l'offense, mais à la prévenir et, dès lors, là où elle est, on la croit plus grave, et, là où elle n'est pas, on la suppose et on n'en souffre pas moins : ce sera exactement le cas de Rousseau.

On sait qu'il se brouillera successivement avec tous ses amis, et sans doute il serait ridicule d'avancer que ses compatriotes sont d'ordinaire ombrageux comme lui ; de même que son orgueil est unique, sa susceptibilité maladive n'est aussi qu'à lui seul ; pourtant à l'origine de celle-ci il y a bien eu, je crois, quelque chose qu'on pourrait, sans trop d'impertinence, appeler la susceptibilité genevoise.

Dans toute ville libre, comme Genève, il y a au moins deux partis, les riches et les pauvres, et ces deux partis se disputent sans cesse : ainsi le veut la liberté ; un parti qui se déclarerait satisfait serait un parti qui abdique. Il en résulte qu'un bon citoyen n'a pas le droit de penser que tout va bien dans la république ; or jamais les citoyens de Genève n'ont manqué, si l'on peut ainsi parler, au devoir républicain de trouver à redire à ce qui est et de fronder les institutions ou les gens en place ; et c'est pourquoi Genève avait mérité, dès le XVIe siècle, qu'on l'appelât « la cité des mécontents ». Evidemment, dans une pareille ville, il y a tel quartier où le mécontentement sera particulièrement vif, où l'on sera révolté et même, si le naturel n'est pas excellent, envieux de naissance et c'est le quartier pauvre ; il s'appelle à Genève le quartier Saint-Gervais ; c'est là que se recrute le parti des mécontents par excellence, de ceux que, dans la langue du pays, on appelle les *avenaires*.

Or Rousseau enfant habitera assez longtemps ce quartier et plus tard il s'y fera des amis et l'on peut dire, je crois, que l'avenaire de Saint-Gervais ne sera pas étranger, par exemple, aux violentes invectives du *Discours sur l'inégalité* contre les puissants et les riches. Précisément on verra plus loin l'écho que trouveront dans le quartier Saint-Gervais les déclamations et les colères de ce discours.

Un trait encore pour achever le portrait : descendant des Allobroges, le Genevois n'est pas exempt d'une certaine rudesse ; dans la conversation il s'applique moins à être aimable qu'à avoir raison et il a raison un peu durement ; il sait fort bien être ironique, mais son ironie n'est point légère ; il n'a pas assez fréquenté jadis à Ferney où il eût appris à glisser sans appuyer ; il ne se contente pas, étant très avisé, de frapper juste, il frappe un peu fort : Rousseau, lui, frappera de façon à assommer ses adversaires ; il aura l'ironie accablante et on aura beau s'appeler l'archevêque de Paris ou le roi de Pologne, aucun titre, pas même le titre de femme — et il montrera bien par là qu'il n'est pas né en France — ne préservera ses ennemis, ou ceux qu'il considère et traite comme tels, de ses formidables coups de boutoir. Il n'est pas un de ses amis, pas une de ses bienfaitrices, qui ne se soit aperçu à ses dépens qu'il y avait en lui, derrière le Parisien qui savait être très aimable, un Allobroge qu'on ne soupçonnait pas, et qui brusquement vous insultait.

Voilà ce que j'appellerai, avec ce qu'il y a ajouté de personnel, *le caractère genevois* de Rousseau. Essayons de préciser maintenant en quoi *son esprit* est — ou n'est pas — de Genève.

Ecoutez parler ce citoyen, justement fier du rôle qu'il joue dans la république, où il est « membre du Souverain » : il dit très librement ce qu'il pense, même si ce qu'il pense n'est pas l'opinion commune, même s'il est seul de son avis ; en un mot, ce que Voltaire et les encyclopédistes reprocheront si amèrement à Jean-Jacques, le Genevois le fait couramment : il fait « bande à part » — et même assez volontiers, s'il est vrai qu'il ne manque pas de goût pour le paradoxe : Rousseau, lui, en aura la passion. Mais, beaucoup moins téméraire que Rousseau, le Genevois ne pousse pas ses paradoxes très loin et ne les prend pas sans doute très au sérieux ; car, il faut se hâter de le dire : l'esprit du Genevois est, avant tout, essentiellement pratique. Il a le sens des affaires, il sait comment il faut s'y prendre pour gagner de l'argent, ses riches banquiers l'ont montré de reste et un vieux proverbe nous assure que, si on voit un Genevois se jeter par la fenêtre, on ne risque rien de s'y jeter après lui, parce qu'il y a sûrement quelque chose à gagner.

Rousseau reprochait à ses compatriotes, par la bouche de Claire d'Orbe, de « trop aimer l'argent », et ce n'est certes pas un reproche qu'il méritera lui-même. Remarquons pourtant que, s'il n'est pas intéressé, il n'est pas non plus prodigue : c'est qu'à Genève, si les patriciens savent s'enrichir, les bourgeois, et les Rousseau sont de la bourgeoisie, aiment avoir un ménage bien tenu où recettes et dépenses s'équilibrent. Jean-Jacques de même aura toujours de l'ordre dans son petit ménage : il tiendra un compte exact de ses menues dépenses et paiera très strictement ses petites dettes ; il aura un métier, parce qu'un bon bourgeois doit songer au lendemain ; et ces habitudes d'ordre et d'économie, il ne s'en départira jamais dans sa vie aventureuse et dans ses courses à travers l'Europe : il sera un nomade et un vagabond ; il ne sera pas, du moins dès qu'il pourra gouverner sa vie, ce qu'on n'est jamais à Genève : un bohème.

Cet esprit pratique et ce sens des réalités, le Genevois les a appliqués de tous temps aux sciences naturelles qu'ont cultivées avec tant d'éclat les Bonnet, les de Saussure, les Candolle et tant d'autres. Quand Rousseau touchera à la botanique, ce sera plutôt en amateur, en « herboriste » suivant son mot, qu'en savant ; ses lettres sur la botanique, il ne les écrira que très longtemps après ses grandes œuvres et, quelle que soit la valeur de ses herbiers, on ne s'inquiéterait pas de noter par exemple qu'il savait distinguer le *gentiana campestris* du *gentiana filiformis*, s'il n'avait pas écrit les phrases que l'on sait par cœur sur « l'or des genêts et la pourpre des bruyères ». Tandis que le Genevois, épris de réalités, étudie volontiers la nature en naturaliste, Rousseau se plaît à y promener ses rêveries poétiques. Et de même que le Genevois aime assez, on l'a vu, le commerce de l'argent, où il est un très prudent spéculateur, Rousseau ne se plaît que dans les théories où il est le plus téméraire des spéculatifs.

A l'inverse donc de ses compatriotes qui, en sciences comme en affaires, sont très réalistes, il est, lui, le plus idéaliste des hommes. Tout à l'heure nous constations que né, pour ainsi dire, mécontent et frondeur, en cela il était bien de son quartier ; maintenant nous voilà amenés à dire au contraire que, théoricien et rêveur, c'est-à-dire, épris d'irréel, il n'est plus même de son pays, du pays où les banques prospèrent et où les spéculations, nullement chimériques, se traduisent en sonnantes réalités.

Je n'ai pas l'impertinence de prétendre qu'à Genève on ne s'intéresse qu'aux réalités de la vie et aux sciences de la nature ; des œuvres littéraires dans tous les genres me donneraient de trop éloquents démentis ; mais voyons donc de quelles qualités a fait surtout preuve l'esprit genevois dans ces sciences morales précisément qui sont le domaine où s'est exercé le génie de Rousseau. Pour ce qui est de la morale proprement dite, il suffit de noter en passant, tant elle saute aux yeux, la parfaite conformité entre la tendance de Rousseau à moraliser et le plaisir qu'y semblent prendre ses compatriotes : Rousseau prêchera son siècle, comme les Calvinistes de Genève se prêchent les uns les autres, et il y aura dans le Genevois Rousseau un prédicant intarissable : voir tous ses sermons, c'est-à-dire toutes ses œuvres.

Tout prêcheur prend aisément le ton dogmatique : Rousseau trouvait les Genevois de son temps « un peu pédants » et les Genevoises « un peu précieuses ». Deux jolies ouvrières échangent devant leur boutique des propos enjoués ; supposez-les françaises, vous devinez ce qui peut les faire rire ; mais nous sommes à Genève : « Ecrivons notre journal, dit l'une ; c'est cela, répond l'autre ; le journal le matin et tous les soirs le commentaire » (*Nouvelle Héloïse*, VI, 5). Rousseau se moque d'elles : mais lui-même, que fera-t-il donc toute sa vie, sinon écrire le journal de ses impressions et de ses rêves ? et quant au commentaire du journal, pour mieux s'en acquitter, il se dédoublera et c'est ainsi que nous aurons Rousseau commentateur, ou, comme il s'appelle, « juge de Jean-Jacques. »

Pourtant, il semblera aussi sortir de lui-même et nul, dans son siècle, ne traitera avec plus d'ampleur les questions morales et politiques. Tandis que ses compatriotes, en touchant à ces questions, semblent redouter les conséquences extrêmes, — ils auraient trop de peine à les mettre d'accord avec la réalité, qui leur est chère avant tout, — il ira, lui, avec une intrépidité que rien n'arrête, jusqu'au bout de tous ses raisonnements ; et tout de même que les Genevois ne sont point très curieux de remonter aux causes premières et aux origines, — les causes secondes sont plus sûres et très suffisantes à des naturalistes ; et quant à ce qui est de l'origine des choses, n'a-t-on pas, sur ce point, la Bible et Calvin pour édifier les esprits sages ? — Rousseau, au contraire, remettra tout en question, les principes de l'éducation, comme les fondements des religions et des sociétés : un pur Genevois n'aurait certainement pas écrit l'*Émile* ni le *Contrat Social*. On peut donc avancer, je crois, que Rousseau a plus d'audace et de profondeur d'esprit, qu'il est vraiment plus philosophe qu'aucun de ses compatriotes : c'est le seul grand penseur qu'ait eu Genève.

Et enfin, dernière et suprême différence : si la nature n'a refusé aux Genevois ni les facultés artistiques, ni certaines qualités littéraires, telles que la solidité, l'ingéniosité ou l'humour, je ne crois pas cependant qu'elle les ait doués de la grande imagination qui fait les poètes. Or, que Rousseau soit un grand imaginatif, qu'il soit même le seul vrai peintre et le seul vrai poète du XVIII^e^ siècle, c'est ce que nul ne conteste. Et précisément, ce lac de Genève, il est le premier qui se soit avisé de le trouver, ou, ce qui revient au même, de nous le faire trouver beau : mais lui-même, pour le voir tel, il a dû s'en éloigner, changer d'horizon, se dépayser enfin ; son génie a fait de même : il a eu Genève pour patrie, et on l'oublie trop en France ; mais peut-être aussi qu'on s'en souvient trop à Genève ; car ce génie ne s'est pleinement épanoui qu'en s'expatriant, disons le mot : qu'en se francisant d'une certaine manière et dans de certaines limites. En quelle mesure sa vie à Paris et aussi ses longs séjours en Savoie, mais, par dessus tout, son étude des auteurs français ont modifié le Genevois qu'il était de naissance, c'est ce qui apparaîtra à mesure que nous avancerons dans cette étude, de même que peu à peu chacune de ses œuvres nous révèlera ce qu'il ne doit ni à Paris, ni à Genève, mais à lui seul, ce qui le distingue aussi bien de tous les Suisses que de tous les Français de son temps et ce qui fait en définitive qu'il est bien vraiment, comme il s'en vante sans cesse, un être unique, et ajoutons : extrêmement compliqué. On sait que, par les bizarreries de son caractère, il déconcerta ses amis, comme par l'étrangeté de son génie il étonna ses contemporains ; ce caractère et ce génie, même aujourd'hui, après tant d'études dont ils ont été l'objet, ont gardé pour nous je ne sais quoi d'énigmatique.

Il m'a paru que le meilleur moyen de pénétrer, s'il est possible, cet homme singulier, qui prétendait « n'être fait comme aucun des hommes qui existent », c'était de dégager tout d'abord ce qu'il dut à son pays même, c'est-à-dire précisément ce qui était fait pour le rendre, en partie du moins, inintelligible à nos Français du XVIIIe siècle. Quand on parlait de lui dans les cercles littéraires ou dans les journaux du temps, on l'appelait couramment « le citoyen de Genève » ; mais que signifiait cette appellation et que pouvait bien être au juste un citoyen de Genève, c'est une question qu'on ne se posait point : c'est à cette question, vraiment primordiale pour qui veut connaître à fond Rousseau, que j'ai essayé de répondre dans le présent chapitre, avec une témérité, et aussi une liberté de propos dont je devrais peut-être m'excuser auprès des compatriotes de Rousseau : mais je m'assure qu'ils ont assez d'esprit pour me prouver que je me suis trompé quand j'ai parlé de la susceptibilité genevoise.

---

# CHAPITRE II

## LA FAMILLE DE ROUSSEAU

---

Jean-Jacques Rousseau naquit à Genève, le 28 juin 1712, d'Isaac Rousseau et de Suzanne Bernard. La famille Rousseau nous est suffisamment connue : c'était une famille de réfugiés français, dont le représentant le plus ancien qu'aient pu atteindre les généalogistes, Didier Rousseau, était venu se fixer à Genève au XVIe siècle. Reçu « habitant » (1) dès 1549, il avait d'abord été « vendeur de vin » à l'enseigne de la Main, puis libraire. La taxe qu'il dut payer pour obtenir le droit de bourgeoisie, et qui était proportionnelle aux moyens d'existence du postulant, prouve que Didier était très à son aise. Il se maria deux fois et n'eut d'enfants que de sa seconde femme, Mie Miège, fille d'un paysan Savoyard. Ainsi, aussi haut que nous puissions remonter dans la série des ascendants de Rousseau, nous trouvons un

*Bibliographie : Confessions*, livre I. *Nouv. Héloïse*, VII, 5. — Musset-Pathay : *Histoire de la vie et des ouvrages de J.-J. Rousseau*. Paris 182, t. II, p. 258. — Steinlein : *Revue Suisse*, 1852,3. — Heyer : *Une inscription relative à Rousseau* (Mém. de la Société d'histoire de Genève, t. IX). — Dufour-Vernes : *Recherches sur J.-J. Rousseau et sa parenté*. Genève, 1878. — Eug. Ritter : *La famille et la jeunesse de J.-J. Rousseau*, Hachette, 1896. — Je me suis servi de l'édition de Musset-Pathay (1826) en 25 volumes. D'ailleurs j'indique toujours l'œuvre et le chapitre de l'œuvre de Rousseau que je cite.

(1) Quiconque, nous dit M. Th. Dufour, venait s'établir à Genève, devait en demander la permission au Conseil; il prêtait serment aux lois de la cité et était reçu *habitant*, titre qui lui restait toute sa vie, s'il ne cherchait pas à devenir bourgeois ; ses enfants, nés à Genève, étaient appelés *natifs* et ainsi de leurs descendants jusqu'à ce qu'ils fussent admis à la bourgeoisie. Le nouveau *bourgeois* conservait cette dénomination et ses enfants, nés après sa réception à la bourgeoisie, prenaient le titre de *citoyens* ainsi que leurs descendants. Cette hiérarchie dura jusqu'en 1792.

Français presque un Parisien (Didier était de Montlhéry) et une Savoyarde, c'est-à-dire, d'un côté, le sang vif et l'esprit délié : Didier montra bien vite à Genève, par sa facilité à changer de métiers et à y réussir, qu'il n'avait pas, quoique huguenot persécuté, laissé son entrain et sa vivacité française à la frontière ; et nous voyons, d'autre part, par cette fille de la Savoie qui est de cinq générations en arrière, la plus ancienne aïeule, à nous connue, de Jean-Jacques, comme un premier et fugitif rayon de cet esprit savoyard qui est plus délicat et moins tendu que l'esprit genevois : Rousseau en subira plus tard et plus directement la douce influence dans ses flâneries et rêveries à Annecy et aux Charmettes.

Un Parisien uni à une Savoyarde, cela pouvait faire un ménage très gai ; mais les deux époux, huguenots tous deux, avaient planté leur tente dans la cité de Calvin : c'était s'engager, en dépit de leurs origines et qui sait ? de leur tempérament, à vivre saintement dans la crainte du Seigneur et du Consistoire. Or cette lutte, peut-être inconsciente, entre leurs instincts premiers et l'austère discipline calviniste, lutte qu'il n'est pas téméraire de supposer chez ces deux étrangers, transplantés à Genève, je la retrouve, et cette fois manifeste, c'est-à-dire attestée par les registres consistoriaux, chez la plupart des descendants de Didier Rousseau.

Déjà même ne voyons-nous pas la femme de Didier admonestée par le Consistoire pour avoir flâné dans la rue à l'heure du catéchisme, et elle s'excuse en disant qu'il fallait « abreuver ses bêtes » ; peccadille, à coup sûr, même pour ce temps et dans cette ville ; mais tout de même, si on la rattache aux remontrances adressées, ici au grand-père de Jean-Jacques pour ses petites soirées dansantes, là à son père même pour diverses fredaines et écarts de conduite plus graves, ne semble-t-il pas que tous ces traits sont comme autant de petites révoltes de l'instinct national et, si l'on n'envisage que les ascendants mâles, comme autant de protestations de cet esprit primitif et gaulois, qui, devenu « réformé », c'est-à-dire déjà assez austère, a quelque peine à se faire genevois par-dessus le marché ?

Cette difficulté, que semblent avoir eue certains descendant de Didier Rousseau, sinon à se faire leur place au soleil à Genève, du moins à s'identifier complètement au caractère et aux mœurs genevoises, ne nous fait-elle pas déjà pressentir et n'explique-t-elle pas par avance ce bizarre antagonisme entre les deux nationalités de Jean-Jacques ? Il sera trop français pour les pasteurs suisses de son temps, comme il avait été trop « citoyen de Genève » pour ses amis de Paris.

Sans nous arrêter, plus qu'il ne convient, à cette préformation lointaine, et forcément conjecturale, d'un génie si contradictoire, descendons, pour arriver jusqu'à lui, et tout en continuant de l'expliquer et, pour ainsi dire, de le deviner par eux, la suite ininterrompue de ses ancêtres à partir de Didier, le chef genevois de la famille Rousseau.

Jean Rousseau, le second fils de Didier, eut dix-neuf enfants, dont le septième, David, fut le grand-père de Jean-Jacques. David eut quatorze enfants, dont beaucoup moururent en bas âge ; il lui resta six enfants, dont trois fils, qui furent horlogers, comme l'avaient été leur père et leur grand'père : l'un d'eux, Isaac, fut le père de Jean-Jacques ; l'autre, David, nous est à peu près inconnu ; le troisième alla vivre en Hollande ; les trois autres enfants de David, trois filles, qui furent les tantes de Rousseau, se nommaient : Théodora, Clermonde et Suzanne ; celle-ci, la tante Suzon, devait remplacer au foyer la mère de Rousseau.

Le père et la mère de Rousseau nous sont beaucoup plus connus que ses ancêtres : voyons cependant ce que nous apprennent, ou ce que peuvent nous suggérer sur ces derniers, les archives et registres du temps. Les Rousseau sont horlogers de père en fils : or à Genève, au XVII^e^ et au XVIII^e^ siècle, un horloger est tout autre chose qu'un vulgaire artisan (1). D'abord il peut arriver à une très belle aisance ; par exemple, Jean Rousseau,

(1) Coxe, qui visita la Suisse en 1774, écrit ce qui suit sur la ville de Genève : « Les gens même de la dernière classe sont très *instruits* et il n'est aucune ville en Europe où les connaissances soient aussi généralement répandues. J'ai eu beaucoup de plaisir à m'entretenir de *littérature* et de politique avec plusieurs marchands. » *Essai sur l'état présent de la Suisse*, trad. en français par Ramond, 1781, p. 340.

l'arrière grand-père de Jean-Jacques, avait laissé en mourant 30.000 florins, ce qui est une fortune au XVII^e siècle. Que cet héritage ait dû être partagé entre de nombreux enfants, que même tel ancêtre de Rousseau, Didier, par exemple, le fondateur genevois de la famille, ait laissé des affaires quelque peu embrouillées, il n'en est pas moins vrai qu'il avait acheté — son titre de bourgeois l'obligeait à être propriétaire à Genève, — trois maisons et un champ, ce qui constituait alors une très honnête aisance et ce qui suppose qu'il était parti de France avec l'escarcelle bien garnie. Ainsi nous avons affaire à une famille de bonne et solide bourgeoisie : Rousseau s'en souviendra, même dans ses plus mauvais jours. Fils et petit-fils de bons bourgeois, il n'était pas né pour être laquais. Il recherchera, on sait avec quelle éloquente amertune, les causes de l'inégalité parmi les hommes ; mais si je recherche à mon tour les causes mêmes de cette amertume, je ne crois pas me tromper en affirmant que l'une d'elles, tout au moins, était le mécontentement du bourgeois déchu et aussi la sourde colère d'un homme que, dans bien des situations de sa vie, ses ancêtres eussent désavoué et qui pourtant, par l'âme et le génie, se sentait supérieur à eux, comme à tous les bourgeois cossus de Genève et d'ailleurs. Qu'il se l'avoue ou non, ses invectives contre la société seront d'abord la revanche du pauvre contre la mauvaise fortune qui l'a déclassé ; et elles seront en outre un moyen pour lui de donner habilement le change, non seulement à sa rancune, mais aussi à l'amer souvenir des fautes et des bassesses qui l'auront pour un temps abaissé et avili.

Mais établissons de plus près la situation exacte de sa famille au sein de cette société bourgeoise de Genève dont elle fait partie: cette situation même va nous suggérer par avance une première explication des ardentes révoltes de Jean-Jacques, non plus contre la société en général, mais contre cette aristocratie genevoise à laquelle il donnera un si furieux assaut dans ses *Lettres de la montagne*. Les Rousseau étaient de la bourgeoisie (1) : ils

(1) Brunetière a eu tort d'écrire : « Non seulement par leur situation de fortune, mais par leur éducation, par leurs goûts, par toutes leurs habi-

n'étaient pas de la haute bourgeoisie genevoise. Un citoyen, dans une petite république comme Genève, ressemble si fort à un autre citoyen, qu'il faut de toute nécessité, si l'on veut se distinguer de la foule et avoir un rang, hiérarchiser soigneusement la république et tenir la main à ce que tous les degrés de cette frêle hiérarchie ne soient franchis qu'à de certaines conditions, lesquelles ne seront pas faciles à remplir. Or, quelqu'aisés et même quelqu'intelligents que paraissent avoir été les Rousseau, aucun d'eux ne fut des Deux-Cents ; nous aurons à expliquer plus tard ce qu'était ce conseil : il suffit de savoir ici que qui y était élu entrait par là même dans la haute bourgeoisie. Celle-ci en outre, comme pour mieux marquer, en la figurant aux yeux, son élévation, trônait dans la *ville haute*, laissant aux simples bourgeois et au menu peuple les rues *basses* de la cité ; et naturellement on était dans ces rues plus frondeur et plus égalitaire que dans les rues hautes ; et d'avoir passé une partie au moins de son enfance dans ces quartiers populaires, où chacun avait la tête très près du bonnet, cela n'était pas un très mauvais apprentissage pour qui devait écrire contre les patriciens de Genève les *Lettres de la montagne* et contre tous les privilégiés de l'univers le *Discours sur l'inégalité* et le *Contrat social.*

A vrai dire, par sa mère, Suzanne Bernard, Jean-Jacques toucha un instant à l'aristocratie ; mais son cousin Bernard qui avait été son compagnon d'études et qu'il avait aimé comme un frère chez le pasteur Lambercier, s'empressa de le tenir à dis-

tudes, père et mère, oncles et tantes, les parents de Jean-Jacques étaient peuple, au sens le plus fâcheux du mot et lui-même devait mettre une vanité singulière à le rappeler toute sa vie. La vulgarité de son origine et, de là, celle de ses goûts, c'est le premier trait du caractère de Rousseau, celui qui le distingue de tous les écrivains de son temps, tous bourgeois ou presque tous, quelques-uns même de l'ancienne marque et dont le premier soin, quand ils ne le sont pas, est de se vêtir, de se conduire, surtout de parler et d'écrire comme s'ils l'étaient. » Laissons « les autres écrivains de son temps » qui ne sont pas en cause ici : mais pour ce qui est de Rousseau et de la famille de Rousseau, l'erreur de M. Brunetière est manifeste : les Rousseau étaient des bourgeois et Jean-Jacques, on le verra, resta bourgeois par certains côtés de son caractère et jusque dans certains détails de sa vie. (Voir Brunetière : *Études critiques*, 3me série, p. 259).

tance dès qu'il eut pris son essor : « il était un garçon du *haut ;* moi, chétif apprenti, je n'étais plus qu'un enfant de Saint-Gervais. Il n'y avait plus entre nous d'égalité malgré la naissance ; c'était déroger que de me fréquenter. » On sent, rien qu'à ces mots écrits si longtemps plus tard, combien dut être vive cette première blessure, faite à l'amour-propre de l'impressionnable Jean-Jacques, par la main d'un ami et d'un très proche parent. En vérité, si l'on rassemble tous ces menus faits, et en se gardant du reste d'en exagérer l'importance, n'apparaissent-ils pas comme autant de signes avant-coureurs, et ne nous préparent-ils pas à voir surgir un jour le tribun fougueux que les orages de la vie devaient peu à peu surexciter, puis soudainement déchaîner sur le monde ? Quand éclata la fureur de ses premières déclamations, ce fut, on le sait, une stupeur générale. D'où nous vient celui-ci ? s'écriait Voltaire, qui ne devait jamais réussir à le comprendre ; il venait d'un quartier très lointain, dont les manières et surtout les passions politiques étaient aussi étrangères que possible aux gens du monde et aux gens de lettres de Paris : il venait du très démocratique et très turbulent quartier de Saint-Gervais (1).

On sait que le Rhône coupe la ville de Genève en deux parties inégales, dont l'une, la plus considérable, située sur la rive gauche, comprend les rues « hautes » et les rues « basses » ; et l'autre, sur la rive droite, forme le quartier Saint-Gervais. Jean-Jacques, qui était né dans la Grand'Rue (rive gauche), sur l'emplacement de la maison qui porte aujourd'hui le numéro 40, passa et repassa le Rhône, habitant, chez son père, tantôt dans la Grand'Rue depuis sa naissance (1712), jusqu'en 1719 ou 1720, puis, à cette dernière date, très probablement à Saint-Gervais, où son père avait passé les premiers temps de son mariage et où il paraît s'être établi après avoir vendu sa maison de la

(1) Un ami d'Isaac Rousseau, Marcel de Mézières, écrira à Jean-Jacques : « Votre livre sur l'*Inégalité des conditions*, dédié à nous tous, grands et petits, n'a pas eu le bonheur de plaire aux premiers. En effet, est-il naturel de supposer quelque égalité entre des individus, dont les uns comptent deux ou trois générations de syndics dans leurs familles et les autres, cinq ou six d'horlogers et autres artisans honnêtes ? » (E. Ritter : *La famille et la jeunesse de Rousseau*, 163).

Grand'Rue ; et enfin, quand il est mis chez Ducommun, dans la rue des Étuves, encore dans le quartier Saint-Gervais. C'est à ce quartier qu'il fait allusion, quand il parle de sa rupture avec son cousin Bernard, lequel, remonté, après leurs années d'études communes, dans son quartier aristocratique, demeurait trop haut désormais pour reconnaître un apprenti graveur « du bas ».

Venons maintenant au père et à la mère de Rousseau : son père était vraiment un drôle de corps ; enthousiaste et versatile, non seulement il changeait sans cesse de domicile, mais tantôt il s'engouait d'un nouveau métier et l'horloger se faisait, pour un temps, maître de danse ; tantôt il s'éprenait d'un lointain pays et, laissant là son violon comme il avait fait de ses outils, laissant tout, même sa femme, qui était charmante et qu'il aimait, il allait, de son pied léger, au bout de l'Europe, régler sa montre et celle des autres sur l'horloge de Constantinople.

Les motifs de cette dernière fugue nous échappent : difficultés d'argent ou, peut-être, comme on l'a supposé, querelles intestines, non avec sa femme, mais avec la mère de sa femme qui faisait ménage avec eux ? C'était fuir bien loin sa belle-mère. Peut-être, puisque les deux époux « s'aimaient d'amour tendre », l'explication de ce brusque départ est-elle uniquement dans le désir de voir et l'humeur inquiète, laquelle déjà, avant ce lointain voyage, avait inspiré à Isaac cette singulière clause d'un contrat qu'il avait passé avec deux de ses camarades pour donner en commun des leçons de danse : « Il sera permis au sieur Isaac Rousseau de faire un voyage lorsque bon lui semblera ».

Si nous en croyons les *Confessions*, Isaac Rousseau, ne pouvant obtenir la main de Suzanne Bernard, avait déjà, sur le conseil de celle-ci, fait un voyage pour essayer de l'oublier. Tout le monde voyageait, du reste, dans cette famille : Isaac avait un oncle à Londres et un autre à Hambourg ; son frère était établi à Amsterdam et son beau-frère mourut en Amérique ; son cousin germain s'était fixé en Perse et son fils aîné, François, partit pour l'Allemagne et il ne fut plus question de lui. A

Genève, cette rue des nations, tant d'étrangers vous entretiennent de leur pays qu'on est tenté d'y aller voir et le Genevois court le monde. Au XVIII^e^ siècle, la moitié de Genève avait émigré, si l'on en croit la *Lettre sur les spectacles* et Rousseau n'exagérait guère. Le territoire était très petit et les réfugiés affluaient sans cesse : on allait chercher fortune ailleurs.

On a vu que les Rousseau ne craignaient pas de se mettre en route; mais ce qu'il faut noter ici, c'est cet instinct migrateur qui poussait le très instable Isaac à promener ses pénates à travers la ville, ou même hors ville (il ira se fixer à Nyon) et, sans aucune raison sérieuse, semble-t-il, lui faisait déserter le foyer conjugal. « Tu es Genevois, disait-il à son fils Jean-Jacques, tu verras un jour d'autres peuples, mais quand tu devrais voyager aussi loin que ton père... » et la suite. Jean-Jacques ne devait pas aller aussi loin, mais il devait voyager presque toute sa vie ; et sans doute ce ne fut pas sa faute s'il ne prolongea pas son séjour dans certains pays; pourtant nous le verrons se déplaire en des endroits où il ne fait que d'arriver et en quitter d'autres où il aurait certainement pu vivre tranquille : et, quand on cherche la raison de ces départs subits, on ne la trouve pas; c'est qu'il n'y en a pas d'autre que ce besoin de mouvement qu'il avait hérité de son père : comme lui et dès les premières étapes de sa jeunesse aventureuse jusqu'à ce qu'il finisse, après tant de courses folles à travers l'Europe, par se fixer enfin et se terrer dans sa rue Plâtrière, il ne sait pas trouver son assiette. On se contente alors de dire qu'il quitte certains lieux parce qu'il s'y croit persécuté ; mais, on le verra, cela n'explique pas toutes ses fuites. Qu'il eût vraiment la manie de la persécution, c'est ce que nous aurons à rechercher : il avait, en tous cas, et nous savons de qui il la tenait, la manie du déplacement, qu'il a appelée lui-même, dans les *Confessions*, « sa manie ambulante ». Il semble que, expiant la hardiesse de ses ancêtres, qui s'étaient expatriés, il se sentait lui-même, partout où il séjournait, un peu étranger et dépaysé. Le foyer domestique avait été d'abord transplanté et puis Isaac en avait été assez mauvais gardien et peu à peu, on va le voir, par son humeur volage, il le laissa à peu près s'éteindre : ce n'est pas le vagabond Jean-Jacques qui songera à le rallumer.

Sa mère, Suzanne Bernard, appartenait à une famille qui était, nous disent les historiens genevois qui s'y connaissent, plus haut placée que la famille Rousseau sur l'échelle sociale aux multiples degrés de ce temps-là : un Samuel Bernard, jeune paysan d'un village au pied du Salève, avait épousé la fille de son patron, un très riche négociant et, par là, il était entré, nous dit-on, dans « la plus haute bourgeoisie, opulente et lettrée ». Son fils, Jacques Bernard, grand-père maternel de Rousseau, courut le guilledou, et mourut jeune, ayant vécu trop vite. Il s'était marié avec une demoiselle Machard, fille d'un homme de loi, et avait eu quatre enfants, dont la fille aînée, Suzanne, fut la mère de Jean-Jacques. La fortune personnelle de celle-ci s'élevait à 15.000 florins; « ma mère était riche », dit Rousseau; presque riche, dirons-nous, et, en tous cas, plus que son mari, Isaac, lequel dut faire un stage avant d'obtenir sa main.

Rousseau ne connut pas sa mère : elle mourut une semaine environ après lui avoir donné le jour et nous-mêmes, malgré les commérages et espionnages dont elle fut l'objet et qui sont religieusement consignés dans les régistres du Consistoire, nous la connaissons trop peu pour savoir en quoi son fils pouvait lui ressembler. Car qu'elle ait été vue au Molard , déguisée en paysanne, pour assister à des farces de bateleur et, pour ce, vertement tancée par la vénérable compagnie des pasteurs, — ou encore qu'elle ait été remarquée par le résident de France, qui parla d'elle à Jean-Jacques, ou même visitée trop fréquemment aux yeux de MM. les Pasteurs, par un certain M. Sarrazin, cela prouve qu'elle devait être agréable à voir et qu'elle aimait les visites et même la comédie, et encore que MM. les Pasteurs avaient de bons espions; mais cela ne prouve rien pour les qualités de cœur ou d'esprit qu'elle pouvait avoir et transmettre à son fils (1).

(1) Disons pourtant que, d'après un passage des *Confessions* « elle dessinait, chantait, s'accompagnait du théorbe ; elle avait de la lecture et faisait des vers. » C'est aux leçons de son oncle, le pasteur Bernard, que Suzanne Bernard devait tout cela.

L'influence du père, que nous connaissons mieux, est plus certaine et nous la retrouverons dans la première enfance de Rousseau.

En résumé, des bourgeois français et huguenots, alliés à des femmes de Genève et des environs, assez aisés malgré quelques revers de fortune, intelligents, actifs et instruits, comme l'étaient généralement les réfugiés, tels furent les ancêtres de Jean-Jacques. Au point de vue physique, aucune tare dans cette famille; ils paraissent tous s'être très bien portés et c'est ce que nous ne devrons pas oublier quand nous rechercherons si Jean-Jacques fut réellement fou. Au point de vue moral, le milieu aurait pu être excellent pour l'éducation d'un enfant, si Isaac eût été, ce que paraissent avoir été les Rousseau jusqu'à lui, un vrai chef de famille. Son incroyable légèreté ne compromit pas seulement la fortune, mais encore l'héritage moral qu'il tenait des aïeux et ne sut pas transmettre à son fils. Si Jean-Jacques commença par être un polisson, c'est en grande partie à son père qu'il en fut redevable.

# CHAPITRE III

## L'ENFANCE DE ROUSSEAU

---

Dans une rue montante et assez sombre, la Grand'Rue, qui, d'une part, descend vers le Rhône et, de l'autre, mène à l'Hôtel de Ville et à la cathédrale de Saint-Pierre, est une boutique d'horloger ; sur l'établi et parmi les outils, des livres qu'on ne s'attend guère à trouver en pareil lieu : un Tacite, un Plutarque, et aussi des romans laissés par la mère de Jean-Jacques ; sans doute, l'Amadis de Gaule et l'Astrée, que contenait la bibliothèque de son grand oncle (et non de son grand père, comme il le dit à tort) le pasteur Samuel Bernard. Après souper, le fils, un enfant précoce aux cheveux noirs, aux yeux de feu, écoute avidement les beaux mots et les grandes actions des héros grecs et romains, ou les galantes aventures d'Amadis et de Céladon ; il en rêve la nuit, il en parle à table « les yeux étincelants, la voix forte » ; un jour même, il étend la main sur un réchaud allumé pour imiter le courage de Scévola.

C'est dans ces livres qu'il apprend à lire et se fait sa première idée du monde : il la gardera toute sa vie. Quand il fréquentera ses semblables, il les trouvera si différents de ce qu'il les avait imaginés, qu'il se demandera presque sincèrement ce qu'aurait pensé d'eux « la grande âme de Fabricius » ; et quand il se retirera dans la solitude, il la peuplera d'êtres charmants et de cœurs tendres, plus ardents, il est vrai, mais tout aussi angéliques que ces belles amantes qui, tout enfant, l'entraînaient sur les bords fleuris du Lignon, loin de sa Grand'Rue et de la petite

Bibliographie : *Confessions*. I. Eug. Ritter : *La famille et la jeunesse de J.-J. R.*

boutique d'horloger, loin du monde réel, en un mot, qu'il ne verra jamais exactement tel qu'il est.

Parfois, quand le père et l'enfant sont fatigués de lire, et ils lisent jusqu'à la pointe du jour, jusqu'au moment où les hirondelles viennent les rappeler, si poétiquement encore, à la réalité, ils s'interrompent pour parler de la mère disparue et, après avoir rêvé ensemble, ils mêlent leurs souvenirs ou leurs regrets, c'est-à-dire qu'après s'être échauffé l'imagination, ils se surexcitent les nerfs au milieu des embrassements et des larmes. Après une telle éducation, on comprend tout le sens qu'il faut prêter à ces simples mots de Jean-Jacques : « Je sentis avant de penser. » On connaît le passage des *Confessions :* Mon père « croyait la revoir en moi (ma mère), sans pouvoir oublier que je la lui avais ôtée ; jamais il ne m'embrassa que je ne sentisse à ses soupirs, à ses convulsives étreintes, qu'un regret amer se mêlait à ses caresses; elles n'en étaient que plus tendres. Quand il me disait : « Jean-Jacques, parlons de ta mère »; je lui disais : « Eh bien ! mon père, nous allons donc pleurer »; et ce mot seul lui tirait déjà des larmes. « Ah ! disait-il en gémissant, rends-la moi, console moi d'elle, remplis le vide qu'elle a laissé dans mon âme. T'aimerais-je ainsi, si tu n'étais que mon fils ? ».

Pour compléter ce tableau d'intérieur, il faut voir la sœur cadette d'Isaac, Suzanne Rousseau, « la tante Suzon », en train de broder ou de chanter, et Jean-Jacques, comme il s'est dépeint lui-même, assis à ses côtés, prenant plaisir à contempler son « agréable figure » et à écouter ses « propos caressants » ; et enfin, attachée à la maison et y étant un peu familière, sans doute, comme dans tout ménage bourgeois, une jeune domestique, « ma mie Jacqueline », qui avait « un si bon cœur et un caractère si gai », au dire de quelqu'un qui la connut plus tard ; c'est Jacqueline qui, lorsque le petit Jean-Jacques était enfermé dans un galetas pour avoir déchiré ses livres de classe, allait le consoler et le gâter. Tout cela formait un intérieur assez confortable et très doux et le vivant souvenir que paraît en avoir gardé Rousseau a dû lui mettre au cœur le souci qu'il aura ,à travers toutes ses pérégrinations et toutes ses aventures, de s'installer à sa guise, c'est-à-dire, avec une simplicité bourgeoise et dans une maison où il se sente bien chez lui.

Isaac Rousseau, qui n'était pas commode à vivre, — l'ombrageux Jean-Jacques avait donc de qui tenir, — s'était signalé par plusieurs querelles et batteries qui l'avaient fait citer devant le Consistoire et réprimander : ses deux premières affaires, des bagatelles, n'eurent pas de conséquences graves ; une troisième fut plus sérieuse : il s'était emporté contre un propriétaire qui l'empêchait de chasser sur ses prés ; il l'avait couché en joue et, un autre jour, il avait dégaîné et l'avait blessé au visage. Il fut condamné à trois mois de prison ; mais, au lieu d'attendre le jugement, il avait mis la frontière entre ses juges et lui et il s'était fixé définitivement à Nyon, sur les bords du lac, à trois lieues de Genève. Puis, se souvenant qu'il avait laissé ses deux fils au logis, il plaça l'aîné, François, dont je n'ai pas parlé, parce que nous ne savons presque rien de lui, chez un maître horloger pour y achever son apprentissage; quant à Jean-Jacques, il l'envoya à Bossey, petit village aux environs de Genève, chez le pasteur Lambercier. La vie de famille cessa dès ce moment pour Jean-Jacques : ainsi il n'avait pas connu sa mère et, dès l'âge de 10 ans, il n'avait plus de foyer : ces deux malheurs, qui pèseront sur toute sa vie, peuvent servir, je crois, à expliquer certains travers de son caractère et même certaines lacunes de son génie. Par exemple, aurait-il été si gêné et, pour dissimuler sa gêne, si bourru, en présence des grandes dames qu'il fréquentera plus tard, si la tendresse d'une mère ou, à son défaut, les caresses des deux femmes qui la remplaçaient au foyer, avaient encouragé, pour ainsi dire, l'excessive sensibilité de cet enfant à s'épanouir et à se manifester librement sous l'œil indulgent des siens ? et n'est-ce pas parce que ces premiers encouragements et ces libres confidences des années enfantines lui auront manqué, que sa sensibilité se surveillera et, par bravade, se hérissera dans les salons parisiens, devant toutes ces femmes du monde dont certainement le cœur de sa mère lui eût par avance appris le secret ? Sans doute il rencontrera sur sa route Mme de Warens : mais ce n'est pas tout à fait de la façon que je voulais dire que cette singulière « maman » fera l'éducation de sa sensibilité. Et serait-il téméraire d'attribuer aussi en partie à cette privation dès la dixième année, de toute intimité féminine, cette âpreté d'accent et cette intransigeance logique qui marqueront ses premières œuvres ?

Suivons le maintenant à Bossey, dans ce presbytère, dont il nous a fait une si jolie peinture. Avec cet art, que personne n'a possédé comme lui, de donner la couleur et la vie aux plus insignifiants détails, il nous promène à travers la maison et le jardin du pasteur Lambercier, nous fait assister à ses jeux d'enfant, nous dépeint, et ils nous deviennent tout de suite familiers, tous les hôtes de la maison : c'est d'abord la terrasse à gauche en entrant, sur laquelle on allait s'asseoir l'après-midi et qui fut le théâtre de la tragique aventure du noyer ; à l'intérieur, la chambre de travail de Jean-Jacques ; le cabinet de M. Lambercier à main droite avec « une estampe représentant tous les papes, un baromètre, un grand calendrier, des framboisiers qui venaient ombrager la fenêtre et passaient jusqu'en dedans ». Tous ces détails paraissent vrais : pendant qu'il écrivait *ses Confessions*, Jean-Jacques, qui avait tant de peine à se rappeler certains événements plus importants de sa jeunesse, n'avait aucun effort à faire pour revoir en imagination, et avec le charme qui s'attache aux souvenirs de la première enfance, les menus faits de son séjour à Bossey ; on reconnaît là cette régression mystérieuse de la mémoire qui, à mesure que nous vieillissons, fait de plus en plus retomber dans l'ombre les choses d'hier pour éclairer d'un jour tout nouveau les choses du passé, surtout de notre plus lointain passé.

Je crois, par contre, qu'il se trompe, ou, qu'en tous cas, il exagère un peu, quand il fait dater de Bossey son amour de la campagne ; c'est qu'il revoit Bossey avec l'imagination de l'homme fait qui a écrit la *Nouvelle Héloïse*. Il n'avait que douze ans quand il quitta Bossey ; or, la campagne, à cet âge, c'est surtout le plaisir de s'ébattre en plein air ou, comme il le raconte lui-même, de « cultiver des petits jardins, de gratter la terre », voire même de creuser des « aqueducs ». Et comme, d'ailleurs, il ne resta que deux ans à Bossey (et de Genève même, de «la Treille» toute voisine de sa maison, il avait pu contempler la campagne à loisir), je doute fort qu'il y prît déjà « ce goût si vif qui ne devait jamais s'éteindre ». Il s'y retrempa surtout et fortifia ses nerfs, par trop surexcités par les lectures nocturnes et les scènes d'attendrissement que l'on sait dans la maison paternelle.

Le profit intellectuel de ces deux années d'études fut sans doute assez mince : si M. Lambercier réussit à lui apprendre un peu de latin, il l'eut bien vite oublié chez Ducommun et sur les grandes routes ; le profit moral fut, je crois, plus sérieux et, malgré les défaillances qui suivirent, plus durable. Je ne veux pas parler des sermons de M. Lambercier, qu'il était tenu d'entendre régulièrement tous les dimanches et qu'il écoutait sans doute d'une oreille distraite; un sermon est bien long pour un esprit si jeune et si impétueux ; mais il y avait le catéchisme et ici il fallait répondre en plein temple et sous les yeux inquiets de M^lle^ Lambercier qu'on aimait, nous dit-on « comme une mère et peut-être plus » — on parle ainsi quand on n'a pas connu la sienne — et qu'on avait tant peur « de chagriner ». Et il y avait, plus encore que les leçons de morale, la morale en action, je veux dire : la façon dont on envisageait, dans ce milieu, et dont on punissait certaines fautes de conduite. On connait la dramatique histoire de ce peigne de M^lle^ Lambercier qu'on accusait Jean-Jacques (à tort, je veux bien l'en croire), d'avoir ébréché. Il niait d'avoir touché le peigne et, malgré les exhortations et les menaces, alors que tout l'accusait, semblait-il, il nia avec opiniâtreté. Évidemment, pour M. Lambercier l'enfant mentait : la chose parut très grave ; on fit venir son oncle et on lui infligea, dit-il, « un châtiment effroyable ». La seule chose qu'il y ait à retenir de cette anecdote (car je ne recherche en tout ceci que ce qui a pu former, même de loin, le caractère de Rousseau), c'est l'horreur qu'on avait, dans ce milieu, et qu'il put y puiser lui-même, pour le mensonge, le vice, en effet, le plus antipathique à un protestant. Qu'il soit devenu tout de même capable de mentir plus tard, c'est ce que je chercherai à élucider et il n'en sera alors que plus coupable ; mais ce qu'il ne fera jamais, c'est, comme Voltaire, de désavouer effrontément ses livres, ou, comme Diderot, dans l'*Encyclopédie*, d'écrire une chose pour suggérer le contraire au lecteur. Si Rousseau ment, il se croira obligé de cacher ou de pallier un mensonge dont il aura honte, et toujours il vantera sa franchise, sachant très bien que le premier devoir d'un honnête homme, c'est d'être vrai. Cette différence d'attitude entre Rousseau et les Encyclopédistes (ceux-ci avaient toute une théorie sur le mensonge utile) (1), et qui est à l'honneur de Rousseau, je crois qu'il en faut chercher la principale cause dans leur éducation première : Voltaire et les Encyclopédistes étaient les élèves des jésuites ; Jean-Jacques avait grandi à Genève et à Bossey dans des familles de huguenots.

Jusqu'au moment où il quitta Bossey, Rousseau ne vécut en somme qu'avec d'honnêtes gens, lesquels étaient, par dessus le marché, des esprits cultivés : les conversations et les exemples de personnes qui lui tenaient de si près, et qu'il aimait avec toute la fougue de son âme passionnée, déposèrent certainement en lui des semences de moralité que les orages de sa jeunesse empêcheront sans doute de porter beaucoup de fruits, mais qu'ils n'étoufferont jamais complètement ; c'est en grande partie le souvenir, persistant malgré ses fautes, de ce qu'il a vu et de ce qu'il a été lui-même dans sa première enfance, qui l'empêchera de se fixer pour toujours dans le mal et de rester toute sa vie ce qu'il va, hélas ! devenir si vite, et l'on verra pourquoi, après Bossey, un vulgaire polisson (2).

Après quelques mois, et non pas, comme il le croit, deux ou trois ans, passés chez son oncle et tuteur, Gabriel Bernard, Rousseau fut mis en apprentissage, d'abord chez le greffier Masseron, où il ne séjourna guère, ayant été trouvé « inepte » et traité « d'âne » par son maître, puis chez le graveur Abel Ducommun, lequel s'engagea, par contrat signé le 20 avril 1725

(1) Voir, sur ce point, mes *Encyclopédistes*, p. 201.

(2) « Né dans une famille où régnaient les mœurs et la piété, élevé ensuite avec douceur chez un ministre plein de sagesse et de religion, j'avais reçu dès ma plus tendre enfance des principes, des maximes... qui ne m'ont jamais tout à fait abandonné » (*Rêveries* : 3me Promenade).

et moyennant 300 livres et 2 louis d'or d'épingles, « à nourrir et coucher pendant cinq ans le dit apprenti, à lui apprendre sa profession de graveur, à l'élever et instruire dans la crainte de Dieu, comme il est convenable à un père de famille ». Le dit père de famille avait 20 ans, et, du reste, était un butor qui entretint son apprenti beaucoup moins dans la crainte de Dieu que dans la crainte des coups, dont il était fort prodigue.

Nous ne connaissons, il est vrai, le maître graveur que par l'affreux portrait que nous en a fait son apprenti et ce qu'en dit ce dernier me paraît être doublement sujet à caution ; il a pu d'abord le croire sincèrement plus méchant qu'il n'était en réalité en le comparant forcément avec les gens qu'il venait de quitter; en effet, des mains quasi paternelles de ce bon M. Lambercier qui avait eu, à mes yeux, le mérite d'être réprimandé par ses graves confrères pour son humeur trop enjouée (on l'entendait rire de loin, nous dit Jean-Jacques), tomber sous la férule d'un Ducommun, la chute était rude et l'impartialité difficile envers le nouveau maître dans lequel on ne trouva qu'un « tyran ». Mais qui ne voit, d'autre part, que plus ce tyran nous paraîtra injuste et brutal, et plus nous donnerons raison à Jean-Jacques, qui le rend responsable de sa démoralisation si rapide : toutes les fautes qu'il a commises alors, il les avoue et, comme pour mieux s'en punir, il nous les raconte par le menu ; il le dit sans marchander : il devint fainéant et voleur, mais quoi ! son maître l'avait littéralement « abruti ». Ce n'est pas, au moins, qu'il volât de l'argent, cela il ne l'a jamais fait, il tient si peu à l'argent ! — il ne volait que des pommes à son maître, ou des asperges à Mme Verrat ; mais son maître ne l'avait-il pas lui-même rendu friand, lui si sobre de nature, en le renvoyant de table au moment où l'on y servait les meilleurs plats ? et quant à Mme Verrat, c'était son fils qui le poussait à voler pour son compte : un « apprenti » peut-il refuser quelque chose à un « compagnon ? » il volait donc des asperges dans leur primeur, les vendait, avec quelle honte, grands dieux ! et donnait, sans en soustraire un liard, tout l'argent au fils Verrat, qui s'offrait, à lui et à un autre camarade, un bon déjeuner. Quant à lui,

Jean-Jacques, « très content de quelques bribes, il ne touchait pas même à leur vin ». Remarquez enfin que si un jour il s'est permis d'entrer par effraction dans le cabinet de M. Ducommun, il n'en a profité que pour manier ses bons outils, « vol bien innocent, puisqu'il n'était fait que pour être employé à son service ». Or il y avait, dans ce cabinet, des recoupes d'or et des bijoux précieux : il n'a pas même jeté sur ces objets un regard de convoitise et pourtant il n'avait jamais plus de quatre ou cinq sous dans sa poche; mais voler des bijoux ou de la monnaie, cela était lié chez lui à des idées de prison et de potence qu'il fait même naître, tant il en parle avec effroi, dans l'esprit du lecteur : comparés à de tels brigandages, ses petits vols à lui heureusement ne sont, et le lecteur en convient sans peine, que des « espiègleries ». Et tout ce qu'il raconte peut être vrai, mais ce qui l'est plus sûrement encore, c'est son adresse à battre sa coulpe sur les épaules de son maître : que Ducommun ait maltraité Jean-Jacques, c'est fort possible, mais Jean-Jacques (qu'on relise les *Confessions*) le lui a joliment rendu ; et si j'ai insisté un peu longuement sur ce premier récit de Rousseau (auquel je n'ai fait qu'ajouter ce que le texte *est chargé de nous suggérer*), c'est pour nous mettre en garde dès les premiers pas contre certains pièges des *Confessions* : une des habiletés les plus singulières, et l'on pourrait dire, tant il y réussit merveilleusement, une des prouesses les plus familières à Jean-Jacques, est de se frapper la poitrine tout en montant au Capitole : nul n'a excellé, comme lui, à encadrer ses vices dans le panégyrique de ses vertus et à se faire pardonner ses pires fautes par le courage de ses aveux et l'éloquence de ses remords.

En attendant, l'apprenti graveur était tombé dans la boue. Ce qui l'empêcha de se perdre complètement, c'est sa passion pour la lecture : il lut avec fureur tout ce qu'il trouvait dans la bibliothèque de La Tribu ; et, à ce propos, ne nous a-t-il pas donné par avance une piquante réfutation de son premier Discours ? qu'on l'écoute lui-même : « livré tout entier à mon nouveau goût, je ne faisais que lire, je ne volais plus. » Il est donc certain, pour prendre les termes mêmes de la question posée par l'Académie de Dijon, que cette fois au moins « les lettres avaient contribué à épurer les mœurs » de quelqu'un : mais ce quelqu'un n'avait-il pas été mis au monde pour incarner la contradiction ?

Au lieu des cinq ans, que stipulait son contrat d'apprentissage, Jean-Jacques n'en passa que trois chez Ducommun. On sait comment il s'affranchit : deux fois roué de coups par son maître pour s'être attardé hors ville jusqu'après la fermeture des portes, il se promit de ne pas s'exposer une troisième fois à pareil accueil ; un dimanche donc (le 14 mars 1728) qu'il avait été surpris de nouveau par l'heure et avait vu se lever devant lui les portes de la ville, il « jura de ne plus jamais retourner chez son maître », et prit la clef des champs. Faut-il ajouter foi au dramatique récit qu'il nous a fait de sa fuite dans les *Confessions ?* On ne sait. Toujours est-il que, nous ayant donné pour unique cause de cette fuite les sévices de son maître, il se trahit aussitôt après et ne peut cacher sa joie d'aller à l'aventure et d'entrer, comme il dit, « dans le vaste espace du monde », libre enfin et maître de lui, rêvant « festins, tresors et château même, où il serait favori du seigneur et de la dame et amant de la demoiselle.» En réalité, dégoûté de son métier et de l'assujétissement auquel il le condamnait, il n'attendait, je crois, que l'occasion de chercher fortune.

En disant adieu à Genève et à la profession qu'il y apprenait, il se donne l'air de regretter la vie tranquille et unie qu'il eût pu y mener, si le sort l'avait gratifié d'un meilleur maître ; il aurait été, dit-il, « bon chrétien, bon citoyen, bon père de famille, bon ami, bon ouvrier, bon homme en toutes choses, » et il est certain qu'il ne fut à peu près rien de tout cela ; mais tout cela n'aurait fait d'ailleurs qu'un homme comme tout le monde et ne nous aurait pas donné le Rousseau que nous connaissons et encore moins l'homme exceptionnel et absolument unique qu'il croyait être : il fit donc bien de rompre sa chaîne et c'est de quoi, s'estimant à son prix, il était encore plus convaincu que nous quand il écrivait ce qu'on vient de lire.

---

# CHAPITRE IV

## LES ANNÉES DE VAGABONDAGE

On vient de voir comment Rousseau est sorti de chez Ducommun : le voilà donc seul sur les grandes routes, c'est un vrai vagabond. Il erra quelques jours, nous dit-il, autour de Genève « nourri et logé par des paysans de sa connaissance ». A force de « voyager », il arriva à Confignon, en Savoie, à deux lieues de Genève ; le curé de Confignon s'appelait M. de Pontverre et il était gentilhomme de la cuillier ; ce titre, fameux dans l'histoire de Genève, attire son attention et curieux, dit-il, de voir comment étaient faits les gentilshommes de la cuillier, il va, sans plus de façon, faire visite à M. de Pontverre.

Le curé le reçoit très bien et, tout de suite, lui parle de l'hérésie et l'invite à dîner ; puis il entame sa conversion. Avant de voir Jean-Jacques aux prises avec son convertisseur, je dois dire que toute cette entrée en matière ne m'inspire aucune confiance. Rousseau s'est enfui de chez son maître ; il lui devait, d'après leur contrat, cinq ans de travail ; or, il a déserté au bout de la troisième année ; il lui doit donc encore deux ans ou un dédit. Il semble que sa première idée doive être de s'enfuir bien loin de Genève pour échapper aux griffes de Ducommun ; et voilà que, dans l'espace de deux jours, il n'a fait que deux lieues de chemin. Cette lenteur est bien singulière ! je crois fort, et je dirai tantôt pourquoi, qu'il tournait autour du presbytère. Si on l'en

Bibliographie : F. Mugnier : *Madame de Warens et J.-J. Rousseau*. C. Levy, 1891. *Confessions*, I, 2. — *Les Rêveries du Promeneur solitaire*, IVᵉ *Promenade*.

croit, c'est par hasard que tout à coup il se trouve devant la maison de M. de Pontverre : « A force de voyager et de parcourir le monde... » ; il se rappelle que M. de Pontverre est gentilhomme de la cuillier et, ma foi ! il va voir « comment est fait un gentilhomme de la cuillier » : or ce titre, au lieu de l'attirer, devait seul le mettre en fuite. Qu'était-ce, en effet, qu'un gentilhomme de la cuillier ?

Dans la lutte séculaire que la ville de Genève soutenait contre les ducs de Savoie, les alliés de ceux-ci, les seigneurs du pays, avaient formé contre Genève une ligue qui s'étendait jusqu'à Lausanne. Un jour, quelques-uns de ces seigneurs banquetaient au château de Barsinel, près de Rolle ; échauffés par le vin, ils parlaient des affaires du jour : « Amis, dit un Pontverre en portant sa cuillier à sa bouche, j'espère que, dans peu, nous mangerons ainsi ceux de Genève. » Cette boutade, nous dit un historien de Genève (1), fit fortune et la cuillier fut l'insigne de la nouvelle confrérie. Chaque membre devait porter à son cou une cuillier d'or ou d'argent suspendue par un cordon de soie. Le but avoué de ces gentilshommes était de placer Genève sous le joug de la Savoie.» Or, Isaac Rousseau (son fils a pris la peine de nous en donner plusieurs témoignages), était un ardent patriote et certainement il avait soufflé son patriotisme à celui qui sera si fier de s'intituler « citoyen de Genève ». Ce nom, par conséquent, de gentilhomme de la cuillier, devait lui être particulièrement odieux et j'ai peine à croire qu'il fût si désireux de présenter ses hommages à un Pontverre. A peine entré, voilà M. de Pontverre qui lui parle de l'hérésie : c'est peu vraisemblable ; ce qui l'est bien plus, c'est ceci : à cette époque, les conversions étaient très nombreuses en Savoie et à Genève même une Chambre des prosélytes avait été fondée en 1707, avec un capital de 10.000 écus, pour convertir les catholiques au protestantisme. D'autre part, en 1732, le pape Clément XII enverra à l'évêque d'Annecy 600 écus romains pour les « nouveaux convertis. » Or, faire savoir aux gens qu'on avait envie de se convertir, cela d'abord rendait intéressant et vous faisait choyer et caresser par les catholiques,

(1) JULLIEN : *Histoire de Genève*, p. 141.

si on était protestant ; par les protestants, si on était catholique; une fois converti, vous étiez gratifié d'une pension, protégé et recommandé. C'est ainsi que, dans l'entourage même de Jean-Jacques, Mme de Warens eut, pour sa conversion, 10 écus romains, Mlle de Graffenried 6 écus, Mlle Giraud 3 écus, et Claude Anet 1 écu.

Dans le registre de la Compagnie des pasteurs de Genève, on lit précisément que « le sieur de Pontverre attire beaucoup *de jeunes gens* dans cette ville (Genève) et les convertit et que le public doit être averti (1) ».

Très probablement Rousseau connaissait quelques uns de ces jeunes gens-là, qui devaient être, comme lui, très peu surveillés de leurs parents ; en tout cas, le prosélytisme de M. de Pontverre était « public » ; et, comme la conversion était la ressource des naufragés (c'est encore ce que nous montrera l'histoire de Mme de Warens), je crois deviner pourquoi Jean-Jacques va frapper chez M. de Pontverre; et si M. de Pontverre lui a parlé de l'hérésie, c'est vraisemblablement parce que Jean-Jacques s'est empressé, pour lui faire ouvrir sa bourse, de lui déclarer qu'il était protestant: il n'en tira qu'un bon dîner, arrosé d'ailleurs d'un excellent vin de Frangi ; il l'en récompense, dans ses *Confessions*, en trouvant que M. de Pontverre n'était pas « un homme vertueux » ; et pourquoi cela? parce qu'il aurait dû le renvoyer à son père; et ainsi, si Jean-Jacques n'est pas rentré au logis, c'est la faute du curé de Confignon.

M. de Pontverre l'adresse à une bonne dame d'Annecy que « les bienfaits du roi » avaient précisément retirée de l'erreur, et Jean-Jacques est fort humilié qu'on lui fasse « la charité » et qu'on « le recommande à une dame charitable », chez laquelle il va d'ailleurs tout droit : pas tout à fait, car il flâne trois jours en route; s'arrête, en vrai troubadour, devant les châteaux, et chante, étonné que dames et demoiselles n'accourent pas à leur fenêtre car, dit-il « il chante admirablement ». Cette dame d'Annecy à laquelle on l'a adressé, c'est Mme de Warens et nous

(1) Gaberel : *Histoire de l'église de Genève*. 1853-62, t. III, 224.

allons la retrouver au chapitre suivant ; en attendant, elle l'envoie à l'hospice des catéchumènes, à Turin, où on lui enseignera le catholicisme : et Rousseau qui, en nous parlant de sa visite à Pontverre, tient à nous apprendre qu'il ne « songeait pas à changer de religion et même qu'il envisageait cette idée avec horreur », Rousseau est allé chez une nouvelle convertie, Mme de Warens, et de chez Mme de Warens, il va tout aussi docilement à l'hospice des catéchumènes : décidément l'horreur de la messe ne l'empêche pas de faire tout ce qu'il faut, soit pour attraper un bon dîner chez M. le curé, soit, et il en parle lui-même, un autre bon dîner chez Mme de Warens, soit enfin, car c'est bien là son espoir, pour intéresser à son sort, à Turin, quelques bonnes âmes catholiques. Elles le récompenseront sans doute de son zèle et ne manqueront pas de reconnaître en lui des talents variés, dont il a déjà une très haute idée ; car, par exemple, si, dans son entretien avec M. de Pontverre, il n'a pas réfuté les arguments de celui-ci, c'était de sa part pure condescendance, car il se sentait (à 13 ans et au sortir de chez Ducommun !) bien « plus savant » que le curé.

Et le père, Isaac Rousseau, que pense-t-il de l'escapade de son fils ? car enfin si M. de Pontverre a eu l'indélicatesse de ne pas lui renvoyer son fils, Ducommun, tout au moins, a dû le prévenir. Isaac part effectivement pour Annecy, mais il y arrive le lendemain du départ de son fils pour Turin. Que fait-il alors ? il pleure sur le sort de Jean-Jacques... et le laisse continuer sa route : or Jean-Jacques allait à pied, et Isaac était à cheval ! et de qui tenons-nous ces détails, si peu honorables pour Isaac ? de son fils, qui a oublié certaine histoire du manteau de Noé qu'il a certainement apprise au catéchisme du pasteur Lambercier. Au reste il nous renseigne très amplement et sur la conduite de son père et sur les motifs de sa conduite. Isaac s'était remarié, ce même Isaac dont Jean-Jacques nous avait dit : « Il ne se consola jamais de la mort de ma mère ». Donc Isaac, inconsolable et remarié, jouissait du revenu du bien laissé par la mère de ses deux enfants tant que ceux-ci demeuraient éloignés de lui. Et voilà pourquoi Isaac ne fatigua pas son cheval à poursuivre

Jean-Jacques sur la route de Turin. Tout cela est fort possible, mais si Isaac ne fut pas un père modèle, le lecteur, qui le juge ainsi d'après le récit de Jean-Jacques, se dit que Jean-Jacques ne fut pas non plus le modèle des fils. Et ce trait nous apprend en même temps, ce dont nous aurons lieu de nous souvenir dans la suite, que, dans ses *Confessions,* Rousseau s'entend à merveille à confesser les autres.

Le voici donc à Turin, à l'hospice des catéchumènes : je néglige, bien entendu, les vilenies dont il a cru bon (pour bien montrer qu'il « dira tout »), de salir le récit de son séjour à l'hospice. Ce qui est intéressant ici, c'est la façon dont il va nous raconter sa conversion. Il est visiblement très embarrassé : lui, en effet, l'adversaire du catholicisme, l'auteur de la lettre à M. de Beaumont, il faut qu'il nous avoue qu'il s'est jadis converti au catholicisme. Il n'y avait, à mon sens, qu'un seul moyen de se tirer de ce mauvais pas, c'était de nous dire : « Ce que je fis était mal ; car on ne doit changer de religion que si on est convaincu que la religion qu'on embrasse est supérieure à celle que l'on quitte et, cette conviction, je ne l'avais pas. Mon excuse, c'est que j'étais un enfant, que j'étais seul, livré à moi-même, et que j'avais faim : je m'étais figuré que, de me convertir, cela me sauverait de l'isolement et de la misère. » Mais tout cela, qui est vrai, est beaucoup trop simple pour Jean-Jacques ; et que deviendrait, après une telle explication, cette précocité d'esprit qui faisait de lui un enfant exceptionnel ! On sait que, dans l'*Émile,* il ne veut pas qu'on parle de Dieu à un enfant, à moins que cet enfant ne soit, comme il l'a été, un petit prodige : « Trouvez des Jean-Jacques à six ans et parlez-leur de Dieu, je vous réponds que vous ne courrez aucun risque ». Et il ne voit pas que cette extraordinaire précocité, qu'il se donne, rend sa conversion plus inexcusable.

Donc il nous explique que sa conversion fut « difficile » ; il était si intelligent et même si savant qu'il désespérait tous ses convertisseurs ; il céda pourtant ; mais c'est, dit-il, qu'il était allé trop loin pour reculer ; et puis, il s'était juré de ne plus rentrer à Genève ; et enfin, se refuser à ce qu'on attendait de lui, après ce qu'il avait laissé espérer, cela demandait, c'est lui qui le dit, « une rare force d'âme ». Il abjura donc : il fit, admirez comme il sait à propos son histoire, il fit ce qu'avait fait Henri IV, tout simplement !

Malheureusement la messe, qui avait valu à Henri IV Paris et un royaume, ne lui rapporta que vingt francs : ce fut le produit net de la quête qu'on faisait pour chaque converti ; renier la foi de ses pères pour un louis, c'était un moins bon marché qu'il n'avait cru. Entré à l'hospice le 12 avril 1728, il en sortit le 23 août.

Le voilà de nouveau sur le pavé avec ses vingt francs dans sa poche ; c'était la misère, mais c'était aussi la liberté après une fâcheuse réclusion de « deux mois », d'après les *Confessions* : on voit que c'est un peu plus de quatre mois qu'il faut dire.

Léger de souci, du reste, aussi bien que d'argent, il se promène dans la ville, va voir monter la garde, suit les belles processions ; un jour, s'étant trouvé devant le palais du roi, il voit des gens entrer et, avec son naturel aplomb, il fait de même. Et tandis qu'il dort sur le mauvais grabat d'une logeuse, à un sou par nuit, très exact à faire sa cour, il assiste régulièrement à la messe du roi, enchanté d'entendre de la très bonne musique (1), mais étonné aussi de ne pas trouver là « quelque jeune princesse qui méritât son hommage ». Il s'évertue pourtant, va s'offrir de boutique en boutique pour graver un chiffre ou des armes de vaisselle, et, comme il est joli garçon (c'est toujours lui qui le dit), il plait à une jeune marchande, Mme Basile ; c'est une brune extrêmement piquante, dont il a vite fait de toucher le cœur, et l'on sait que de cette histoire galante, à peine ébauchée, il a tiré un de ses plus jolis tableaux (2), auquel je renvoie le

(1) « J'assistais régulièrement tous les matins à la messe du roi ; *ma passion pour la musique commençait à se déclarer*. Le roi de Sardaigne avait alors la meilleure symphonie de l'Europe. » (*Conf.* P. I, L. II). Effectivement les orchestres piémontais étaient fameux ; à la chapelle royale tous les matins, de 11 heures à midi, on entendait l'orchestre du roi divisé en trois groupes qui se répartissaient entre trois galeries assez éloignées ; ils s'entendaient si bien qu'ils n'avaient pas besoin qu'on battît la mesure. (R. Rolland ; *Rev. de Paris*, 15 août 1905).

(2) *Confessions*, partie II, livre II.

lecteur ; car il ne s'agit pas ici de répéter les *Confessions*, mais simplement de les résumer en les commentant de notre mieux toutes les fois que nous n'avons pas les moyens de contrôler Rousseau ; et ces moyens nous font particulièrement défaut pour tout ce qui concerne le roman qu'il nous a laissé de son enfance et des années qui précèdent son entrée chez M<sup>me</sup> de Warens.

Son hôtesse lui trouve enfin une place chez une dame de condition et il rêve aussitôt de grandes aventures ; mais ce qu'on lui offre est une place de laquais ; il endosse donc la livrée et entre au service de M<sup>me</sup> de Vercellis. Il ne fut pas très content de sa maîtresse ; d'abord parce qu'elle ne sut pas, « comme c'était naturel, prendre en affection un jeune homme de quelque espérance » ; sans doute Rousseau, et cela seul était naturel, se sentait supérieur à sa condition ; mais ce qui excuse M<sup>me</sup> de Vercellis de ne pas l'avoir traité selon son mérite, c'est qu'il n'était pas écrit sur le front de Rousseau qu'il serait un jour un homme de génie. Autre grief contre M<sup>me</sup> de Vercellis : elle manquait d'expansion avec son laquais, parfaitement ! « elle voulait que je lui rendisse compte de mes sentiments, mais elle ne s'y prenait pas bien pour les connaître en ne montrant jamais les siens. » Elle mourut, et, voyez son ingratitude ! « elle ne fit rien pour moi. Elle n'avait vu en moi qu'un laquais. » Il me semble vraiment qu'elle le payait pour n'y voir que cela. C'est chez elle qu'eut lieu la célèbre aventure de Marion.

On connaît l'anectote si joliment contée, et dramatisée, par Rousseau : dans la dissolution d'un ménage, beaucoup de choses s'égarent ; Jean-Jacques, dans ce désordre, vole un ruban couleur de rose et argent : on le trouve en sa possession et on veut savoir où il l'a pris. Il se trouble, balbutie et finit par dire en rougissant que c'est une servante, Marion, qui le lui a donné. On fait venir Marion ; elle se tait, tandis que Jean-Jacques la charge effrontément... Le comte de la Roque les renvoie tous deux en disant que la conscience du coupable vengerait assez l'innocent : prédiction qui, depuis, « n'a pas cessé un seul jour de s'accom-

(1) *Confessions*, I, II.

plir. Ce souvenir cruel me trouble quelquefois et me bouleverse au point de voir dans mes insomnies cette pauvre fille venir me reprocher mon crime comme s'il n'était commis que d'hier... »

Voici quelles réflexions me suggère ce morceau si souvent cité : Et d'abord pourquoi Rousseau s'est-il cru obligé de nous raconter tout cela ? j'entends bien qu'il nous a promis l'histoire vraie, l'histoire entière et entièrement vraie, on sait comme il y insiste, de toute sa vie ; mais vraiment des fredaines de gamin ne nous intéressent guère, et j'en dirais autant, sinon plus, des détails répugnants dont il a souillé ses plus beaux récits de jeunesse ; pourquoi, encore une fois, ne nous a-t-il rien épargné de toutes ces fadaises, ou même, le mot n'est que juste, de toutes ces saletés ?

C'est d'abord parce qu'il est un être exceptionnel, un être unique, et il est naïvement convaincu que tout ce qui lui est arrivé, absolument tout, doit intéresser l'humanité. Il prétend, d'ailleurs, il le dit dès les premiers mots des *Confessions*, faire une œuvre également exceptionnelle et unique, comme est sa personne, et, pour mieux le prouver, il nous raconte des choses que personne, en effet, avant lui, n'avait osé raconter, et il nous invite par là à admirer son courage et sa noble franchise. Ce n'est pas tout : quand il écrit ses *Confessions*, il se souvient, qu'il le veuille ou non, qu'il a été catholique, et même, on le verra plus tard, meilleur catholique qu'on ne croit. Or il sait, comme tel, que, pour expier ses péchés, il faut les confesser et il se confesse, et le titre même de ses mémoires est fort significatif à cet égard ; il se confesse *et s'absout en même temps*, estimant, ce qui n'est pas, sans doute, d'une bonne orthodoxie, que l'aveu suffit comme pénitence. Qu'on remarque ce qu'il nous dit lui-même à propos de son vol : « ce poids est resté jusqu'à ce jour sans allègement sur ma conscience et je puis dire que le désir de *m'en délivrer* en quelque sorte a beaucoup contribué à la résolution que j'ai prise d'écrire mes *Confessions*. »

Il a donc été aussi loin qu'on peut aller dans l'aveu de sa faute, on vient de le voir par son propre récit. Et les biographes ingénus de s'écrier : voyez comme il s'épargne peu ! il emploie, pour se charger lui-même, les termes les plus forts ; qui doutera, après cela, de l'absolue sincérité de Rousseau ? — Selon moi, il a surtout donné, dans ce récit, une preuve curieuse de son habileté. Il espère bien, en effet, que le lecteur ému va trouver que décidément il est trop dur pour lui-même ; car, après tout, de quoi s'agit-il ? d'un simple ruban ! (1) on ne se flagelle pas ainsi pour un ruban. Et, selon moi, pour que le lecteur fasse ces réflexions, il le met sur la voie et les lui suggère lui-même en présentant, avec une négligence affectée, les circonstances atténuantes : « c'était un petit ruban... déjà vieux... J'accusai Marion de m'avoir donné le ruban... parce que mon intention était de le lui donner... A peine étais-je sorti de l'enfance. » Et ceci qui est d'un bien fin psychologue : « Quand je la vis paraître, mon cœur fut déchiré : mais la présence de tant de monde fut plus forte que mon repentir. Je craignais peu la punition : je ne craignais que la honte, mais je la craignais plus que la mort, plus que le crime, plus que tout au monde. » Et il répètera les mêmes choses longtemps plus tard dans sa quatrième *Promenade* : « ce mensonge ne fut qu'un fruit de la mauvaise honte ». Et cette explication est, d'ailleurs, fort plausible.

Mais surtout la suprême habileté de Rousseau dans ce récit d'un méfait, comme dans beaucoup d'autres récits semblables que renferment les *Confessions*, c'est d'avoir peu à peu amené le lecteur à lui accorder une confiance absolue, et l'on sait qu'il a trouvé des biographes qui ne jurent que par les *Confessions* ; « comment, disent-ils, douter de quelqu'un qui s'accuse si ouvertement de fautes que, sans lui, on aurait complètement ignorées ? » Rousseau a précisément besoin qu'on lui fasse crédit, car il aura à répondre plus loin à des accusations qui lui tiennent infiniment à cœur ; je veux parler de ses démêlés avec ses amis ; et c'est alors, c'est pour détruire les assertions de ses anciens amis, qu'il

(1) C'est justement la réflexion qu'a faite John Morley (*Rousseau* I, p. 30), et que voulait, à mon sens, provoquer Rousseau. Et qu'on lise Henri Martin : « Tout le monde connaît l'anecdote du ruban, *enfantillage* qui aboutit, par le vertige de la mauvaise honte, à un véritable crime, remords de la vie entière (!), *expié par un aveu héroïque.* » (*Hist. de France*. XVI, 63.

aura besoin de toute la confiance du lecteur. Il espère donc — et c'est là sa tactique, — qu'il se trouvera des gens — et il s'en est trouvé, et il s'en trouvera toujours, — pour nous dire, si nous sommes tentés plus tard de mettre en doute sa bonne foi : « comment voulez-vous qu'il mente l'homme qui, si loyalement, sans omettre un seul détail à sa charge, nous a raconté la tragique histoire de Marion » ?

De chez Mme de Vercellis, et après avoir fait la connaissance de l'abbé Gaime, un esprit droit et ferme, que nous retrouverons ailleurs, puisqu'il doit être un jour l'original du *Vicaire Savoyard*, Rousseau fut présenté au comte de Gouvon, premier écuyer de la reine, qui le recommanda à sa belle-fille, la marquise de Breil. Celle-ci le prit à son service ; on ne lui donna pas cette fois la livrée d'un laquais, mais il dut manger à l'office et servir à table : dure corvée pour cet adolescent qui appartenait à la bourgeoisie de Genève et qui en outre se sentait si supérieur à sa destinée ! on sait la jolie revanche qu'il prit de sa mauvaise fortune, lorsqu'un soir, seul devant les convives stupéfaits, il sut expliquer l'étymologie de la devise des Solar : tel fiert qui ne tue pas. Si l'histoire est vraie, et nous n'avons aucune raison d'en douter, il y eut là, pour son amour-propre, une minute bienheureuse qui le vengea des humiliations et des amertumes de son vil métier. Mais cette satisfaction ne lui suffit pas et il faut encore que le lecteur apprenne l'impression qu'il avait déjà faite, et que cette scène ne fit qu'aviver, sur le cœur de Mlle de Breil : il répand l'eau qu'il lui offrait d'une main tremblante et Mlle de Breil en rougit jusqu'au blanc des yeux. Le roman, d'ailleurs, finit là, au grand dépit et même au grand étonnement de Jean-Jacques, qui ne doute de rien et s'est toujours cru irrésistible : il est vrai que la destinée semblait vouloir encourager sa fatuité en le ramenant bientôt chez Mme de Warens.

En attendant, le comte de Gouvon, impressionné par la scène de la devise, recommande Jean-Jacques à son fils, l'abbé de Gouvon, un abbé lettré qui lui donna des leçons de latin et surtout d'italien : « j'appris l'italien dans sa pureté », dit Rousseau et nous devrons nous rappeler ces leçons de l'abbé, lorsque nous aurons à montrer que Rousseau connaissait très bien la littérature italienne et s'en est inspiré dans ses œuvres, particulièrement dans sa *Nouvelle Héloïse.*

Devenu, semble-t-il, le favori de la maison, il nous laisse entendre, et cela paraît vraisemblable, que ses maîtres rêvaient pour lui, sinon la haute fortune dont il parle, du moins un poste plus relevé que celui de domestique : son malheur lui fit rencontrer Bâcle ; qui était Bâcle ? un Genevois, son camarade jadis chez Ducommun, quelque mauvais garnement sans doute; mais il était « très gai et très bouffon ». Rousseau, qui s'engouait très vite des gens, s'attacha à lui, ne vit plus que Bâcle, négligea l'abbé et ses leçons, négligea même les devoirs de sa charge, fit tant et si bien qu'on le chassa : c'est ce qu'il voulait, car l'indispensable Bâcle allait partir, et partir pour Annecy ; or Rousseau entrevoyait, au bout du voyage, la figure souriante de M^me^ de Warens.

Le voilà donc de nouveau sur les grandes routes : pour vivre, il a d'abord quelque argent, vite épuisé ; mais il a surtout la fameuse fontaine de Héron, un cadeau de l'abbé. On montre donc pour de l'argent la curieuse fontaine dans les cabarets, puis un beau jour la fontaine se casse au bon moment, car elle commençait à les ennuyer. Heureusement, ils sont aux portes d'Annecy. Ici Rousseau devient perplexe : c'est la seconde fois qu'il vient demander asile à M^me^ de Warens ; comment va-t-elle l'accueillir ? Sa perplexité est d'autant plus vive que, cette fois, il n'est pas seul. Bâcle est sans doute un charmant compagnon de voyage ; mais va-t-il être obligé de le présenter à sa bienfaitrice? Il s'avise alors d'être « très froid avec lui la dernière journée » ; et l'autre, qui n'aurait pas été fâché sans doute de faire connaissance avec M^me^ de Warens et avec sa salle à manger, lui dit adieu gaîment, les *Confessions*, du moins, nous l'assurent ; et Rousseau put seul aller frapper à la porte de M^me^ de Warens chez laquelle nous allons le suivre.

# CHAPITRE V

## CHEZ MADAME DE WARENS

Rousseau écrivait dans la dernière année de sa vie : « Aujourd'hui, jour de Pâques fleuries, il y a précisément cinquante ans de ma première rencontre avec Mme de Warens. Ce premier moment décida de ma vie et produisit, par un enchaînement inévitable, le destin du reste de mes jours (1) ».

Il est vrai, et cette rencontre est bien, en effet, l'événement capital de sa vie. Essayons donc de démêler, à l'aide des documents, malheureusement trop rares, que nous possédons sur elle, ce que fut cette femme singulière qui contribua, plus que personne, à faire, du vagabond que nous avons dépeint jusqu'ici, le Rousseau que tout le monde connaît.

Françoise Louise de La Tour était née à Vevey, le 31 mars 1699, d'une famille noble de la baronnie du Châtelard. Comme Rousseau, à peine venue au monde elle perdit sa mère ; elle fut élevée par ses deux tantes du côté paternel, les demoiselles de

Bibliographie. — J.-J. Rousseau : *Confessions et Correspondance* (passim). — Musset-Pathay : *Histoire de la vie et des ouvrages de J.-J. Rousseau*, Paris, 1821, t. II. — Th. Dufour : *J.-J. Rousseau et Madame de Warens. Notes sur leur séjour à Annecy*. Annecy, 1878. — Mugnier : *Madame de Warens et J.-J. Rousseau*, Paris, C. Lévy, 1891. — A. de Montet : *Madame de Warens et le pays de Vaud*. Lausanne, Bridel, 1891. — Eug. Ritter : *La famille et la jeunesse de J.-J. Rousseau*. Hachette, 1896. — A.-D. Perrero : *Madama di Warens. Appunti storici e schiaramenti... Curiosità e Ricerche di Storia Subalpina*, t. III, Turin, Bocca, 1878. — Eug. Ritter : Articles sur les ouvrages de MM. Mugnier et de Montet dans : *Zeitschrift für franzôs. Spr. and Literat.* 1880, 2e vol. *Annales Jean-Jacques Rousseau*. t. II, 1906.

(1) *Rêveries, dixième promenade*.

La Tour ; son père s'étant remarié (autre analogie avec la destinée de Jean-Jacques), Françoise resta avec ses tantes au Basset, joli plateau sur la colline qui s'élève à l'Ouest de la baie de Clarens.

Son éducation fut très négligée : elle lut, sans choix et sans les bien comprendre, des livres trouvés dans la bibliothèque d'un médecin, son aïeul : c'était, singulière lecture pour une toute jeune fille ! des livres de médecine et de philosophie.

De 6 à 10 ans elle passe surtout son temps, au Basset, à courir la campagne avec les petites paysannes de Chailly et de là lui vient peut-être le goût qu'elle aura plus tard de vivre dans la plus grande intimité avec des inférieurs. Rentrée dans la maison paternelle à Vevey, pour y voir mourir son père, et orpheline à 10 ans, elle retourne, avec sa belle-mère, au Basset, où elle passe deux ans sous la tutelle de deux oncles. Elle est mise à 12 ans en pension à Lausanne et cultive, tout particulièrement, le chant et la musique ; elle en donnera des leçons à Jean-Jacques. Elle avait à peine 14 ans lorsqu'elle fut demandée en mariage par Sébastien-Isaac de Loys, fils de Jean de Loys, seigneur de Villardin et capitaine d'une compagnie d'élection au service de Berne. Elle avait fait, quoique très jeune, une assez vive impression sur son prétendant pour que celui-ci consentît à la condition que son père mettait au mariage : la renonciation aux biens maternels. Françoise apportait en dot 30.000 livres (ce qui équivaudrait à peu près à 180.000 francs d'aujourd'hui) ; le mari héritait de la Seigneurie de *Vuarens* (le mot *Warens* qui a prévalu est l'orthographe germanique introduite par les Bernois), et le mariage eut lieu le 22 septembre 1713 ; Françoise de Warens n'avait pas 15 ans.

Les jeunes époux s'établirent à Vevey, où ils acquirent, semble-t-il, assez vite une certaine considération, puisque nous voyons que M. de Warens y fut nommé membre du Conseil des Douze, — (Conseil qui était l'autorité dirigeante de la cité), — et que les de Warens méritèrent, pour leur bienfaisance envers l'hôpital, d'être « loués » par le Consistoire, lequel ne passait pas pour prodiguer ses éloges. Tout cela s'accorde assez mal avec les accusations que Rousseau, dans ses *Confessions*, n'a pas craint de formuler avec une étrange légèreté sur la conduite de M^me^ de Warens à cette époque. Elle aurait eu pour amants M. de Tavel et M. Perret ; pour ce qui est du premier, un colonel, ami de M. de Warens, on ne sait, en l'absence de tout document sur son compte, ce que peut valoir l'accusation de Rousseau. On connait mieux M. Perret ; on le connait assez même pour affirmer que Jean-Jacques l'a calomnié et sa protectrice avec lui. M. Perret était un pasteur qui jouissait de l'estime publique, qui avait vingt-cinq ans de plus que M^me^ de Warens, était marié, père de plusieurs enfants, et qui enfin « garda dans la haute société de Vevey un prestige absolu jusqu'à sa mort, ce qui aurait été, ce semble, impossible si le moindre soupçon avait couru sur son compte. » (1). Jean-Jacques, il est vrai, est, à son sujet, moins affirmatif que pour M. de Tavel ; après nous avoir fait de celui-ci un très vilain portrait, il ajoute : « le ministre Perret passa pour son successeur ». Et quoi ! M^me^ de Warens l'a accueilli et hébergé et, ayant entendu dire, Dieu sait par qui ! que M. Perret avait dû être son amant, il n'hésite pas à en informer la postérité ! Mais armons-nous de patience : il a, comme on sait, bien d'autres choses à nous apprendre, et autrement graves, sur le compte de sa bienfaitrice.

M. de Warens paraît avoir été, pour l'intelligence et la volonté, inférieur à sa femme. Celle-ci, d'esprit vif, très entreprenante et fort ambitieuse, crut toujours avoir le génie, alors qu'elle n'avait que la manie, des affaires ; c'est ce qui la perdit. Elle établit une manufacture de bas de soie qu'elle agrandit sans cesse ; pour payer ses entreprises commerciales et aussi ses dépenses personnelles, elle poussa son mari à contracter des emprunts ruineux. Malade, inquiète surtout de l'état de ses affaires, elle alla faire une saison à Aix et s'y lia avec M^me^ de Bonnevaux, une catholique de Savoie, qui vraisemblablement reçut ses confidences ; pour la distraire de ses chagrins et de ses soucis d'argent, M^me^ de Bonnevaux essaya de la convertir et fit luire à

(1) De Montet, p. 53.

ses yeux les honneurs qui ne manqueraient pas de récompenser la conversion d'une aussi grande dame à cette cour du roi de Sardaigne où son mari à elle était officier.

Rentrée à Vevey, Mme de Warens trouva que ses affaires avaient encore empiré ; la ruine paraissait imminente au printemps de 1726. Si elle restait à Vevey, quelle déchéance et quelles blessures d'amour-propre ! au-delà du lac, c'était le salut, une aventure retentissante qui flattait peut-être sa vanité, une vie nouvelle avec de nouveaux amis : elle se fit prescrire une cure à Amphion et, en l'absence de M. de Warens, elle fit ses bagages, sans oublier la vaisselle, le linge et l'argenterie, et le 14 juillet 1726 elle débarquait à Evian, où elle savait qu'était alors le roi de Sardaigne, Victor Amédée II. Si l'on en croit M. de Conzié, dont la relation, il est vrai, diffère un peu de ce que nous disent sur le même sujet et Rousseau et M. de Warens ; — mais M. de Conzié, alors attaché à la personne du roi, est un témoin oculaire —, voici ce qui se passa : « Le roi allait à la messe de l'église paroissiale, accompagné seulement de quelques seigneurs de la cour, du nombre desquels était M. de Bernex, évêque d'Annecy (plus exactement évêque de Genève-Annecy). A peine le roi était-il entré dans l'église que Mme de Warens arrêta le prélat par sa soutane, se jeta à genoux en lui disant les larmes aux yeux : « in manus tuas, domine, commendo spiritum meum ». Cet évêque s'arrêta en la relevant, il parla cinq à six minutes avec cette jeune pénitente, qui de là se rendit directement au logis de ce prélat, lequel, la messe finie, alla la joindre et, après une conversation assez longue avec elle, revint à la cour, sans doute, pour en rendre compte au roi (1) ». Conduite à Annecy, sous l'escorte des gardes du roi, Mme de Warens, après une instruction sommaire, abjura au couvent de la Visitation le 8 septembre, le jour de la Nativité de la sainte Vierge, « à laquelle, écrivait-elle au roi, je sais que Votre Majesté a une particulière dévotion ». Une pension de 1.500 livres récompensa un si beau zèle et la nouvelle convertie s'installa à Annecy : pensionnaire du roi, protégée par l'évêque, elle reçut chez elle la

(1) De Montet, 71.

meilleure société et c'était donc une vraie grande dame qui, deux ans après, le dimanche des Rameaux, au moment d'entrer à l'église, accueillait de si gracieuse façon le jeune vagabond que lui adressait le curé de Pontverre : « elle prend en souriant la lettre que je lui présente d'une main tremblante (une lettre en « style d'orateur », rédigée par Jean-Jacques), l'ouvre, jette un coup d'œil sur celle de M. de Pontverre, revient à la mienne qu'elle lit tout entière et qu'elle eût relue encore (Jean-Jacques écrivait déjà si bien sans l'avoir appris !), si son laquais ne l'eût avertie qu'il était temps d'entrer. « Eh ! mon enfant, me dit-elle d'un ton qui me fit tressaillir, vous voilà courant le pays bien jeune ; c'est dommage en vérité (et dommage aussi que Jean-Jacques songe en ce moment à faire valoir une autre personne que Mme de Warens !). Puis, sans attendre ma réponse, elle ajouta : allez chez moi m'attendre ; dites qu'on vous donne à déjeuner ; après la messe j'irai causer avec vous ».

Deux jours après cette première entrevue, Rousseau partait pour Turin et l'on a lu au précédent chapitre le récit de ses aventures jusqu'au moment où il vient, pour la seconde fois, et environ un an après, frapper à la porte de Mme de Warens. L'avisé Jean-Jacques ne s'était pas laissé oublier : il avait, d'après les *Confessions*, tenu au courant Mme de Warens de ce qui lui était arrivé chez Mme de Vercellis et chez le comte de Gouvon, et Mme de Warens lui avait donné toute sorte de bons conseils sur la conduite à tenir chez les Gouvon où elle considérait, disait-elle, « sa fortune comme assurée, s'il ne la détruisait pas par sa faute. » Et voilà que par sa faute il avait tout détruit et qu'il était pour la seconde fois sur le pavé : comment Mme de Warens allait-elle recevoir ce jeune fou ? « C'est la Providence qui me le renvoie » s'écria-t-elle, et il fut décidé que Jean-Jacques cette fois s'établirait au logis. Il nous a décrit, dans ses *Confessions*, la vieille maison qu'habitait à cette époque Mme de Warens à Annecy (1) ; de sa chambre Rousseau avait vue sur la campagne et il se rappelle avec joie que « depuis Bossey c'était la première

(1) *Confessions* I, 3.

fois qu'il avait du vert devant ses fenêtres. » Au reste ce premier séjour chez Mme de Warens fut assez court : arrivé au printemps 1729, dès Pâques de la même année, il entra au séminaire d'Annecy où il resta jusqu'au mois d'août. Il a raconté en détail comment un parent de Mme de Warens, M. d'Aubonne, chargé par elle de l'examiner, déclara qu'il était tout au plus bon pour faire un curé de village, et Jean-Jacques entra chez les Lazaristes, où l'évêque de Genève paya sa pension ; il y fit la connaissance de l'abbé Gâtier qu'il a probablement calomnié (1) et qui, avec l'abbé Gaime, que nous connaissons déjà, reparaîtra sous les traits du *Vicaire savoyard.*

Dans le récit que Rousseau nous fait des années, les plus belles de sa vie, dit-il, passées à Annecy et plus tard à Chambéry, les jolies anecdotes se pressent sous sa plume : comme je n'ai aucun moyen de les contrôler, je ne puis que les rappeler brièvement et les résumer de mon mieux ; car de les raconter tout uniment après lui et d'après lui, ce serait d'abord parfaitement inutile (on n'a qu'à ouvrir les *Confessions*), et ce serait sans doute aussi donner gratuitement comme un air d'authenticité à toutes ces gracieuses aventures que Rousseau nous a contées à cinquante ans de distance et qui sont plutôt le roman que l'histoire de sa jeunesse. Que reste-t-il donc à faire au biographe pour la période qui nous occupe ? deux choses, ce me semble : d'une part, là où Rousseau a brouillé ou faussé les dates, les rectifier ; et nous le pouvons ici, grâce aux travaux d'érudition dont cette partie de la vie de Rousseau a été l'objet ; ces corrections toutes matérielles nous permettront de déterminer avec précision le temps que Rousseau a passé chez Mme de Warens, temps précieux pour l'éducation de son esprit et de son cœur ; et, d'autre part, insister particulièrement sur les faits vraiment indéniables et vraiment importants, qui marquent ses différents séjours à Annecy et Chambéry, je veux dire : sur tout ce qui peut nous faire connaître à la fois Mme de Warens, l'influence qu'elle a exercée sur Rousseau et les occupations auxquelles se livra

(1) Mugnier, *M[me] de W. et J.-J. R.* I. p. 59.

Rousseau aux Charmettes : comme on le verra, il y était occupé, contrairement à la légende, de toute autre chose que de son amour.

Chez les Lazaristes Rousseau ne fit, dit-il, que de la musique ; ce que voyant, Mme de Warens le fit sortir du Séminaire et le mit en pension chez un certain Nicolos que Jean-Jacques appelle M. le Maître, ayant pris pour son nom ce qui n'était que le nom de son emploi : il était maître de musique de la cathédrale. Rousseau fut son pensionnaire pendant six mois, d'octobre 1729 à avril 1730. M. le Maître, laissons lui le nom qu'on lui donnait évidemment à Annecy, était un bon homme, mais un ivrogne : ayant eu avec le chantre de la cathédrale des démêlés du genre de ceux que Boileau a contés dans son *Lutrin*, M. le Maître prit le parti de fuir emportant avec lui la musique du chapitre la veille même des solennités de Pâques, et Mme de Warens ordonna à Jean-Jacques d'accompagner le fuyard et de l'aider sans doute à déménager la musique sacrée : c'est ainsi qu'elle faisait son éducation morale. Mais elle avait, pour éloigner Jean-Jacques, un motif secret que celui-ci ne connut vraisemblablement jamais bien, car « le peu que lui en dit plus tard Mme de Warens », et qu'il nous redit, est très vague et paraît faux. Sans être complètement renseigné nous-même, nous pouvons, grâce à certains documents trouvés aux archives d'État à Turin et aux archives du Sénat de Savoie (1), conjecturer ce qui occupait alors Mme de Warens. Tandis que Rousseau escortait sur la route de Lyon le sieur Nicoloz dit Le Maître, Mme de Warens se préparait secrètement à partir pour Paris avec M. d'Aubonne. Le but précis de ce voyage n'a pu être tiré au clair : il ne paraît pas avoir été très honorable. Son compagnon de route, M. d'Aubonne, était un intrigant et un aventurier : beau-frère, semble-t-il, de ce M. de Tavel qui, si l'on en croyait Rousseau, avait été le premier amant de Mme de Warens, M. d'Aubonne s'était vu refuser « la noble bourgeoisie de Morges », où il avait un château, par I. L. E. E. de Berne (souverains du canton de Vaud) ; il avait

(1) Ces documents sont reproduits dans l'ouvrage de M. Mugnier, p. 86.

été à Paris proposer au cardinal de Fleury un plan de loterie qui avait été rejeté. Arrivé à Annecy en 1729, l'année où Rousseau y était venu lui-même pour la seconde fois, il était le conseiller de Mme de Warens ; car, c'est lui qu'elle avait consulté sur ce qu'il fallait faire de Jean-Jacques et c'est sur le beau conseil qu'il lui avait donné qu'elle avait décidé d'en faire un curé.

Au printemps sans doute de 1730, une dame masquée, c'était Mme de Warens, s'embarquait sur le Rhône à Seyssel ; elle était accompagnée de deux hommes, dont l'un était Claude Anet, son intendant, et l'autre M. d'Aubonne. Ils allaient entretenir l'ambassadeur de Sardaigne à Paris, le comte Maffei, d'une affaire mystérieuse qui ne nous est pas connue, le mémoire que d'Aubonne remit à l'ambassadeur n'ayant pas été retrouvé. Il est plus que probable qu'il s'agissait à la fois « des droits de la maison de Savoie sur Genève » (le roi de Savoie en cette même année 1730 avait nommé une commission pour « mieux éclaircir ces droits ») et des établissements de propagande catholique que dirigeait, dans le pays de Gex, l'évêque de Genève, M. de Bernex, le patron de Mme de Warens ; M. de Bernex était sans cesse en lutte avec les Genevois, et justement à cette époque il faisait solliciter le cardinal Fleury de repousser les demandes des Genevois qui voulaient acheter des seigneuries dans le pays de Gex (1). C'est surtout comme émissaire de l'évêque que dut agir Mme de Warens ; quant au complot (fort probable) tramé par M. d'Aubonne, elle le servit sans le connaître à fond et dans tous ses détails, s'il est vrai que M. d'Aubonne l'ait très vaguement associée à ses desseins pour avoir, auprès de l'ambassadeur Maffei, amateur de jolies femmes, un précieux auxiliaire. Elle « ne sait pas le détail de l'affaire », dit dans une dépêche M. Maffei ; le détail, c'est fort possible : mais le sens et le fond même, elle était assez fine pour les deviner, et c'est parce « qu'elle ne voulait pas jouer ce rôle de comparse auquel voulait la réduire M. d'Aubonne, qu'elle demanda et obtint la permission de quitter son compagnon et de se rendre à Turin » où était le roi (2).

(1) M. Mugnier, ibid. 85.
(2) M. Mugnier, p. 87, 90.

A son retour, Mme de Warens fut très surveillée : on la laisserait aller, sans être inquiétée, soit à Annecy, chez elle, par Seyssel, soit à Turin par Chambéry ; mais on devait l'empêcher, au cas où elle en prendrait le chemin, de passer en Suisse ; il ne faut pas, disait Maffei, « qu'elle communique avec des personnes de sa nation » ; elle avait donc des communications intéressantes à leur faire et on en devine aisément la nature. Il semble qu'après avoir trahi, desservi tout au moins, à Paris, ses compatriotes, elle paraissait, à ceux qui l'avaient employée, assez intelligente pour avoir deviné leurs projets, et assez peu sûre pour les dévoiler et par là rentrer en grâce auprès de ses anciens coréligionnaires. Un sieur Mitonet, avocat ou juge subalterne à Seyssel, chargé de la surveiller au passage, écrivait que « sa conduite était problématique : il peut se faire qu'elle soit de bonne foi catholique ; il peut se faire aussi qu'elle regarde en arrière comme la femme de Loth. » Ainsi, on la croyait capable de jouer double jeu.

Sans vouloir tirer, des documents dont nous nous sommes servis, plus qu'ils ne contiennent, nous pouvons, tout au moins, conclure avec certitude et que toute cette affaire était louche et que celle qui y fut mêlée était une intrigante : les protecteurs même qu'elle s'était acquis par son abjuration trouvaient qu'elle était trop remuante, qu'elle faisait trop parler d'elle. Un ecclésiastique d'Annecy, l'abbé Coppier, qui jouissait de la faveur royale, et à qui Mme de Warens s'était fait recommander, écrivait à M. de Bernex : « Je viens encore de rendre mes meilleurs offices à la pauvre Mme de *Voirans* (tout le monde prononçait ainsi en Savoie). Cette bonne dame a pris la liberté d'écrire au roi et de lui demander la permission de venir se mettre à ses pieds à Turin (la pension royale n'était pas très régulièrement payée), ce qui lui a été accordé ; mais il faudra qu'elle s'en retourne à Annecy et qu'elle prenne soin d'y mener une vie toujours plus exemplaire et toujours plus retirée afin de se rendre digne de la continuation de la pension dont Sa Majesté la favorise. » Si l'on en croit le biographe de M. de Bernex, le P. Boudet, Mme de Warens venait à peine d'abjurer le protestantisme que le roi aurait dit d'elle : « M. l'Évêque, vos conquêtes sont bien bruyantes ».

En résumé : inconsidérée et besogneuse, n'hésitant pas à planter là son mari, à qui elle n'avait absolument rien à reprocher (leur correspondance le prouve), abjurant sa foi au moment précis où cette adjuration, sincère ou non, l'affranchit de ses créanciers; et enfin, nous le savons par des témoignages précis, convertisseuse zélée (convaincue peut-être, mais certainement rémunérée), des Vaudois ou Vaudoises qui veulent bien se laisser séduire (et n'est-ce pas un peu à titre de nouveau converti que Jean-Jacques a été accueilli par elle ?) telle nous est apparue jusqu'ici M^me^ de Warens : c'est Rousseau lui-même qui nous fournira bientôt de quoi achever son portrait.

Partie d'Annecy vers le printemps, M^me^ de Warens ne fut de retour chez elle qu'au milieu du mois d'août 1730. Rousseau, parti avant elle avec Le Maître, avait abandonné son compagnon dans la rue à Lyon, au moment où celui-ci était surpris d'une atteinte d'épilepsie (il en a fait l'aveu que l'on sait dans ses *Confessions*) ; il retourna précipitamment à Annecy et ne trouva au logis que Merceret, la femme de chambre de M^me^ de Warens. Par crainte peut-être de déplaire à celle-ci, il n'osa loger sous le même toit que M^lle^ Merceret, une soubrette de 25 ans environ ; il partagea le gîte de Venture. Qui était Venture ? un chevalier d'industrie dont la faconde, dit-il, l'avait ébloui et dont, ce qu'il ne dit pas, les polissonneries n'avaient pas laissé de l'enchanter ; on l'a vu se faire chasser de chez les Gouvon pour suivre sur les grandes routes un certain Bâcle, qui était probablement « un perruquier parti de Genève pour voir du pays » (1) ; au susdit Bâcle il faut joindre une autre connaissance de Genève, retrouvée également à Turin, Mussard, qualifié du surnom de Tord-Gueule ; et voici maintenant Venture ou, pour le nommer par le nom qu'il se donne, Venture de Villeneuve ; tels étaient les jolis compagnons dont Rousseau à cette époque, jeune polisson lui-même, s'inspirait, ou suivant son mot, « s'engouait » tour à tour.

(1) E. Ritter. *La Famille et la Jeunesse de J.-J. R.*, 205.

Nous l'avons vu d'ailleurs congédier lestement son cher Bâcle, au moment où il devenait gênant, à la porte de M^me^ de Warens ; et nous venons de le montrer se sauvant à toutes jambes dès qu'il voit tomber dans la rue son ami et son maître de musique ; et notons donc, pour nous en souvenir lors de ses fameux démêlés avec ses amis de Paris, qu'il est très prompt à s'attacher — et à se détacher.

Il avait d'ailleurs à Annecy de plus intéressantes connaissances que le sieur Venture : c'étaient M^lle^ Galley et M^lle^ de Graffenried qu'il rencontrait, non au bord d'un « ruisseau », mais d'une belle rivière qu'il n'a pas nommée (c'était le Fier) et qu'il escortait jusqu'à Thônes (et non pas « Toune », comme il a dit) ; et l'on s'est étonné que lui, peintre si fidèle à l'ordinaire, ait négligé de nous dépeindre la route si pittoresque qu'il fit à cette occasion : c'est que sans doute les deux belles promeneuses, comme on l'a dit, auront cette fois absorbé son attention (1). Bien des années plus tard, dans sa triste solitude de Wooton, revivant par l'imagination toute la journée passée « et si vite passée » avec ces deux charmantes filles, il en éternisait le souvenir dans un des plus délicieux récits de ses *Confessions*.

Qui ne se rappelle ce début si plein de vérité, de jeunesse et de poésie : « *L'aurore un matin me parut si belle* que, m'étant habillé précipitamment, je me hâtai de gagner la campagne pour voir lever le soleil ... ; c'était la semaine après la Saint-Jean ; la terre était couverte d'herbes et de fleurs ... » et le trait qui est dans toutes les mémoires : « Nous allâmes dans le verger achever notre dessert avec des cerises : je montai sur l'arbre et je leur en jetais des bouquets dont elles me rendaient les noyaux à travers les branches ». C'est dommage seulement que le souvenir si vivant de ces rieuses et gracieuses filles n'ait réussi ni à faire taire sa vanité (il n'a pu nous laisser ignorer l'impression qu'il avait faite sur elles), ni à réfréner complètement sa sensualité : il a beau s'appliquer à être chaste, il n'y réussit pas parfaitement, ne serait-ce que par cette application même à nous mar-

(1) M. Mugnier, *ibid.*, p. 72.

quer, par exemple, que ce dîner entre deux pures jeunes filles est bien supérieur, non pas seulement « pour la gaîté et la douce joie, mais même pour la *sensualité*, aux soupers des petites maisons de Paris ». L'auteur de la *Nouvelle Héloïse* n'a pas la touche délicate de l'auteur de *Paul et Virginie*. Et puisque nous venons de citer la *Nouvelle Héloïse*, il est vraisemblable qu'il pensait un peu à ses deux jolies voyageuses de Thônes quand il imagina ses deux amies, Claire et Julie, dans son roman : n'a-t-il pas dit de M^lle^ de Graffenried qu'il l'aurait mieux aimée comme confidente, préférant M^lle^ Galley pour maîtresse, et n'est-ce pas l'agréable situation où il placera Saint-Preux entre Claire et Julie ?

Nous savons à peu près qui étaient ces deux jeunes filles qui, par cette belle matinée de juin, se rendaient à Thônes : l'une, M^lle^ de Galley était fille de M. de Galley, co-seigneur de la vallée des Clefs ; c'était probablement, d'après l'âge que lui donne Rousseau, l'aînée, Claudine, qui fêtait ce jour-là sa vingtième année ; et son amie, M^lle^ de Graffenried, était une nouvelle convertie ; il y avait à Annecy une autre « nouvelle convertie » que voyait fréquemment Rousseau ; c'était une amie de la Merceret, une Genevoise, Esther Giraud (à qui il donne 37 ans, mais qui n'en avait pas 28) et qui était folle de lui : mais elle lui inspirait, dit-il, une profonde aversion. Il est à remarquer qu'il vivait alors au milieu de jeunes filles et que ces jeunes filles, parmi lesquelles, dit-il, et on l'en croit volontiers « il se plaisait fort », étaient toutes ou catholiques de naissance ou converties au catholicisme et, de la complexion amoureuse dont il était, il y avait là pour lui une raison de plus d'être à cette date bon catholique : de fait, il l'était assez pour admettre que les prières de l'évêque avaient subitement éteint un incendie qui menaçait de dévorer la maison de M^me^ de Warens et pour certifier par écrit ce miracle : écrit fatal, qui tombera plus tard dans les mains de Fréron au grand désespoir de Rousseau, devenu alors grand négateur de miracles. C'est là un détail qui a son importance et que nous aurons à rappeler quand nous essaierons de préciser l'évolution religieuse de Rousseau.

Cependant M^me^ de Warens ne revenait toujours pas : impatiente de l'attendre, sa femme de chambre, M^lle^ Merceret, dont on avait sans doute oublié de payer les gages, résolut de retourner chez son père, qui était organiste à Fribourg.

Il y a loin d'Annecy à Fribourg, et Anne-Marie (ce sont les prénoms de la Merceret retrouvés par M. Mugnier), sans être vraiment « belle », n'est pas « laide » non plus, nous dit Rousseau, et elle doit être alors dans sa vingtième année : heureusement elle a sous la main le chevalier toujours prêt à partir et à escorter, quand on l'en prie, (car il ne s'offre jamais), les jeunes filles seules en excursion ou en voyage. Sa timidité d'ailleurs ou, comme il dit, sa « sottise » est telle qu'elle les protège, non seulement contre lui, mais contre elles-mêmes, quand elles tombent amoureuses de lui et aucune d'elles n'y manque. Est-il donc si irrésistible ou n'est-il qu'un fat ? Sa fatuité n'est guère douteuse ; mais à l'âge qu'il avait alors (de 18 à 19 ans), avec sa physionomie éveillée, ses yeux pleins de feu et son esprit naturel, il avait de quoi intéresser des jeunes filles, qui étaient en Savoie plus libres et plus expansives qu'on ne l'était en Suisse. Quoi qu'il en soit, Jean-Jacques fut pour Anne-Marie, d'Annecy à Fribourg, et malgré la longueur du voyage, un chevalier sans reproche — mais non pas sans mérite, car il nous décrit, avec ces détails si déplaisants par leur précision et qu'il affectionne, toutes les tentations auxquelles l'exposa, mais en pure perte, la coquetterie de sa compagne ; croyons-le donc sur parole : qu'il ait, en effet, dans ces circonstances, et dans d'autres semblables qu'il nous racontera avec la même complaisance, joué ou non le rôle de Joseph, cela importe moins qu'il ne croit à la postérité. Il remit donc la Merceret intacte dans les mains de son père, qui l'invita à dîner, et l'on se dit adieu. Plus tard, dans ses *Confessions*, en prenant congé de la jeune fille, dont il ne parlera plus, son cœur s'attendrit à la pensée qu'il a peut-être alors laissé échapper le bonheur : « Elle avait un vrai goût pour moi, j'aurais pu suivre le métier de son père et vivre heureux et tranquille à Fribourg ». Mais hélas ! comme le dira un jour la plus illustre disciple de Jean-Jacques et la plus infortunée : « la gloire est le deuil éclatant du bonheur », et, plus encore que Mme de Staël, Rousseau semblera confirmer la vérité de cette triste maxime.

Ce qu'il est intéressant de relever, à propos de ce soupir de regret qui échappe à Rousseau au moment où il prend congé de son aimable compagne de voyage, ce n'est pas qu'il ait poétisé, cela nous arrive à tous, les souvenirs de sa jeunesse, mais c'est que, parvenu, au moment où il écrit cette partie de ses *Confessions*, au sommet de la gloire, il exprime le regret de n'avoir pas épousé la Merceret, c'est-à-dire une simple femme de chambre.

Et je ne prétends pas du tout que ce regret soit absolument sincère (je ne le crois pas non plus tout à fait mensonger), et je n'oublie pas davantage le prodigieux orgueil de Rousseau ; mais que précisément, et malgré son orgueil, malgré les illustres amitiés dont il s'est vu honoré, il ait eu l'idée, à cette époque de sa vie — et de sa gloire — d'exprimer un regret si inattendu; cela nous renseigne mieux que je ne saurais dire, et plus que tout ce qu'il nous a appris lui-même, sur la simplicité, j'allais dire : sur la vulgarité de ses goûts ; et cela aussi, je crois, nous prépare à comprendre pourquoi il se décidera, un jour, à défaut de la Merceret, à épouser Thérèse.

Nous avons accompagné Jean-Jacques jusqu'à Fribourg : mais il nous faut un instant rebrousser chemin pour raconter une rapide visite qu'il fit à son père en traversant Nyon, où Isaac Rousseau, on s'en souvient, s'était retiré et remarié. « En passant à Genève, dit-il, il n'alla voir personne », et il fit bien : les Genevois de ce temps ne devaient pas être tendres pour les renégats ; mais, ajoute-t-il, il fut prêt à se trouver mal sur les ponts. Sans doute il exagère, encore que nous le sachions impressionnable à l'excès ; et il est probable aussi que, s'il fut ému en revoyant sa ville natale, la honte d'avoir abjuré la religion de sa famille et de ses concitoyens était bien pour quelque chose dans une si grande émotion. Et, quoiqu'il n'en dise rien non plus, il ne devait pas être sans inquiétude sur l'accueil que lui ferait son père, bon Genevois et, c'était tout un, bon calviniste. De fait, on s'embrassa, on pleura (Isaac s'attendrissait et pleurait volontiers) mais, nous dit Rousseau, mon père « ne fit pas pour me ramener tout ce qu'il aurait pu faire. » D'abord la belle-mère de Jean-Jacques ne tenait guère à le garder au logis : « elle fit semblant de vouloir me retenir à souper » ; c'était tout juste de la politesse ; et puis Isaac avait peine à pardonner à son fils une conversion qui lui faisait perdre ce fameux droit de bourgeoisie, l'honneur de la famille. Rousseau nous le donne à entendre en paroles vagues et embarrassées : « après le *pas* que j'avais fait, il jugeait peut-être que je n'en devais pas revenir. » Une lettre de Rousseau, écrite un certain temps après cette entrevue (1), nous fait entrevoir les vrais sentiments d'Isaac Rousseau à l'égard de son fils : il a très mal reçu celui-ci : « malgré les tristes assurances que vous m'avez données que vous ne me regardiez plus pour votre fils. » Et que lui reproche son père ? à coup sûr son abjuration, mais vraisemblablement aussi son escapade de Genève qu'il n'avait pas dû lui pardonner, car Jean-Jacques, implorant une réponse de son père, lui écrit : « ce sera la première lettre que j'aurai reçue de vous depuis ma sortie (admirez l'euphémisme) de Genève. »

Le vrai but, au reste, de cette lettre est d'obtenir des subsides : « vos yeux se chargeraient de larmes si vous connaissiez à fond ma véritable situation. » C'est qu'en effet il est alors dans la plus extrême misère : on peut l'en croire quand il nous dit qu'étant arrivé un soir à un petit village près de Lausanne, « il entra dans un cabaret sans un sou pour payer sa couchée ». Une chose heureusement ne lui faisait jamais défaut dans les moments les plus critiques : c'était l'aplomb. Il demanda à souper, dormit d'un bon somme, fit le lendemain un bon déjeuner et, quand sonna le quart d'heure de Rabelais, il offrit de laisser en gage la veste qu'il avait sur le dos : dépouiller ce pauvre jeune homme ! l'aubergiste avait si bon cœur (Rousseau y comptait bien) qu'il refusa la veste — pauvre veste, sans doute, — et le laissa partir, lui disant qu'il le payerait quand il pourrait. Rousseau affirme « qu'il ne tarda guère à lui renvoyer son argent par un homme

(1) écrite de Neuchâtel en 1731, non 1732 comme l'a datée Musset-Pathay. Voir Mugnier, 79.

sûr » ; je crois bien qu'il s'acquitta — c'était assez son habitude — mais pas si tôt qu'il le dit ici, car assez longtemps il fut aux abois. Cette détresse profonde, où le replongeaient sans cesse sa mauvaise fortune et ses coups de tête, risquait à chaque instant de le conduire en un gîte qu'il aurait été dispensé de solder et en définitive il faut lui savoir gré de n'avoir été qu'un vagabond ; mais tant de souffrances et d'humiliations accumulées ne seront pas perdues pour son éloquence et, plus tard, dans ses cris de colère contre les riches et les grands seigneurs, on retrouvera les rancunes du pauvre diable qui, sur le chemin de Lausanne et ailleurs, se demandait le soir avec angoisse où il trouverait à souper et à coucher. Çà et là pourtant il rencontrait de bonnes gens qui lui venaient en aide, comme l'aubergiste de tantôt, et, quelques jours après, comme ce brave Perrotet qui, faisant semblant sans doute de se laisser prendre à ses petits mensonges (il se donnait pour un musicien de talent), lui offrait à crédit, non pas, il est vrai, la pension entière (elle était, hélas ! de cinq écus) mais la demi-pension : une soupe à dîner et un bon souper le soir.

Jean-Jacques parle avec effusion de ce Perrotet qui « était le meilleur homme du monde » ; il remarquera un jour que si dans « les états élevés l'intérêt et la vanité parlent seuls », c'est dans les états inférieurs qu'il a trouvé dans sa jeunesse tant de bonnes âmes : et si, seul de tous les littérateurs de son temps, il aime réellement le peuple, c'est un peu parce qu'il a au cœur le souvenir encore vivant de tant de gens du peuple dont il peut dire que, quand il a eu faim, ils lui ont donné à manger.

Nous lisons dans les *Confessions*, à cet endroit de sa vie, la phrase suivante : « J'ai toujours trouvé dans le sexe (on disait même d'ordinaire à cette époque : « le sexe enchanteur »), une grande vertu consolatrice. » Par cette phrase, où il se peint assez, du reste, avec son éternel besoin d'amitiés féminines, Rousseau veut parler de l'agréable correspondance qu'il entretenait alors, non pas peut-être avec les deux gracieuses excursionnistes de Thônes (comme il l'affirme dans les *Confessions*), mais avec Mlle Giraud ; (il demande, dans sa lettre à celle-ci, la permission d'écrire à « l'aimable Mlle de Graffenried » et sa lettre à Mlle Giraud est curieuse à plus d'un titre (été 1731) (1) :

On y voit d'abord qu'il a « encouru la disgrâce de Mme de Warens » et il feint d'ignorer les fautes, *au pluriel*, qui l'ont pu rendre coupable à ses yeux ; l'une de ces fautes est sans doute le lâche abandon de ce pauvre Le Maître que Mme de Warens, sachant ses infirmités, avait dû confier aux soins de Jean-Jacques. Il assure ensuite sa correspondante de son inébranlable attachement à la religion catholique ; et l'on voit quelles séduisantes prêcheuses, sans compter Mme de Warens, l'aidaient non-seulement à résister aux objurgations de son père, mais encore, semble-t-il, à triompher de ses remords, tout au moins du regret qu'il éprouvait alors, en pays protestant, de s'être mis dans une situation fausse : « Je risque, à chaque instant, d'être regardé comme un fourbe et comme un espion. » Heureusement, sa religion est si profondément gravée daus son âme « que rien n'est capable de l'en effacer. » Et ceci n'était pas seulement pour Mlle Giraud, mais sans doute aussi pour Mme de Warens, à qui « il n'ose prendre la hardiesse d'écrire. » Il est fort endetté, mais qu'elle se garde bien d'en parler à Mme de Warens ; « j'aimerais mieux la mort qu'elle crût que je suis dans la moindre indigence » ; seulement, comme il la prie de s'employer pour lui auprès de Mme de Warens, il doit espérer, tout de même, que celle-ci sera instruite de son triste sort. Et enfin, il n'y a pas lieu de faire remarquer que Jean-Jacques écrit encore très mal, ni de s'en étonner ; tout au plus peut-on enregistrer cette lettre et celle de la même époque à son père (où l'impropriété des termes le dispute à l'emphase), pour noter tout ce qu'il avait à acquérir avant de pouvoir écrire seulement son premier Discours ; mais ce qui est bien plus curieux, c'est qu'à cette date déjà, et malgré sa détresse et son éternel vagabondage, il s'escrime à rimer et à polir son style, et il envoie à Mlle Giraud,

(1) Sur cette lettre voir *Annales J.-J. R.* II, 164 (*Pages inédites de J.-J. R.* par M. Th. Dufour).

« sous le sceau du secret, quelques-unes de ses pièces (1) » ; où les a-t-il brochées ? dans quelque gîte de rencontre, ou peut-être sur les grandes routes et pour tromper la faim ; et, ce qu'il faut admirer encore, c'est sa belle confiance en lui-même : « Je n'ai pas encore assez de vanité pour vouloir porter le nom d'auteur ; il faut auparavant que je sois parvenu à un degré qui puisse me faire soutenir ce titre avec honneur. »

Auteur ! s'il n'ose pas encore porter ce beau nom comme poète, il s'en croit digne comme musicien ; et les Lausannois vont apprendre à connaître le compositeur Rousseau ou plutôt, car il avait pris l'anagramme de son nom, c'est Vaussore qui va se révéler, et, puisqu'il s'agit de musique, il aura un nom qui sonne bien : Vaussore de Villeneuve. Sa musique malheureusement sonna moins bien aux oreilles des Lausannois, car « depuis qu'il existe des opéras français, de la vie (c'est lui qui l'affirme), on n'ouït un semblable charivari. » Il a conté lui-même, on sait avec quelle verve, comment, arrivé à Lausanne, il s'était fait passer pour Parisien et pour maître à chanter, lui qui ne savait pas déchiffrer un air ; et comment il s'était offert à composer, pour un concert que donnait M. de Treytorens, une pièce terminée par un menuet, — et le sabbat qui s'ensuivit.

Que sa pièce fût détestable, il n'y avait là rien d'étonnant : ce n'est pas avec les six mois de leçons de M. Le Maître qu'il avait pu devenir très savant en musique ; mais ce qui est fait pour surprendre, c'est qu'il ait osé se donner pour compositeur et qu'il ait soutenu effrontément cette gageure jusqu'au bout, alors qu'il nous parle sans cesse, et avec raison, de son extraordinaire timidité. Qu'est-ce donc qui lui avait subitement donné tant d'audace? d'abord sa détresse même : ventre affamé n'a point de

(1) M. Th. Dufour nous a donné (*Annales J.-J. R.*, II, 192-198) quelques fragments inédits de Rousseau qu'il date du second trimestre 1731 : C'est un plan d'idylle, fragments de cantate, et une pièce de vers. (Rousseau nous dit, dans ses *Confessions*, que « croyant avoir du goût pour la poésie, il fit (à Soleure, et après avoir lu les œuvres de J.-B. Rousseau) pour son coup d'essai une cantate à la louange de Mme de Bonnac » (dont il va être question quelques lignes plus loin). C'est une imitation très médiocre, avec vers faux, de J.-B. Rousseau. Évidemment, « le coup d'essai » ne fut pas un coup de maître.

peur ; et ensuite cette idée juste qu'en pays protestant on se connaissait moins en musique que dans le pays d'où il venait ; nous savons, par exemple, pour ne citer que quelques faits probants, que ce n'est qu'en 1756 qu'il fut permis d'installer un orgue à Genève ; et, dix ans plus tard, le pasteur Jacob Vernet, reconnaissant que les Genevois avaient peu de goût pour la musique, les excusait par cette raison que le climat de Genève était nuisible à la voix (1) : mais c'était le puritanisme calviniste qui était nuisible aux arts en général et à la musique en particulier. Tout de même, Rousseau s'était exagéré en matière musicale l'inexpérience des Lausannois et ses propres talents ; son coup d'audace (les timides sont quelquefois par bravade terriblement audacieux), avait eu un succès de fou rire qui l'avait subitement rendu célèbre dans toute la ville. Qui eût pu prédire alors que cet enragé râcleur charmerait un jour de « sa musique enchanteresse », c'est ainsi qu'on l'appellerait, le roi de France et toute sa cour ? mais ce n'était là qu'une des innombrables surprises qu'il réservait au monde ; et, en attendant, il végétait, quêtant des leçons « qui ne venaient pas en foule », nous l'en croyons sur parole ; réussissant pourtant à se faire prendre au sérieux par « deux ou trois gros Teutches aussi stupides qu'il était ignorant » et qui l'aidaient au moins à payer sa demi-pension, voire même à faire une excursion au pays de M^me^ de Warens : « J'allai à Vevey loger à la Clef (une plaque y rappelle encore ce séjour de Jean-Jacques), et pendant deux jours que j'y restai sans voir personne, je pris pour cette ville un amour qui m'a suivi dans tous mes voyages et qui m'y a fait établir enfin les héros de mon roman. » Son roman devait jeter une telle poésie sur ces petites villes de Vevey, Clarens et Montreux, que désormais le souvenir de Rousseau est inséparable de tous ces jolis paysages du canton de Vaud et en double le charme pour le promeneur : voici le lac, c'est le lac qu'il lui fallait dans ses rêves « et non pas un autre » ; en face de Vevey, c'est la Meillerie et le souvenir de Saint-Preux et de ses promenades désolées à

(1) Voir sur ce point : Jansen : *Rousseau als Musiker*, Berlin, 1884.

travers les rochers se lève aussitôt dans votre esprit; à gauche on aperçoit la dent de Jamant et l'on se répète aussitôt ces mots si simples, mais si pittoresques de Julie : « Quoique l'automne soit encore agréable, vous voyez déjà blanchir la pointe de la Dent-de-Jaman. » C'est que Rousseau ne s'est pas seulement inspiré directement de la nature, ce qui rend sa prose si vivante et si colorée; mais il a comme ajouté à cette nature une vie et des couleurs nouvelles qu'il puisait dans son ardente imagination : et désormais les bords du lac de Genève ne sont plus beaux seulement de leur propre beauté, mais encore de je ne sais quelle beauté mélancolique et attendrissante dont les a pour jamais imprégnés l'enchanteur qui les a fait connaître et aimer.

De Lausanne Rousseau s'était rendu à Neuchâtel, où il passa l'hiver de 1730 à 1731 ; il y avait, paraît-il, trouvé quelques écoliers, ce qui lui permit de manger à sa faim pendant quelque temps et de courir le pays ; dans une de ses courses à travers champs, il rencontre, un jour, dans un cabaret de Boudry (en avril 1731) « un homme à grande barbe, avec un habit violet à la grecque, un bonnet fourré », parlant un jargon que personne n'entend et que Jean-Jacques croit comprendre : il lui parle, en effet, italien (il se souvenait des leçons de l'abbé de Gouvon) et l'étranger lui saute au cou : Jean-Jacques sera son interprète et sans doute moyennant quelques flatteries (Rousseau n'y résistait jamais), le voilà lié à la fortune de cet étranger qui lui fait oublier et perdre ses élèves de Neuchâtel.

Le mystérieux personnage, dont il vient de s'engouer et auquel il servira de trucheman, est le révérend Père Athanasius Paulus, de l'ordre des saints Pierre et Paul de Jérusalem, qui fait une collecte pour le rachat d'esclaves chrétiens et pour le rétablissement du Saint-Sépulcre : c'est du moins le nom et la mission qu'il se donne (1).

Rousseau accompagne l'archimandrite, c'est ainsi qu'il l'appelle, à Fribourg et à Berne ; il prononce même dans cette

(1) Comme il resulte des « manuaux » des Conseils de Fribourg et de Berne, retrouvés par M. Ritter (*La famille et la jeunesse de Rousseau*, p. 208).

dernière ville, en l'honneur du Saint-Sépulcre, une fort belle harangue qui fut très goûtée et, pour que nous n'en doutions pas, il nous en donne un résumé pathétique. Fribourg s'était méfié et, après avoir accordé au susdit Père Paulus une patente pour quêter, la lui avait retirée et l'avait prié « de quitter le pays ».

De Berne on avait passé à Soleure, où l'on s'empressa d'aller saluer l'ambassadeur de France, M. de Bonac. Malheureusement M. de Bonac, qui avait été ambassadeur à Constantinople, était au fait de tout ce qui regardait le Saint-Sépulcre : il s'aperçut vite que l'archimandrite n'était qu'un charlatan et il mit brusquement fin à l'odyssée de Rousseau (1). D'après ce dernier, l'ambassadeur, touché du récit qu'il venait de lui faire, le présenta à Mme l'ambassadrice et l'on décida « qu'il resterait à l'hôtel en attendant qu'on vît ce qu'on pourrait faire de lui. » Au reste, il fit impression, à l'en croire, sur tout le personnel de l'ambassade, puisque le secrétaire, M. de la Martinière, en le conduisant dans la chambre qui lui était destinée, lui dit : « Cette chambre a été occupée sous le comte du Luc par un homme célèbre du même nom que vous ; il ne tient qu'à vous de le remplacer de toutes manières et de faire dire un jour : Rousseau premier, Rousseau second. » Il ne serait pas impossible que M. de la Martinière lui eût tenu ce propos — les secrétaires d'ambassade sont parfois facétieux, — mais Jean-Jacques ne nous a pas dit de quel sourire le propos fut accompagné et si par hasard le futur Rousseau second, pour apitoyer et intéresser à son sort M. l'ambassadeur, n'avait pas fait valoir ses essais poétiques. Il se pourrait aussi que Rousseau eût commis quelques erreurs sur ce qui lui arriva à Soleure ; mais admirez d'abord sa suffisance : « l'expérience que je commençais d'avoir modérait peu à peu mes projets romanesques ;

(1) Nous avons, de cette date, un premier écrit manuscrit de Rousseau : c'est une « lettre de Corchut à l'empereur Sélim, son frère, tous deux fils de Bajazet, portée par le capigi qui eut ordre de l'exécuter. Cette lettre a été traduite des vers turcs. » Lettre insignifiante, d'ailleurs, qu'a pu lui réciter l'archimandrite. Voir Th. Dufour : *Annales J.-J. R.* II, 190.

et, par exemple, non seulement je ne devins point amoureux de Mme de Bonac (et pourtant n'était-il pas le trucheman d'un glorieux archimandrite !) ; mais je sentis d'abord que je ne pouvais faire un grand chemin dans la maison de son mari. M. de la Martinière en place et M. de Morianne, pour ainsi dire en survivance, ne me laissaient espérer, pour toute fortune, qu'un emploi de sous-secrétaire qui ne me tentait pas infiniment. Cela fit que, quand on me consulta (?) sur ce que je voulais faire, je marquai l'envie d'aller à Paris » ; et, quinze jours plus tard, pour condescendre à ce désir, M. l'ambassadeur lui donnait de quoi faire le voyage. Mais comment se fait-il alors qu'après son aventure de Soleure nous le retrouvions à Neuchâtel, d'où il écrit à son père que ses élèves ne « veulent plus recommencer leurs leçons ? » Il est vraisemblable, ainsi qu'on l'a supposé, que « ce retour à Neuchâtel n'ayant pas été heureux, dans la détresse où il tomba, Jean-Jacques battit le rappel de tous les côtés » ; en même temps qu'il écrivait à son père et sans doute aussi à l'ambassadeur, il envoya encore une lettre à Annecy à l'adresse de M. de Bernex, l'évêque de Genève. « Ce grand évêque (dit-il dans son *Mémoire au gouverneur de Savoie*) me recommanda à M. le marquis de Bonac (1). » C'est alors sans doute, et sur la recommandation du bon évêque que M. de Bonac voulut bien chercher une place pour Rousseau et, comme ses relations étaient à Paris, c'est à Paris qu'il envoya Rousseau sans songer à « le consulter ». L'ambassadeur lui donna cent francs, et le secrétaire interprète, M. de Merveilleux, une lettre pour un sien ami, M. Godard, colonel suisse au service de la France, « qui cherchait quelqu'un pour mettre auprès de son neveu, lequel entrait fort jeune au service ; » et Rousseau, muni du tout, partit pour Paris, le bâton à la main.

Il mit à faire ce voyage quinze jours qui lui parurent délicieux : il voyait du pays, ce qui fut toujours son plus grand bonheur ; il allait chez un officier et il le suivrait naturellement dans sa rapide fortune ; officier à son tour, pourquoi n'enten-

(1) Eug. Ritter, *ibid*, p. 210.

drait-il pas dire un jour le maréchal Rousseau ? car sa myopie n'était pas un obstacle invincible (il n'en voyait pas d'autre) à son avancement : ne savait-il pas que le maréchal Schomberg avait, lui aussi, la vue courte? C'est en riant, bien entendu, qu'il nous parle de toutes ces folles chimères qui l'amusaient et faisaient son pas plus léger sur la route de Paris : ce que nous en retiendrons pourtant nous-même, c'est que le sort a beau lui être contraire ; même alors, même réduit, comme ici, à accepter des secours, et très probablement, on l'a vu, à les mendier, il ne cesse pas de rêver les plus hautes destinées ; cela ne dénote pas seulement une riche imagination, mais encore une ambition qui ne se contentera pas de peu et qui ne se découragera pas aisément, et nous la verrons à l'œuvre.

Paris, qu'il rêvait plein de palais de marbre et d'or, démentit furieusement l'idée qu'il s'en faisait : il y entra en mai 1731 par le faubourg Saint-Marceau, et, au lieu des « superbes rues », qu'il avait imaginées, il ne vit que « de petites rues sales et puantes, de vilaines maisons noires, des mendiants, des ravaudeuses, des crieuses de tisanes et de vieux chapeaux (1) ». Au fond il n'aimera jamais Paris ; mais, quand il l'habitera plus tard, et ne songera d'ailleurs qu'à le fuir, ce qu'il critiquera alors ou plutôt ce qu'il maudira en lui avec l'âpre accent de la colère, c'est, contrairement à ce qu'il lui reproche ici, son élégance et son luxe ; et la seconde impression, quoique inverse de la première, ne sera pas plus favorable à « cette capitale », comme il l'appelle ici. Nous aurons, du reste, à démêler les causes très diverses de ce « secret dégoût » qu'il fait, dans les *Confessions*, dater de son premier voyage.

(1) Comparez Voltaire : « Candide entra par le faubourg Saint-Marceau et crut être dans le plus vilain village de la Westphalie ». *Candide*, ch. XXII. Le faubourg Saint-Marceau était le quartier le plus pauvre de Paris, « le foyer, dit Mercier, de la misère obscure... Dans une des tabagies du faubourg Saint-Marceau se réfugient pendant le jour les femmes les plus dégoûtantes des environs du Pont-Neuf et du Louvre pour y dépenser quelques sols arrachés à la luxure des Savoyards, des manœuvres et des filous ». (*Tableau de Paris*, I). Vers la même époque Marmontel s'était fait de loin, comme Rousseau, « un tableau superbe et fantastique de Paris : mais cette illusion fut bientôt détruite ». (*Mémoires*).

La place que le colonel Godard lui offrait auprès de son neveu ne lui convint pas : on voulait faire de lui une espèce de valet, alors qu'il s'était attendu à être « un vrai gouverneur ». Ce qui lui restait des cent francs qu'on lui avait donnés au départ, joint à un petit supplément que lui fit tenir le généreux marquis de Bonac, l'aida à vivre, à vivoter plutôt, quelque temps : la belle-sœur du secrétaire interprète de Soleure, Mme de Merveilleux, l'avait pris en amitié (ou en pitié), et lui avait offert sa table, dont « il profita souvent ». Tout cela, en somme, ne valait pas l'hospitalité de Mme de Warens : mais qu'était donc devenue celle-ci ? il la demandait à tous les échos : Mme de Merveilleux l'aida dans ses recherches, et on parvint enfin à apprendre que la mystérieuse Mme de Warens était repartie de Paris depuis deux mois pour la Savoie, ou pour Turin, à moins qu'elle ne fût, comme « le disaient quelques personnes » retournée en Suisse, — et cette dernière supposition s'accorderait assez avec l'hypothèse, émise plus haut, qu'on redoutait que Mme de Warens n'allât ébruiter en Suisse, pour se faire valoir, l'affaire secrète à laquelle elle avait été mêlée. Quoi qu'il en soit, Rousseau, ne pouvant douter de son départ, résolut d'aller la rejoindre et, après ce premier et court séjour à Paris, il refit à pied le chemin de Paris à Lyon.

Il eut, chemin faisant, deux aventures, dont la première, en lui mettant sous les yeux les vexations des collecteurs d'impôts, alluma dans son cœur « cette haine inextinguible, qui se développa depuis, contre les oppresseurs du peuple ». C'est l'histoire, qu'il a si joliment dramatisée, de ce paysan qui « cachait son vin à cause des aides et son pain à cause de la taille », sachant bien « qu'il serait un homme perdu, si l'on pouvait se douter qu'il ne mourût pas de faim ». L'aventure est très vraisemblable et elle peut s'ajouter aux impressions de voyage d'Arthur Young et à tout ce que nous savons de la misère des paysans à la fin de l'ancien régime.

Sans croire, avec Rousseau, que sa rencontre avec ce paysan, qui ne « prononçait qu'en frémissant ces mots terribles de commis et de rats de cave » ait été « le germe de sa haine contre les vexations qu'éprouve le malheureux peuple », — cette haine aura bien d'autres motifs (plus personnels et partant plus profonds), — il n'est pas douteux cependant que ce qu'il vit ce jour-là fit une grande impression sur son esprit : il ne put manquer de comparer la situation misérable du paysan français avec la vie plus aisée et autrement libre du paysan suisse; et, plus tard, quand il connaîtra les fermiers généraux, et c'est chez eux surtout qu'il fréquentera à Paris, il saura mieux qu'aucun de leurs convives et pour l'avoir vu de près, d'où vient leur immense fortune et qui paie en somme les somptuosités de leurs soupers et les toilettes de leurs maîtresses : et c'est en connaissance de cause qu'il pourra alors invectiver contre ces « barbares publicains ».

La seconde aventure qu'il eut sur la route de Lyon mit à une rude épreuve son esprit romanesque. On se rappelle que l'*Astrée* était un de ces romans qu'il avait lus jadis tout enfant avec son père et « c'était celui qui lui revenait au cœur le plus fréquemment ». Il y pensa en approchant de Lyon, car le Lignon coulait peut-être dans ces parages, et il eut l'idée d'aller y promener ses rêveries en évoquant le souvenir des Céladon et des Sylvandre : l'hôtesse, à qui il demanda la route du Forez, lui apprit que c'était un pays de ressource pour les ouvriers, car il y avait beaucoup de forges : elle l'avait pris pour un garçon serrurier ! et je crois bien que la méprise de la bonne femme à son sujet ne calma pas seulement, comme il le dit, « sa curiosité romanesque », mais qu'elle mortifia un peu sa vanité : car il n'avait pas, et surtout il ne croyait pas avoir, l'air d'un ouvrier.

Arrivé à Lyon, Rousseau alla voir, aux Chasottes, une amie de M^me^ de Warens, M^lle^ de Châtelet ; mais celle-ci, qui avait bien vu M^me^ de Warens, à son passage à Lyon, ne put lui dire quelle route avait prise, en quittant Lyon, l'énigmatique voyageuse, soit qu'elle l'ignorât, en effet, soit qu'elle voulût se donner le temps de demander à son amie si elle était encore disposée à recevoir le pauvre diable qui s'était présenté en son nom.

En attendant, Rousseau, pour faire l'économie d'une chambre d'hôtel, passait ses nuits à la belle étoile : mais il était jeune, il était poète, et c'est bien réellement ce qu'il a éprouvé, je veux dire : c'est le réel plaisir qu'il a goûté à dormir dans l'enfoncement d'un mur de terrasse, par une belle nuit d'été, qui lui a dicté la page célèbre : « il avait fait très chaud ce jour-là ; la soirée était charmante ; la rosée humectait l'herbe flétrie... ; le ciel de mon lit était formé par les têtes des arbres ; un rossignol était précisément au-dessus de moi, je m'endormis à son chant ; mon sommeil fut doux, mon réveil le fut davantage. Il était grand jour : mes yeux, en s'ouvrant, virent l'eau, la verdure, un paysage admirable. Je me levai, je me secouai : la faim me prit, je m'acheminai gaiement vers la ville, résolu de mettre à un bon déjeûner deux pièces de six florins qui me restaient encore ». On n'avait jamais mis, à coucher dans la rue, tant de belle humeur et de fraiche poésie, et surtout personne, à cette époque, n'avait trouvé ce secret de donner au lecteur, par la précision des plus vulgaires détails, l'illusion complète de la réalité et de la vie.

Cependant Rousseau, qui savait enfin, soit par M^{lle} du Châtelet, soit par sa correspondante d'Annecy, M^{lle} de Graffenried, où trouver M^{me} de Warens, alla droit à Chambéry : M^{me} de Warens s'y était installée, probablement dans l'été de 1731 ; c'est donc, ce me semble, en 1731 et non, comme il le dit, en 1732, que Rousseau, qui était parti de Paris peu de temps après y être arrivé, donc peu de temps après le printemps de 1731, arriva à Chambéry.

Comment M^{me} de Warens le reçut-elle ? C'était la troisième fois qu'il venait frapper à sa porte et, cette fois encore, en l'abordant, il avait lieu d'être inquiet sur l'accueil qui lui serait fait : n'avait-il pas (ainsi nous l'a appris sa lettre de Lausanne à M^{lle} de Graffenried), « encouru la disgrâce » de M^{me} de Warens, on ne sait pour quel motif. Cette fois encore, M^{me} de Warens ouvrit sa maison au « pauvre petit » ; et même, pendant son absence, et avertie sans doute, par son amie de Lyon, M^{lle} du Châtelet, que Jean-Jacques allait se mettre en route pour Chambéry, elle lui avait trouvé un poste : Rousseau fut employé à la confection du cadastre et il eut son logement chez M^{me} de Warens, dans sa nouvelle maison de Chambéry.

Le comte de Saint-Laurent, receveur général des finances, possédait à Chambéry une vieille maison qu'il ne parvenait pas à louer ; Mme de Warens devint sa locataire et, du même coup, par « ce trait d'habileté », sa protégée ; sa pension lui fut maintenue et, pour quelque temps, plus régulièrement payée. Malheureusement, la maison était, dit Rousseau, « triste et sombre ; pour toute vue un mur et, pour rue, un cul-de-sac ; des grillons, des rats et des planches pourries ». Il est vrai que la maîtresse du logis réservait à Jean-Jacques de quoi lui faire oublier toutes ces incommodités.

Voilà donc Rousseau occupé pour un temps, en qualité de « secrétaire », et concurremment avec deux ou trois cents employés, à dresser le cadastre du royaume de Savoie ; le poste était peu lucratif, mais on vivait de peu à Chambéry, et surtout il tirait enfin Jean-Jacques de la domesticité : « Depuis ma sortie de Genève, écrit-il avec une légitime satisfaction, je commençai pour la première fois de gagner mon pain avec honneur ».

Pour s'acquitter de ses fonctions, il doit apprendre l'arithmétique et « il l'apprend bien, parce qu'il l'apprend seul ». Seul aussi plus tard (Thérèse étant trop bornée pour l'aider), il tiendra avec la plus grande exactitude ses petits comptes de ménage et l'ancien employé du cadastre prendra note très scrupuleusement de ce que l'on lui doit et de ce qu'il doit aux autres. Il s'essaie au dessin avec cette ardeur qu'il met à toutes choses et on doit l'arracher à cette nouvelle occupation qui compromet sa santé ; celle-ci est, d'ailleurs, assez mauvaise pour que la sollicitude de Mme de Warens lui impose le régime du lait.

Ayant accompli sa vingt-et-unième année, Rousseau réclame à son père sa part de la succession maternelle ; il lui a écrit à Nyon et lui donne rendez-vous à Genève ; mais Isaac s'excuse par « une lettre de Gascon ». Jean-Jacques lui avait pourtant énuméré toutes les dépenses qu'avait faites pour lui Mme de Warens, et c'était, sans doute, pour dédommager sa bienfaitrice qu'il avait fait appel à la bourse de son père. Mais Isaac, comme le lui reproche son fils dans une lettre assez plaisante, oubliait « les premiers devoirs de la politesse » en ne répondant pas même aux lettres dont l'honorait une personne du rang de Mme de Warens. Rousseau donc, après un court séjour chez les Cordeliers de Cluses, rentra bredouille à Chambéry et ayant dépensé quelqu'argent de plus à Mme de Warens. A cette époque nous le voyons mettre sans cesse à contribution la libéralité de Mme de Warens par de perpétuelles allées et venues, et se consoler des dépenses qu'il lui fait faire en se disant que c'est tant de pris sur les charlatans qui l'exploitent, (et ici ce n'est plus Isaac, mais c'est peut-être bien Jean-Jacques qui est le Gascon).

Cependant, la situation de fortune de la « pauvre maman » devenait de plus en plus précaire : tandis qu'elle se livrait plus que jamais à « ses visions », c'est-à-dire, à cette manie d'entreprises qui avait ruiné jadis le ménage des Warens à Vevey, elle perdait, en 1734, son meilleur protecteur, l'évêque d'Annecy, M. de Bernex. Ce dernier lui léguait, il est vrai, une rente de 150 livres ; mais la pension qu'elle avait obtenue du roi ne lui était plus payée et elle devait réclamer les quartiers arriérés en se dépeignant comme « réduite à la dernière extrémité », si on continue à l'oublier. Sa maison n'en reste pas moins gaie et ouverte à tout venant : on y fait de la musique, on donne des concerts et même des soupers les jours de concert et ces soupers sont « très gais et très agréables », car « on y dit le mot et la chose ». La bonne société de Chambéry s'est retirée peu à peu d'une maison si bruyante et si hospitalière aux chevaliers d'industrie. Mais qu'importe ! n'a-t-on pas sous la main Canovas, un camarade de Rousseau qui travaille avec lui au cadastre et qui joue du violoncelle, et le P. Caton, un moine « homme du monde » (Rousseau du moins le juge tel), sans oublier l'abbé Palais qui a une « voix de bœuf » et Roche, le maître à danser, qui joue du violon, ainsi que son fils : et violons et clavecin de faire leur partie, tandis que la maîtresse de maison et le P. Caton chantent leurs duos et que Jean-Jacques a l'honneur de conduire la musique, car c'est lui qui avec son bel aplomb tient le bâton du chef d'orchestre.

Au milieu de ces folâtres ébats, que devient le prosaïque travail du cadastre ? on s'en dégoûte à la fin, car voilà bientôt deux ans qu'on aligne des chiffres, et l'on donne sa démission « héroïquement » ; la pauvre maman s'était opposée à cet héroïsme dont elle faisait tous les frais ; mais Rousseau avait « extorqué son consentement par ses importunités et ses caresses » et, à l'en croire, il eut bien vite fait de remplacer sa paye de secrétaire par les leçons qui lui vinrent en foule.

De quoi donc était-il alors, ou se croyait-il capable, de donner des leçons ? de musique et de chant. Ce n'est pas qu'il possédât vraiment ces deux arts : mais il y avait si peu de bons juges à Chambéry et « dans le pays des aveugles (ce sont ses paroles) les borgnes ne sont-ils pas les rois ? » Au reste, à défaut de la science, il avait « le goût du chant », ce qui est quelque chose après tout ; et n'oublions pas « son âge et sa figure » sur lesquels il n'avait pas tort de compter, puisque, grâce à tous ces avantages, il passa tout de suite pour « un bon maître. » Et les écolières d'accourir chez le joli musicien, qui se voit recherché et choyé dans le meilleur monde : « partout un accueil gracieux » et « d'aimables demoiselles bien parées » (c'est pour lui naturellement qu'elles se font belles) et qui l'attendent le sourire aux lèvres et dont le cœur, il n'en doute pas, vole vers le sien. Il y en avait de brunes et il y en avait de blondes : celle-ci, il l'avait très bien remarqué, mettait des fleurs dans ses cheveux à son arrivée ; celle-là lui préparait tous les matins son café au lait à la crème ; ce n'était, il est vrai, qu'une « bourgeoisie », mais il daignait honorer de ses leçons et de ses séductions les filles de la bourgeoisie : au reste ces dames et demoiselles le caressaient en pure perte, car il était (malgré ses aventures diverses) resté si ingénu qu'il se prêtait à leurs agaceries avec sa « balourdise ordinaire. » Heureusement sa « bonne maman » veillait : elle crut le moment venu de lui dessiller les yeux ; « elle vit que, pour m'arracher au péril de ma jeunesse, il était temps de me traiter en homme, et c'est ce qu'elle fit. » Comment elle s'y prit pour faire du « petit » un homme, c'est ce que savent de reste les lecteurs des *Confessions* et je me bornerai pour le moment à rappeler que le répugnant récit que nous a fait Rousseau de son prétendu déniaisement, on peut le lire au livre v de la première partie des *Confessions*.

A l'époque où nous sommes de la vie de Rousseau, et si nous rapprochons des récits de ses *Confessions* les quelques lettres de lui que nous avons de cette date, nous voyons poindre son ambition inquiète : sera-t-il musicien, sera t-il littérateur ? S'il ne doute pas de ses talents, il cherche sa voie et surtout il sent très bien tout ce qui lui manque pour se faire un nom dans n'importe quelle carrière ; et c'est vraiment avec un acharnement méritoire qu'il s'évertue à combler les immenses lacunes de son instruction première, si l'on peut toutefois parler de son instruction à une époque où il n'est guère qu'un ignorant en tout genre. Il va se livrer tour à tour aux études les plus diverses; mais ce qu'il importe de noter ici, si l'on veut comprendre pleinement le succès final qui doit couronner un jour ses efforts, c'est qu'il ne se contentera pas d'effleurer les sciences qu'il aborde et de prendre un « peu de chaque chose, à la française » : il lira, pour s'instruire, les ouvrages les plus longs et les plus ardus, et il les lira et les relira lentement, avec méthode, prenant des notes, faisant des résumés, apprenant par cœur malgré sa mauvaise mémoire. Quand il se mit à étudier sérieusement aux Charmettes, à partir de l'été de 1731, il n'avait pas moins de 19 ans et, il s'en rendait très bien compte, il avait tout à apprendre : comment donc, ayant commencé si tard à s'instruire, a-t-il pu écrire des ouvrages que le génie seul ne pouvait improviser, puisqu'ils supposent, à peu près tous, des connaissances sérieuses et variées ? C'est parce qu'il avait, pour rattrapper, autant qu'il était possible, tout le temps perdu à muser et à vagabonder, non seulement la fougue juvénile de l'âme la plus passionnée qui fût jamais (son ardeur à l'étude le rendit plusieurs fois malade), mais encore la persévérance et l'esprit méthodique du protestant et du Genevois.

*Impétuosité* et *entêtement* à la fois, impétuosité à prendre un parti et entêtement à s'y tenir, le parti-pris eût-il l'air d'une gageure, voilà, je crois, deux traits essentiels, non seulement du caractère, mais de l'œuvre entière de Rousseau : qu'on se rappelle avec quelle passion et avec quelle suite il a soutenu ses thèses les plus paradoxales. C'est à la fois avec cette ardeur et cette obstination que nous allons le voir s'appliquer aux études les plus diverses. Un autre trait de cette nature, et, sans doute, de toute nature passionnée, c'est que Rousseau ne se développe pas par un progrès tranquille et continu, mais par soudaines et brusques saillies. Par exemple, il y a eu certainement en lui, après son premier Discours, une crise morale que nous tâcherons d'expliquer : il y a eu, je crois, aussi *une crise intellectuelle* que je fais dater de l'époque qui nous occupe : il se rend très bien compte alors de tout ce qui lui manque pour devenir l'homme qu'il voudrait être ; il souffre de son ignorance et de son impuissance, et il en souffre d'autant plus cruellement qu'il a le sentiment aussi vif que confus de tout son mérite ; obéissant alors à je ne sais quelle voix intérieure, qui est comme l'appel pressant et obscur à la fois de son génie, il se jette à corps perdu, ne sachant où il pourra réussir, mais voulant réussir à tout prix, dans l'étude de la musique, des sciences naturelles et de ce qu'il appelle ingénuement, dans une lettre de cette date, « les belles connaissances ». Nous pouvons poursuivre maintenant, en les résumant, les aventures de sa vie au moment où nous sommes parvenus.

Ayant dévoré le *Traité de l'Harmonie*, de Rameau, mais n'y ayant pas appris, ce qui ne s'apprend pas dans un livre, l'art de la composition, il n'eut de cesse qu'il n'allât se renseigner chez un certain abbé Blanchard, dont il se souvenait qu'il avait été le maître de Venture, un nom que nous avons appris à connaître et qui ressemble si fort à *aventurier*. L'abbé Blanchard étant maître de musique de la cathédrale de Besançon, voilà Rousseau parti pour cette ville, soigneusement équipé par la généreuse maman à qui ce coup de tête coûta, au dire de Rousseau, huit cents francs. L'abbé Blanchard, qui paraît avoir été un joyeux abbé, puisqu'il n'était plus, par sa faute, maître de chapelle de la cathédrale à l'époque où Rousseau lui rendit visite, ne donna que quelques conseils à Jean-Jacques et un bon dîner : cela suffit d'ailleurs pour que Rousseau écrivît avec aplomb à M^me^ de Warens (le 29 juin 1733) le lendemain même de son arrivée : « Tous ceux qui se serviront de mes principes auront lieu de s'en louer et vous, en particulier, Madame, si vous voulez bien prendre la peine de les pratiquer quelquefois ! » Il n'a donc que faire de rester plus longtemps à Besançon ; mais avant de repartir pour Chambéry, il veut s'assurer « si on se réjouira de le revoir ». Qu'avait-il donc fait pour déplaire ? Une simple étourderie, si l'on en croit le récit des *Confessions* : il avait laissé dans un de ses habits, une parodie soi-disant janséniste de la belle scène de *Mithridate* (1), que les employés de la Douane, au bureau des Rousses, saisirent et sur laquelle ils rédigèrent, pour se faire valoir, un émouvant procès-verbal. Peut-être l'affaire était-elle plus grave qu'il ne l'avoue ; car, six ans plus tard, Rousseau craignait qu'on ne s'en souvînt encore pour repousser une demande de pension qu'il adressait au gouverneur de Savoie.

Une nouvelle sottise, on ne sait laquelle, faillit peut-être lui coûter cher, et toujours, par contre-coup, à sa protectrice : dans une lettre à son père du 26 juin 1735, parlant d'un court voyage qu'il vient de faire, « il aime mieux, dit-il, *pour son honneur* et son avantage, que cette lettre soit datée d'ici que de *nulle part ailleurs* ». Voilà qui permet bien des suppositions et celle-ci, en tous cas, que les *Confessions* ne nous ont pas tout dit.

Dans l'été de 1737, il se passionne tout à coup pour la physique, il fait des expériences et, en fabriquant de l'encre de sympathie, il risque de s'aveugler, la bouteille lui ayant éclaté au visage. M^me^ de Warens est absente, Rousseau s'affole : il croit avoir perdu la vue, il craint même de perdre la vie et il fait son testament, testament fort curieux, où il se recommande à la Vierge et à ses saints patrons, Jean et Jacques. Comme on l'a fait remarquer, à cette époque, Rousseau, qui se croit très malade et a très peur de l'enfer, est complètement dans les mains des Jésuites, Dominicains et Cordeliers de Chambéry. Par testament il donne de l'argent aux couvents « pour célébrer et faire célébrer des messes pour le repos de son âme, lègue à M^me^ de

(1) Parodie insignifiante retrouvée par M. Eugène Ritter. Voir Mugnier, p. 146.

Warens 2000 livres pour les dépenses qu'il lui a occasionnées (1) ».

Au reste, il ne fut malade que deux semaines (au lieu de six qu'il dit dans les *Confessions*), et, une fois guéri, il alla à Genève pour le règlement définitif de ses affaires. Cette fois son père s'était décidé à venir et Rousseau, aidé par le résident de France, M. de la Closure « qui lui parlait souvent de sa mère » (admirons encore, en passant, sa délicatesse filiale), obtint 3.000 livres : il touchera la même somme en 1747 à la mort de son père. L'argent, qu'il venait de toucher à Genève, il le mit « aux pieds de Mme de Warens, qui l'accepta simplement et l'employa d'ailleurs presque tout entier à son usage. » Ainsi parle Rousseau, mais on nous fait remarquer qu'il devait à un M. Charbonnel, marchand de Chambéry, 700 livres, dette qu'il venait de reconnaître dans son testament ; et comme, d'autre part, il avait alors, — il le croyait du moins — un polype au cœur et qu'il connaissait à Montpellier un spécialiste de cette maladie, le voilà qui part, de son pied léger, pour Montpellier, et naturellement avec l'argent qu'il venait de toucher à Gevève : il lui restait le beau geste d'avoir jeté cet argent aux pieds de Mme de Warens et le geste a passé dans les *Confessions*. C'est le 11 septembre 1737 qu'il part de Chambéry (non des Charmettes, où Mme de Warens n'est pas encore). Le cheval le fatiguant trop, il prend une chaise à Grenoble et se lie avec une joyeuse compagnie qui suivait la même route. Dans la dite compagnie se trouvait une Mme de Larnage, laquelle « n'était ni jeune ni belle », mais elle n'était pas non plus, se hâte d'ajouter la vanité du narrateur, « ni vieille ni laide ». Pour l'apprécier à sa valeur, il fallait entrer aussi avant que possible dans son amitié : Rousseau sait trop bien ce qu'il vaut lui-même et tout l'intérêt que la postérité prendra à ses amours de table d'hôte, pour nous priver du récit détaillé des progrès qu'il fit, chemin faisant, dans l'intimité savoureuse de Mme de Larnage. Sans le suivre ici dans toutes ses peintures, je relèverai plusieurs traits significatifs.

(1) Testament du 27 juin 1737 retrouvé par M. Mugnier, p. 149.

D'abord, il se donne un faux nom : n'être qu'un Suisse et s'appeler du nom bourgeois de Rousseau, ce n'étaient pas là des titres suffisants pour briller près de ces dames dont deux étaient de la noblesse : il sera donc Anglais et s'appellera Dudding. Il est, pouvons-nous dire, coutumier de cette supercherie, car c'est la seconde fois qu'il se donne un nom qui n'est pas le sien. Et qui sait si, dans l'affectation, d'ailleurs courageuse, qu'il mettra plus tard à signer ses livres contrairement à la coutume des Philosophes, il n'y aura pas quelque léger remords d'avoir plusieurs fois renié le nom de son père?

Quoi qu'il en soit, Dudding-Rousseau ne manque pas, et le contraire nous eût étonné, d'inspirer un sentiment très tendre à Mme de Larnage : mais toutes les agaceries de celle-ci échouent devant « sa simplicité de novice ». On aurait cru pourtant que les leçons de choses qu'il venait de recevoir de Mme de Warens l'avaient sorti du noviciat. Il faillit gâter ses affaires par son attitude à l'église : on va un dimanche à la messe à Saint-Marcelin et « sur sa contenance modeste et recueillie, il fut pris pour un dévot ». Nous en concluons, nous, qu'à cette époque Rousseau était réellement bon catholique ; car la façon dont il écoute ici la messe concorde très bien avec l'esprit du testament que nous avons cité.

Enfin l'entreprenante Mme de Larnage triompha de sa « stupidité » ; elle fut littéralement réduite à l'enchaîner, car « elle passa un bras autour de son cou », et Rousseau fut heureux : nous sommes fort heureux nous-même de l'apprendre et même Rousseau nous comble en prenant soin de nous assurer que Mme de Larnage n'eut pas lieu de « regretter ses soins ». A Montélimar il passa trois jours tête à tête avec sa... conquérante : « Oh! ces trois jours ! » s'écrie en se rengorgeant, et pour exciter notre envie, l'auteur des *Confessions*, et le lecteur, égayé par son affriolant récit, ne demande pas mieux, pour lui faire plaisir, que de s'écrier: heureux Rousseau ! mais comme Rousseau ajoute aussitôt après qu'il a bien « regretté » ces trois jours de bonheur parce « qu'il n'en est plus revenu de semblables », le lecteur cette fois s'étonne et trouve ce regret bien dur pour Thérèse.

peur; et ensuite cette idée juste qu'en pays protestant on se connaissait moins en musique que dans le pays d'où il venait; nous savons, par exemple, pour ne citer que quelques faits probants, que ce n'est qu'en 1756 qu'il fut permis d'installer un orgue à Genève; et, dix ans plus tard, le pasteur Jacob Vernet, reconnaissant que les Genevois avaient peu de goût pour la musique, les excusait par cette raison que le climat de Genève était nuisible à la voix (1) : mais c'était le puritanisme calviniste qui était nuisible aux arts en général et à la musique en particulier. Tout de même, Rousseau s'était exagéré en matière musicale l'inexpérience des Lausannois et ses propres talents; son coup d'audace (les timides sont quelquefois par bravade terriblement audacieux), avait eu un succès de fou rire qui l'avait subitement rendu célèbre dans toute la ville. Qui eût pu prédire alors que cet enragé râcleur charmerait un jour de « sa musique enchanteresse », c'est ainsi qu'on l'appellerait, le roi de France et toute sa cour? mais ce n'était là qu'une des innombrables surprises qu'il réservait au monde; et, en attendant, il végétait, quêtant des leçons « qui ne venaient pas en foule », nous l'en croyons sur parole; réussissant pourtant à se faire prendre au sérieux par « deux ou trois gros Teutches aussi stupides qu'il était ignorant » et qui l'aidaient au moins à payer sa demi-pension, voire même à faire une excursion au pays de Mme de Warens : « J'allai à Vevey loger à la Clef (une plaque y rappelle encore ce séjour de Jean-Jacques), et pendant deux jours que j'y restai sans voir personne, je pris pour cette ville un amour qui m'a suivi dans tous mes voyages et qui m'y a fait établir enfin les héros de mon roman. » Son roman devait jeter une telle poésie sur ces petites villes de Vevey, Clarens et Montreux, que désormais le souvenir de Rousseau est inséparable de tous ces jolis paysages du canton de Vaud et en double le charme pour le promeneur : voici le lac, c'est le lac qu'il lui fallait dans ses rêves « et non pas un autre »; en face de Vevey, c'est la Meillerie et le souvenir de Saint-Preux et de ses promenades désolées à

(1) Voir sur ce point : Jansen : *Rousseau als Musiker*, Berlin, 1884.

rence, au numéro 26 de la rue Basse, laquelle est devenue la rue Jean-Jacques-Rousseau, les Montpelliérins n'ayant voulu se souvenir que de l'honneur d'avoir eu pour hôte l'illustre auteur de l'*Émile* (1).

Le médecin de Rousseau, le docteur Fizes, lui aurait dit, si l'on en croit Bernardin de Saint-Pierre, qu'il n'avait qu'à boire de temps en temps un bon verre de vin : mais avait-il de quoi se l'offrir ? il adresse à Mme de Warens des lettres pressantes où il ne cesse de crier famine. Il a hâte de revenir à Chambéry ; mais Mme de Warens ne veut le voir que fin juin, sans doute parce qu'elle est en train de s'installer aux Charmettes. Rousseau arrive pourtant en février ou mars et la retrouve encore à Chambéry : elle ne s'installa vraisemblablement aux Charmettes qu'à la Saint-Jean, soit le 24 juin 1738.

« Entre deux coteaux assez élevés est un petit vallon nord et sud, au fond duquel coule une rigole entre des cailloux et des arbres. Le long de ce vallon, à mi-côte, sont quelques maisons éparses, fort agréables pour qui aime un asile un peu sauvage et retiré. Après avoir essayé deux ou trois de ces maisons, nous choisîmes enfin la plus jolie, appartenant à un gentilhomme qui était en service, appelé M. Noiret. La maison était très logeable. Au devant était un jardin en terrasse, une vigne au-dessus, un verger au-dessous ; vis-à-vis un petit bois de châtaigniers, une fontaine à portée ; plus haut, dans la montagne, des prés pour l'entretien du bétail, enfin tout ce qu'il fallait pour le petit ménage champêtre que nous y voulions établir. » La description

(1) Voir : Académie des Sciences et Lettres de Montpellier. Mém. de la section des lettres, 1847-54, t. I, p. 353. Rousseau est très dur pour les femmes de Montpellier : peut-être simplement pour ne pas exciter la jalousie de Mme de Warens : « Les femmes sont divisées en deux classes : les dames, qui passent la matinée à s'enluminer, l'après-midi au pharaon et la nuit à la débauche (il avait vu tout cela du fond de sa mansarde de la rue Basse ?), à la différence des bourgeoises, qui n'ont d'occupation que la dernière. »

Marmontel, qui n'avait pas, lui, à faire sa cour à Mme de Warens, et qui d'ailleurs, comme il s'en vante et comme en témoignent surabondamment ses *Mémoires*, « se connaissait en jolies femmes », eut le plaisir, à Montpellier, d'en « suivre des yeux quelques-unes qui, avec un teint brun, lui semblèrent très piquantes » et il admira, comme il convenait, « leur démarche leste et leur œil agaçant. »

est fidèle, comme le savent tous ceux qui ont fait le pèlerinage des Charmettes ; elle est d'ailleurs comme authentiquée par le bail dont on a retrouvé la minute et où on lit ce détail : « sera tenue la dite dame (de Warens) de rendre à la fin du bail la somme de 174 livres pour le cheptel de deux bœufs et des vaches qui lui ont été remis, outre dix brebis ou moutons, sept poules et un coq... (1). »

Je ne referai pas, après les *Confessions*, ce roman des Charmettes que tout le monde a lu : « qui de nous, s'écrie quelque part George Sand, n'a vécu en imagination aux Charmettes les plus beaux jours de sa jeunesse? » Le temps seul qu'il avait passé aux Charmettes permettait à Jean-Jacques, si on l'en croit, de dire « qu'il avait vécu. »

Si je fais le compte de tout le temps qu'il resta chez Mme de Warens, en défalquant ses nombreuses absences et son préceptorat chez M. de Mably (du 1er mai 1740 à fin 1741) et en admettant l'hypothèse de M. Th. Dufour qui affirme, avec preuves à l'appui, que Rousseau était encore aux Charmettes le 10 juillet 1742 (2), je trouve que Rousseau a passé seize mois à Annecy, six ans à Chambéry et deux ans et demi environ aux Charmettes (du 24 juin 1738 à mai 1740, puis, après le préceptorat à Lyon, du commencement de 1742 à juillet de la même année) ; ce qui fait en tout un séjour de près de dix ans chez Mme de Warens. Si l'on réfléchit maintenant que ce long séjour se place entre sa seizième et sa trentième année, c'est-à-dire à l'âge où se forment définitivement l'esprit et le caractère, on comprendra que ce fut là vraiment pour Rousseau l'époque décisive de sa vie. Choisissons donc ce moment où il s'installe aux Charmettes pour essayer de préciser quelle place il a tenue, non seulement dans la maison, mais aussi dans le cœur de Mme de Warens.

Lors de sa seconde visite à Mme de Warens à Annecy (en 1729), Rousseau nous parle d'un certain Claude Anet, comme d'un domestique de Mme de Warens. Plus loin, il nous montre celle-ci consultant son « fidèle domestique », si fidèle, en effet, que

(1) Mugnier : *Mme de Warens et J.-J. Rousseau*, p. 175.
(2) *Annales J.-J. Rousseau*, II, 174.

M^me^ de Warens l'emmène avec elle dans le mystérieux voyage fait à Paris en compagnie de M. d'Aubonne. Claude Anet est donc l'intendant, l'homme de confiance de M^me^ de Warens ; il est plus que cela : lors de son séjour à Chambéry, Rousseau découvre (en 1733) que Claude Anet est l'amant de M^me^ de Warens ; il l'était sans doute depuis longtemps. De récentes recherches nous permettent, en effet, de compléter et de corriger le récit des *Confessions*. C'est le 14 juillet 1726 que M^me^ de Warens fuit à Evian ; or le 25 mars de la même année, Claude Anet avait fait lever à Montreux, d'où il était originaire, un extrait de son acte de baptême, « ce que les paysans ne faisaient guère que lorsqu'ils voulaient quitter le pays (1). » Cet extrait nous apprend qu'Anet était né le 17 janvier 1706 ; il avait donc six ans de plus que Rousseau et sept ans de moins que M^me^ de Warens.

Son oncle était en 1726 jardinier de M^me^ de Warens ; or en 1726 Anet a 20 ans ; c'est la date de sa fuite à Evian avec M^me^ de Warens. Etant donné tout ce que nous savons de M^me^ de Warens, d'une part, et, d'autre part, ce coup de tête d'Anet, qui quitte tout : famille, pays, religion même, pour s'attacher, lui, intelligent et avisé (ainsi nous le dépeint Rousseau), à une femme alors ruinée, n'est-il pas infiniment probable, comme on l'a pensé (2), qu'à Vevey il était déjà son amant et que seule une passion violente, et partagée, explique sa désertion ? Qui sait même si cet amour ne fut pas une tout au moins des causes qui précipitèrent la conversion et la fuite de M^me^ de Warens, laquelle pouvait redouter le gros scandale d'un adultère en pays protestant. Rousseau d'ailleurs nous dit d'Anet que « dans ses passions, il était d'une impétuosité qui le dévorait au dedans. »

Il y a cinq ans qu'Anet est maître au logis quand Rousseau revient à Chambéry et c'est la troisième fois que M^me^ de Warens l'accueille et le gâte, l'appelle « petit » et se laisse appeler « maman ». On devine l'effet de ces privautés sur le caractère passionné de Claude : il avait tout abandonné pour suivre M^me^ de Warens et il se sentait peu à peu supplanté par quelqu'un qui

(1) Montet, p. 75.

(2) Mugnier, p. 119.

était plus jeune, plus féminin, plus enthousiaste, bref plus séduisant quelui : un beau jour il tente de s'empoisonner avec du laudanum. C'était, nous dit Rousseau, parce que Mme de Warens lui avait dit «un mot outrageant». C'était plutôt pour un motif plus sérieux, que nous avons fait pressentir. Rousseau n'apprit, dit-il, l'intimité entre Anet et Mme de Warens que par cet incident tragique ; aussitôt le voilà jaloux : « je n'appris pas sans peine que quelqu'un pouvait vivre avec elle dans une plus grande intimité que moi ».

C'est l'époque où il a des écolières et c'est à Mme de Warens qu'il va raconter « avec simplicité » les agaceries de ses élèves et de leurs mamans. Il veut évidemment exciter sa jalousie et se faire aimer à son tour. Ce qu'il dit, dans ses *Confessions*, de la sollicitude de Mme de Warens « à le garantir des pièges auxquels son âge et son état l'exposaient » est simplement absurde.

Cependant Anet, qui est «très clairvoyant», s'aperçoit des progrès que fait Rousseau dans le cœur de sa maîtresse. Tout ceci devait se passer en 1733 : d'après Rousseau, Mme de Warens, Anet et lui formaient un trio si exemplaire que « les tête à tête leur étaient moins doux que leur réunion. » Or en 1734, le 14 mars (nous le savons par son acte de décès), Anet mourait ; de quoi ? « d'une pleurésie, disent les *Confessions*, qu'il avait gagnée en allant cueillir du génipi au haut des montagnes. » A quoi quelqu'un, qui connaît le pays, objecte qu'au commencement de mars on ne va pas cueillir des plantes aromatiques dans les Alpes, « parce qu'on n'y trouverait alors que de la neige (1). » Il n'est pas défendu de croire que Claude Anet était mort de la trahison de Mme de Warens.

Voilà donc Rousseau seul intendant : à la place du calme et réfléchi Claude Anet qui, par son expérience et son bon sens naturel, avait tant d'autorité sur Mme de Warens et l'empêchait de gaspiller, disait-il, et ce mot prouve son empire, « l'argent des autres », règne maintenant au logis un jeune homme sans empire sur lui-même, qui à chaque moment s'ab-

(1) Mugnier, p. 120.

sente et paye ses voyages avec l'argent de Mme de Warens. Rousseau se rend compte qu'il n'a pas ce qu'il faut pour remplacer Anet ; il est même probable que, si les affaires de Mme de Warens vont de mal en pis, il y est pour quelque chose. Est-ce parce que Mme de Warens sentait qu'elle ne pouvait s'appuyer sur lui qu'elle lui donna un successeur ?

Dès son retour de Genève, vers le 10 août 1737, et avant donc le voyage de Montpellier, Rousseau avait pu constater « qu'un jeune homme était avec elle ». Il s'appelait alors Wintzenried tout court ; plus tard il signera de Courtille, imitant sa maîtresse, qui, au bas d'un acte notarié de cette époque, signe bravement : Madame la Comtesse de Voiran.

Ledit Wintzenried — puisqu'il faut nous occuper de lui, — paraît avoir été un solide gaillard et Rousseau était chétif et malade ; autre avantage, il avait trois ans de moins que Jean-Jacques, lequel déjà en avait six de moins que son prédécesseur : Mme de Warens aimait la jeunesse !

Rousseau, qui avait supplanté Claude Anet dans le cœur de Mme de Warens, souffrait de s'en voir chassé à son tour par ce Wintzenried. Il a beau dans ses *Confessions* (qu'il faut rectifier ici pour les faits et les dates), nous dire que ce nouveau ménage à trois fonctionnait à merveille ; dans ses lettres à Mme de Warens on surprend des cris d'impatience et de révolte. D'abord, il ne voudrait pas de partage ; puis, tout en rongeant son frein, il accepte le fait acquis ; parfois il semble (car en cette situation louche ses phrases sont embarrassées et obscures), il semble, dis-je, qu'il demande, et ce n'est vraiment pas trop demander, une place au moins égale au foyer et dans le cœur de Mme de Warens ; mais cela même ne lui est pas accordé. On le laisse seul, des mois entiers, et en plein hiver, se morfondre aux Charmettes : « il y a un mois et peut-être au-delà que je suis privé du bonheur de vous voir ». Il écrit une autre fois : « quand un cœur comme le vôtre a autant aimé quelqu'un que je me souviens de l'avoir été de vous. » Ainsi il parle de leur amour au passé, et ce Wintzenried, qu'il traite si cavalièrement dans ses *Confessions*, quand il se querelle avec lui, c'est lui qui fait (lettre du 18 mars

1739), « ses excuses de bon cœur à son frère » ; car on a décidé que c'est lui qui « a tort ». Le mot « solitude » se lit deux fois dans le *Verger des Charmettes*, qui est de cette époque. Si on essaie, en effet, de fixer les dates, on trouve qu'il passe seul aux Charmettes l'hiver de 1738 à 1739 ; il y est encore en mars 1739, M^me^ de Warens et Wintzenried vivant ensemble à Chambéry. C'est au printemps de 1740 que M^me^ de Warens lui trouvera une place chez M. de Mably. Après son préceptorat, il resta encore six mois environ aux Charmettes, comme on l'a vu plus haut. Rousseau donc a vécu aux Charmettes près de deux ans et demi, et il y a vécu le plus souvent seul : les « volets verts de maman » s'ouvrirent moins souvent qu'on ne le croirait à la lecture des *Confessions*.

Nous verrons tout à l'heure à quoi s'occupait Rousseau dans sa solitude ; mais, avant de prendre congé de Claude Anet et de Wintzenried, regrettons, avec le lecteur, que les *Confessions* nous aient obligé de nous occuper d'eux. Je le dirai, d'ailleurs, nettement : le récit détaillé que Rousseau nous a fait des amours de sa bienfaitrice me paraît être la plus vilaine action de sa vie. Rien ici, en effet, ne peut lui servir d'excuse. Quand il prend plaisir à nous étaler ses vices à lui et ses turpitudes, on peut trouver ce plaisir singulier, mais du moins Rousseau ne fait tort qu'à lui-même. Et même quand il outragera plus tard M^me^ d'Epinay ou trahira la confiance de M^me^ d'Houdetot, on pourra prétexter que, dans le premier cas, c'est la rancune ; et, dans le second cas, la jalousie, qui l'égare ; ici, au contraire, que pourrait-on invoquer en sa faveur pour le justifier d'avoir lâchement appris à tout l'univers, qui va lire son livre, les pires erreurs d'une femme, après qu'il en a profité ? et comment se peut-il enfin qu'à défaut de cette délicatesse d'âme, qu'on ne saurait attendre de lui, la reconnaissance, du moins, la plus vulgaire et la plus grossière, j'entends la reconnaissance des sens, ne l'ait pas empêché de parler ? Si paradoxal que cela puisse paraître, je crois que son orgueil trouvait son compte à de pareilles confidences. Puisqu'il prétendait ne ressembler à personne, n'était-ce pas en donner comme une preuve indirecte, que de montrer dans sa vie des aventures extraordinaires qui contribueraient à le singulariser? Il ne lui déplaisait pas, par exemple, que l'on dît de lui que, seul peut-être au monde, il avait eu cette étrange fortune de vivre avec une « maman » qui était à la fois sa maîtresse et la maîtresse de son meilleur ami? « Ainsi s'établit entre nous trois (M$^{me}$ de Warens, Claude Anet et lui), une société *sans autre exemple* peut-être sur la terre. » (1).

Et il suivait enfin la tactique que j'ai déjà signalée dans ses *Confessions* : qui donc pourra l'accuser de n'avoir pas dit toute la vérité, alors qu'il a dit des choses qu'il aurait si bien pu taire? Mais si, comme je le crois, il a cédé encore ici au désir d'inspirer confiance au lecteur par le cynisme même de ses aveux, il s'est lourdement trompé dans les pages où il a confessé M$^{me}$ de Warens. Pour écrire de telles pages, il fallait méconnaître complètement le lecteur français. Mais alors comment un esprit si avisé a-t-il commis une si prodigieuse erreur? C'est précisément parce que lui-même il n'était pas français. Qu'on me permette d'expliquer franchement toute ma pensée.

Je n'ai nullement l'intention d'insinuer — une telle insinuation se détruirait par son absurdité même, — que les Genevois d'aujourd'hui sont capables d'approuver les pages tristement célèbres où leur compatriote, en déshonorant M$^{me}$ de Warens, s'est encore plus déshonoré lui-même aux yeux de la postérité. Mais ces mêmes pages, je ne suis pas très sûr que les Genevois contemporains de Rousseau, s'ils les avaient connues, les auraient condamnées *pour les mêmes motifs* qui nous les font réprouver à cette heure. Ils en auraient, sans doute, en austères puritains qu'ils étaient, blâmé hautement les peintures sensuelles ; mais, ce qui nous choque infiniment plus que la grossièreté des détails, à savoir la lâcheté de ces révélations minutieuses sur les secrets sentiments et la conduite privée d'une femme, comment tout cela n'aurait-il pas trouvé grâce devant ces pieux dénonciateurs qui étaient si empressés, les registres du Consistoire en font foi à chaque page, à divulguer, avec

(1) *Confessions*, I, 5.

toutes les preuves à l'appui, et dans des rapports écrits, les écarts de conduite, non pas seulement des hommes, mais même des femmes ? la mère de Jean-Jacques n'avait pas échappé, on s'en souvient, à l'investigation des rapporteurs et à la censure du Consistoire qui les récompensait de leur zèle. Or Rousseau avait passé son enfance parmi ces délations et ces commérages et j'en retrouve l'écho dans les médisances de ses *Confessions.* Pour ce qui nous occupe ici, je crois bien que c'est un peu le descendant de ces délateurs calvinistes qui s'est complu à nous dévoiler la vie intime de M^me^ de Warens sans en omettre une défaillance et sans en effacer une souillure.

Quoique rabaissé, on l'a vu, à l'humiliante condition d'amant subalterne, Rousseau aurait, je crois, volontiers prolongé son séjour à Chambéry, ou même dans cette demi-solitude des Charmettes, où il trouvait, après tout, bon souper, bon gîte et parfois le reste. Et ce reste, tout réduit qu'il était, il s'en accommodait en somme mieux qu'il ne veut nous le faire croire : certaines lettres de cette date, où il prodigue ses salutations affectueuses à « son bon frère », nous plaisent moins que d'autres, où l'on croit surprendre un accent de révolte et où il se montre, comme c'était assez son caractère, ombrageux et querelleur ; ici du moins sa mauvaise humeur n'était que trop naturelle. En tous cas, il paraît avoir été moins pressé de partir que M^me^ de Warens ne l'était de se débarrasser de lui. En 1740 elle réussissait à l'éloigner. Après avoir essayé de faire de lui, si l'on en croit Senebier (1), un directeur de diligences publiques, elle obtint pour lui, par l'intermédiaire de ses amis, M. et M^me^ d'Eybens, de Grenoble, un poste de précepteur chez M. de Mably, prévôt général du Lyonnais. « Je partis, dit Rousseau, sans laisser (et je l'en crois), ni presque sentir (et j'en doute), le moindre regret d'une séparation dont auparavant la seule idée nous eût donné les angoisses de la mort. » Ce qu'il regrettait surtout, c'étaient les loisirs assurés des Charmettes et la société si agréable de Chambéry ; mais cet amour, qu'il sentait à peu près éteint, s'il

(1) *Histoire littéraire de Genève*, III, 255.

y tenait peut-être encore, c'était plus par souvenir et par jalousie que par la vivacité de son affection. A cette date, Mme de Warens avait 41 ans : c'était un grand tort auprès d'un jeune homme de 29 ans qui ne pouvait voir une jolie femme sans lui offrir son cœur et qui faisait naguère chanter de sentimentales romances aux jeunes filles de Chambéry. Comparée à ces demoiselles, la pauvre maman était presque une vieille maman ; et ne serait-ce pas parce qu'elle lisait tout cela dans les yeux du « petit », qu'elle se laissait aller jusqu'à ce « point d'aigreur » dont il s'étonne et se plaint dans une lettre du 18 mars 1739 ? Rousseau s'éloigna donc, en avril 1740, avec, je crois, un réel chagrin qu'adoucissait pourtant la perspective, toujours séduisante à son imagination, d'un changement de vie, et l'espoir, depuis longtemps caressé, de faire valoir un talent et des mérites de toute sorte qu'il avait été jusqu'ici le seul à apprécier. Avant de le suivre chez les Mably, je voudrais essayer de préciser ici ce que nous devons définitivement penser de Mme de Warens et ce qu'elle a été pour Rousseau.

Si, à ce que nous savons d'elle par Rousseau, j'ajoute ce que nous en disent son ami, M. de Conzié, et son mari dans une longue lettre qu'il écrit à son frère et qui nous a été conservée (1); et si je fais la part, chez M. de Conzié, de l'amitié et aussi de la galanterie, naturelle à un gentilhomme ; chez M. de Warens, de la rancune que devait garder un mari abandonné et même rançonné par sa femme, — voici ce que j'entrevois : une femme sémillante, rieuse, « la voix argentine », bonne et même généreuse, aimant la société, où les grâces de sa personne et la culture de son esprit, et aussi sa liberté d'allures et sa situation irrégulière, lui attirent surtout l'hommage des hommes : les femmes, on l'a vu, peu à peu désertèrent sa maison, qui était trop ouverte à tous, même aux passants et aux chevaliers d'industrie, et qu'on sentait gouvernée, comme le cœur de la dame elle-même, par des gens tels qu'Anet et Rousseau, en attendant le pseudo-chevalier de Courtille.

(1) On trouve cette lettre dans l'ouvrage de M. Montet.

Mais ce qui nous intéresse en elle, et bien plus qu'elle-même, c'est l'influence qu'une telle personne put exercer sur Rousseau. Cette influence fut, je crois, très grande et mêlée de bien et de mal.

Le mal d'abord: elle déprava Rousseau. Qu'on se rappelle, en effet, tout ce qu'elle avait été pour lui : sa Providence, en premier lieu, puisqu'elle l'avait à trois reprises recueilli, alors qu'il était dénué de tout ; et ensuite, la première femme comme il faut qu'il avait, à l'âge des passions naissantes, rencontrée sur son chemin. Aussi s'est-il fait de sa bienfaitrice l'idée la plus haute qu'il ait jamais eue d'une femme. Elle est plus âgée que lui de douze ans, c'est une grande dame, elle a l'esprit orné et des idées arrêtées sur toutes choses : voilà plus qu'il n'en faut pour séduire un garçon de 20 ans, surtout quand ce garçon vient à peine de quitter l'habit d'un laquais et se voit subitement traité d'égal à égal, que dis-je ? se sait aimé d'une femme qui est baronne et qui reçoit chez elle, à cette date du moins, la meilleure société du pays. Tout ce qu'elle dit et fait ne peut qu'être parfait aux yeux de celui qu'elle comble de ses faveurs : or, ces faveurs, Jean-Jacques doit les partager d'abord avec Claude Anet, et plus tard, avec Wintzenried! c'est sa façon à elle de s'assurer le dévouement de ses intendants ; pour être mieux servie, elle se fait la maîtresse de ses serviteurs; c'est donc le spectacle de ses lucratives complaisances qu'elle donne à Jean-Jacques. Celui-ci croit l'excuser par la froideur de son tempérament, et il ne voit pas qu'il lui ôte, au contraire, l'excuse qu'aurait pu lui donner la passion, si toutefois la passion elle-même pouvait faire pardonner la pluralité des amants. Le toit de M^me^ de Warens abrite donc un ménage à trois et Rousseau s'attendrit sur cette touchante harmonie : ne s'appelle-t-on pas « frères ? » — « beaux-frères » eût été presque juste, — et « Maman » n'a-t-elle pas, en cette qualité, une égale tendresse pour ses « petits » ?

Au fond, et nous l'avons fait entrevoir, Jean-Jacques ne subit pas sans un frémissement de sa chair et, nous voulons le croire, sans une protestation de son âme, ce partage avilissant. Ses brouilles avec M^me^ de Warens, ses querelles avec Wintzenried et, avant le règne de Wintzenried, la tentative de suicide de Claude Anet et sa mort si imprévue, tout cela nous permet de croire que ces trois hommes ne s'accommodaient pas, aussi tranquillement qu'eût souhaité Mme de Warens, d'un arrangement qui lui paraissait à elle si naturel et, donc, qu'ils l'aimaient et mettaient ses faveurs à plus haut prix qu'elle ne faisait elle-même. Pour elle, elle voulait moins des amants que des servants; et, comme elle était habile et volontaire (son mari l'avait laissé jadis faire à sa tête), et qu'au surplus elle était encore appétissante, c'est bien le mot qui peut résumer le portrait que nous ont fait d'elle Jean-Jacques et de Conzié, elle réussissait, malgré leurs jalousies et leurs révoltes intermittentes, à les maintenir et à les dégrader, en se dégradant elle-même, dans leur honteux vasselage.

Telle fut, pour Rousseau, la femme qui fit l'éducation de son cœur. Si la mort de sa mère avait été, pour lui, « le premier des malheurs », c'en fut un autre et bien plus grand, que d'avoir été aimé — ou caressé — par Mme de Warens, conjointement avec un Claude Anet, et un Wintzenried. Voici, en effet, de quelle conséquence me paraît avoir été, pour sa vie et ses œuvres à la fois, une telle promiscuité. D'une part, dans sa *Vie*, s'il installe à son foyer une Thérèse Levasseur, dont il n'est même pas le premier amant, et s'il a, à Paris, la fatuité de croire que toute femme qui s'intéresse à son sort va, dès qu'il l'en priera, se donner à lui, cette femme fût-elle une Mme Dupin ou même une maréchale de Luxembourg; et, d'autre part, dans ses *œuvres*, si, imaginant une jeune fille selon son cœur, il trouve tout simple, dès les premiers chapitres de son roman, de faire tomber dans les bras de Saint-Preux celle qu'il appelle la vertueuse, la sublime Julie, — est-ce que toute cette vulgaire sensualité et cette bassesse de sentiments, il n'en est pas en partie redevable à la femme qui avait été et qui devait rester pour lui l'idéal de la femme, celle qu'à vingt ans on admire sans réserve et d'après laquelle on rêvera ou on appréciera toutes les autres?

Tout cela est vrai : il est très fâcheux que Rousseau, puisqu'il devait rencontrer Mme de Warens, n'ait pas trouvé en elle une tout autre femme ; mais, pourtant, s'il ne l'eût pas rencontrée ? C'est ici que le point de vue change et que Mme de Warens nous apparaît dans un bien meilleur jour. Par elle, sans doute, il ne fut pas, comme il en avait tant besoin, réfréné ou redressé ; mais, sans elle, il n'eût jamais été, très probablement, qu'un vulgaire polisson (1) ; il n'eût pas écrit ses chefs-d'œuvre, ni même, qui sait ? un seul livre de valeur ; bref, il n'eût pas été Rousseau. Et c'est de cela, au fond, qu'il lui est reconnaissant quand il nous vante complaisamment ses mérites et ses vertus ; il sait très bien que c'est chez elle, grâce à son hospitalité généreuse et trois fois renouvelée, grâce aux précieux loisirs qu'elle lui a faits, qu'il a pu enfin se livrer tout entier à l'étude, donner un libre cours à ses réflexions et à ses rêveries, s'armer enfin pour la lutte qu'il soutiendra un jour contre tous ses contemporains.

Si c'est aux Charmettes qu'il a vraiment goûté, comme il le dit, « le court bonheur de sa vie », si c'est là « qu'il a vécu », c'est parce que c'est là qu'il s'est plongé avec délices dans toutes ces sciences qu'il ignorait et dont les premières révélations sont si enivrantes pour un esprit jeune et enthousiaste, capable, comme était le sien, de marcher sans autres guides que des livres. Celui qui, dans sa jeunesse, a travaillé sans maître, et qui, étudiant au gré de sa fantaisie et de sa curiosité, a vu peu à peu se lever le voile qui lui cachait le monde, celui qui a senti naître en lui de nouvelles énergies à mesure qu'il apprenait des choses nouvelles, celui-là seul peut se faire une idée de la joie profonde que dut savourer l'âme ardente de Rousseau dans ses loisirs studieux des Charmettes. Il était né pour tout comprendre et il n'avait encore rien appris, ou le peu qu'il avait appris à Bossey, il l'avait bien vite oublié sur les

(1) Dans son épître à Parisot, Rousseau dira, en parlant de Mme de Warens :

Avant que sa bonté, du sein de la misère,
Aux plus tristes besoins eût daigné me soustraire,
J'étais un vil enfant, du sort abandonné,
Peut-être dans la fange à périr destiné.

grandes routes. Avec la fougue de son caractère, il se jeta et s'enfonça dans l'étude, et, peu à peu, au contact des philosophes et des poètes, il sentait s'éveiller son génie : « je ne lisais pas, je dévorais; .....; je me sentais entraîné vers l'étude avec une force irrésistible. Je voulais acquérir des idées de toutes choses ..., et sonder mes dispositions naturelles ».

Il veut d'abord se faire « un magasin d'idées » et il lit et médite : Descartes et Platon, Locke, Malebranche, Leibniz, la Logique de Port Royal. Voltaire est son modèle et, avec les « Lettres philosophiques », il étudie son théâtre dont il goûte, par dessus tout, *Zaïre*, cette tendre *Zaïre* qu'il appellera plus tard « la pièce enchanteresse. »

Il aborde les sciences et prend « pour guide le Père Lamy qui, dans ses Entretiens sur les Sciences », a écrit une espèce d'introduction générale aux livres spéciaux qui traitent des sciences particulières.

« Après cela venait le latin » et il apprend Virgile par cœur. C'est là le travail de la matinée. L'après-midi appartenait « à la récréation », c'est-à-dire à la lecture de livres d'histoire et de géographie (1).

A tout ce que nous venons de dire, et que nous avaient appris les *Confessions* et le *Verger*, il faut ajouter les pages manuscritas que nous a révélées M. Th. Dufour (2). Nous y trouvons une *Chronologie universelle* ébauchée et des cahiers de géométrie, d'astronomie, des problèmes d'arithmétique et jusqu'à des notes sur la « constitution des fortifications » et sur la généalogie de la maison d'Autriche. Le tout paraît être de 1737 et se rapporter à ses études de Chambéry, études qu'il complétera et approfondira aux Charmettes.

(1) Aux auteurs déjà cités, Rousseau ajoute dans son *Verger des Charmettes*, et pêle-mêle, Montaigne et La Bruyère, Fontenelle, Pascal, Télémaque et Séthos, Cléveland et Spons, Racine et Horace; et plus d'un nom est sans doute là pour le rime; nous aurons donc à contrôler les affirmations du *Verger* (2) quand nous essaierons de dresser la liste des auteurs que Rousseau nous parait avoir lus sérieusement et posséder.

« Le Verger de Madame la baronne de Warens » parut d'abord à Londres, chez Jacob Tomson, en 1739.

(2) *Annales J. J. R.*, I, 213; II, 160.

M. Ritter raille agréablement les voyageurs mal renseignés qui, allant aux Charmettes, « croient faire une promenade sur les collines de Cythère (1) ». En réalité et en résumé : Rousseau a vagabondé sur les grandes routes à travers la Suisse, la Savoie et la France ; à Annecy et à Chambéry, il a aimé ; mais aux Charmettes il a travaillé.

Il peut maintenant repartir pour Paris et s'y fixer : il en sait assez pour faire figure parmi les hommes de lettres et les grands seigneurs qui vont l'accueillir; et, pour faire éclater son génie, il ne faudra qu'une étincelle. Que l'Académie de Dijon mette au concours la fameuse question sur l'utilité des sciences et des arts : Jean-Jacques n'aura qu'à la lire pour qu'aussitôt tout ce qu'il a emmagasiné, dans sa studieuse solitude des Charmettes, lectures, réflexions, rêveries, fasse explosion et, comme un volcan en éruption, se répande en flots brûlants d'éloquence. Le monde fut stupéfait de cette brusque révélation et, encore aujourd'hui, on croit d'ordinaire que brusquement, sans préparation aucune, et comme par une soudaine inspiration, il est devenu tout à coup un écrivain et un orateur : c'est qu'on n'a pas appris à connaître, comme nous venons de le faire, le solitaire et l'étudiant des Charmettes.

(1) *La Famille, et la Jeunesse de R* , p. 233.

---

# CHAPITRE VI

## ROUSSEAU A PARIS ET A VENISE. — RETOUR A PARIS

### I

### ROUSSEAU A PARIS (1742-43)

Nous avons laissé Rousseau au moment de sa vie où il va occuper à Lyon, vers le 1er mai 1740, chez M. de Mably, prévôt général du Lyonnais, un poste de précepteur, que lui a fait obtenir Mme de Warens. De toutes les qualités qu'il faut à un précepteur, il n'en possédait qu'une seule, mais il la possédait bien ; l'assurance. Ses lectures, on l'a vu, avaient été sans doute variées et même méthodiques ; mais il avait appris seul et son instruction était forcément très incomplète : un autodidacte n'a jamais fait un bon professeur. Mais qu'importe ! L'homme qui, à Lausane, s'était improvisé compositeur, et qui, à Chambéry, avait appris la musique en l'enseignant, hésite si peu à se charger de l'instruction de deux enfants à la fois qu'il offre, avant de fixer son traitement, de « se laisser éprouver pendant quelque temps. »

De ses deux élèves, l'un était vif et étourdi ; l'autre, stupide et têtu comme une mule : entre les deux, le professeur se donnait au diable ; car ce qui lui manquait le plus, c'était, on le croira

Bibliographie : Rousseau ; *Les Confessions* P. II, L. VII et la *Correspondance*. — Le P. Castel : *L'Homme physique opposé à l'homme moral*, 1756. — Le Comte de Villeneuve-Guibert : *Le portefeuille de Mme Dupin, dame de Chenonceaux*, 1884. — E. Ritter : *La famille et la jeunesse de J.-J. R.* — *Annales J.-J. R.* II.

sans peine, l'égalité d'humeur. Tantôt s'attendrissant jusqu'à pleurer, tantôt s'emportant jusqu'à « extravaguer », au bout d'un an il rompit sa chaîne (mai 1741) : l'expérience toutefois, qu'il venait de faire aux dépens, comme toujours, de ses élèves, ne sera pas inutile au futur auteur de l'*Emile* et déjà, dans un *Projet pour l'éducation de M. de Sainte-Marie*, l'aîné de ses élèves, projet écrit en 1741, on peut saisir les premiers linéaments de son futur traité d'éducation. C'est donc à propos de l'*Emile* que nous parlerons avec quelque détail de ce premier « projet » de Rousseau.

Il resta en bons termes avec M. de Mably, bien qu'il se fût montré un peu trop sensible à la beauté de sa femme et à la bonté de son vin. Mais Madame n'avait pas prêté beaucoup d'attention « à ses soupirs et à ses lorgneries », et Monsieur s'était contenté de le décharger du soin de sa cave. Qu'un précepteur tombe amoureux de la mère de ses élèves, il n'y a rien là d'absolument anormal : mais que le même homme qui est capable de voler le vin de son patron, ce qui est plutôt le fait d'un laquais, ait par surcroît l'aplomb de faire les yeux doux à la maîtresse de maison, il y a là un mélange de friponnerie et de fatuité qui nous montre bien ce que valent à cette date, au sortir de chez M^me^ de Warens, le sens moral et la délicatesse de Rousseau.

A Lyon (où il repassera bientôt en quittant définitivement Chambéry pour Paris), il lia connaissance avec deux Lyonnais qui paraissent avoir été ses amis : Borde, qui s'occupait de littérature et réfutera le premier discours de Rousseau, et Parisot, un chirurgien, « le meilleur et le mieux faisant des hommes ». D'une épitre en vers qu'il écrivit à ce dernier, il semble résulter qu'il se civilisa au contact de ses nouveaux amis et que Lyon, s'ajoutant à l'influence de la Savoie, contribua à le polir, et, autant que cela était possible, à le *dégenevoiser* un peu. Nous retrouverons bientôt, et nous essaierons de préciser, toutes ces influences très diverses et, on le verra, fort importantes, quand nous étudierons ses premiers écrits.

En quittant les Mably, il retourna, comme il l'avait toujours fait dans ses moments de détresse, dans l'hospitalière maison de Chambéry. Espérait-il, comme il le dit, ressusciter le passé à force de condescendance et de bonne humeur? ou plutôt, sachant bien que Wintzenried s'était pour toujours implanté au logis, ne se contentait-il pas d'avoir son couvert mis, bien résolu cette fois de ne plus disputer à l'intrus la place d'honneur? Malheureusement si la bonté de M^me^ de Warens était inépuisable, sa bourse ne l'était pas et Rousseau le savait mieux que personne, lui qu'elle avait chargé, pendant son préceptorat, de vendre à M^me^ de Mably un pot en argent pour 5 louis.

Reçu donc sans empressement par M^me^ de Warens, qui ne parvenait pas à payer ses dettes, Rousseau s'enferma avec ses livres et réfléchit, dit-il, au moyen de venir en aide à la pauvre femme. Ne se sentant pas assez savant pour briller « dans la république des lettres », il songe à la musique qui lui avait été déjà un gagne-pain et dont il avait étudié à fond la théorie ; et, à force de travail, il finit par trouver un système de notation musicale par chiffres.

Ce système lui parut si séduisant qu'il vit au bout la fortune pour sa chère maman et sans doute aussi la gloire pour lui-même ; et, muni de quelque argent qu'il avait rapporté de Lyon (il n'avait donc pas tout donné à celle qui l'hébergeait), et aussi de celui qu'il avait gagné à la vente de ses livres, il partit pour Paris, non, sans doute, quoiqu'il ne le dise pas, sans avoir été, comme à tous ses départs, bien équipé pour la route par M^me^ de Warens (1).

Il s'arrêta à Lyon pour voir les amis qu'il s'y était fait pendant son préceptorat : Il avait connu, chez les Mably, les deux frères du prévôt : l'abbé de Condillac et l'abbé de Mably. Il retrouvera le premier à Paris ; le second lui donna des lettres de recommandation, fort précieuses, pour Fontenelle et pour le comte de Caylus ; et l'ami Borde lui-même, que nous connaissons déjà, « lui procura quelques bonnes recommandations pour Paris » ; il le présenta à l'intendant qui le présenta au duc

(1) Il dut partir pour Paris dans l'été de 1742, car nous avons de lui une lettre écrite encore aux Charmettes et datée du 10 juillet 1742 (voir *Annales J.-J. R.* II, 174, 177).

de Richelieu, alors de passage à Lyon : « Le duc me dit de l'aller voir à Paris, ce que je fis plusieurs fois » : on voit qu'il ne perdit pas son temps à Lyon.

N'oublions pas « le bon Parisot », lequel méritait bien cette épithète, puisqu'il paya la place de Rousseau à la diligence et enfin, avant de quitter Lyon, faisons connaissance, il en vaut la peine, avec « une aimable personne », nommée Mlle Serre. Il avait connu et aimé cette jeune fille lors de son premier séjour à Lyon ; lors de ce second voyage, il la revit et la trouva encore plus à son goût : que se passa-t-il au juste entre les deux jeunes gens? Le Rousseau des *Confessions*, lorsqu'il séjourne pour la dernière fois à Chambéry chez Mme de Warens, « sent, dit-il, son ancien bonheur mort pour toujours » ; il ne peut plus supporter de « vivre en étranger dans la maison dont il était l'enfant »; et cette fois c'est bien sans regret, c'est sans regarder en arrière qu'il s'éloigne de Chambéry. S'il part, c'est parce qu'il « souffrait trop dans cette maison, si pleine de souvenirs ». Or, arrivé à Lyon, il écrit (1) à Mlle Serre : « J'avais résolu de passer mes jours dans une retraite qui s'offrait à moi (les Charmettes) ; vous avez détruit tous ces beaux projets ; j'ai senti qu'il m'était impossible de vivre éloigné de vous et, pour me procurer les moyens de m'en rapprocher, je tente un voyage (à Paris) et des projets que mon malheur ordinaire empêchera sans doute de réussir ». Cette lettre ne s'accorde guère avec le récit des *Confessions* : sans vouloir concilier les deux textes, ni deviner ce qui se passait alors dans l'âme de Rousseau, disons simplement qu'il a dû quitter Mme de Warens avec d'autant moins de regret qu'il allait retrouver à Lyon Mlle Serre.

Une autre contradiction, celle-ci plus grave, parce que Rousseau a ici altéré la vérité qui n'était pas à son avantage, se présente à nous entre les *Confessions* et la *Correspondance*. On lit, en effet, dans cette même lettre à Mlle Serre : « Je comprends,

(1) Suivant M. Dufour, la lettre à Mlle Serre serait plus ancienne. Voir, sur cette chronologie très confuse et très mal établie, *Annales* J.-J. *R.*, II, 179. Voir aussi sur Mlle Serre ; Eug. Ritter : *La Famille et la Jeunesse de* J.-J. *R.*, p. 289.

Mademoiselle, qu'il n'y a de votre part à espérer aucun retour ; je suis un jeune homme sans fortune ; ... mais quoi ! vous m'avez traité *avec une dureté incroyable*... Votre cœur (pourtant) n'est pas moins fait pour l'amour que votre visage. Mon désespoir est que ce n'est pas moi qui devais le toucher. Je sais de *science certaine* que vous avez eu des liaisons, je sais même le nom de cet heureux mortel qui trouva l'art de se faire écouter. » Il semble dès lors que Rousseau n'ait qu'à se retirer et surtout qu'à se taire. Que veut-il donc de cette jeune fille qu'il ne craint pas d'offenser si brutalement ? « Hélas ! si vous vouliez m'écouter, j'ose dire que je vous ferais connaître la véritable félicité ; personne ne saurait mieux la sentir que moi, et j'ose croire que personne ne la saurait mieux faire éprouver. Dieux ! si j'avais pu parvenir à cette charmante possession, j'en serais mort assurément... S'il était en mon pouvoir de posséder une minute mon adorable reine sous la condition d'être pendu un quart d'heure après, j'accepterais cette offre avec plus de joie que celle du trône de l'univers. » M^lle^ Serre ne l'exposa pas à être pendu ; et, sans plus commenter ces singuliers propos d'amour, on voit que Rousseau joue auprès de cette jeune fille le rôle d'un amoureux indélicat et éconduit. Qu'on écoute maintenant le récit des *Confessions* : « A ce voyage, ayant plus de loisir, je la vis davantage ; mon cœur se prit et très vivement. J'eus quelque lieu de penser que *le sien ne m'était pas contraire* : mais elle m'accorda une confiance *qui m'ôta la tentation d'en abuser*. Elle n'avait rien, ni moi non plus ; nos situations étaient trop semblables pour que nous pussions nous unir ; et, dans les vues qui m'occupaient, j'étais bien éloigné de songer au mariage. *Elle m'apprit* qu'un jeune négociant, appelé M. Genève, paraissait vouloir s'attacher à elle. Je le vis chez elle une fois ou deux ; il me parut honnête homme, il passait pour l'être. Persuadé qu'elle serait heureuse avec lui, *je désirai qu'il l'épousât*, comme il a fait dans la suite ; et, *pour ne pas troubler* leurs innocentes amours, *je me hâtai de partir*, faisant, pour le bonheur de cette charmante personne, des vœux qui n'ont été exaucés ici-bas que pour un temps, hélas ! bien court ; car j'appris dans la suite qu'elle était morte au bout de deux ou trois ans de mariage. Occupé de mes tendres regrets durant toute ma route, je sentis, *et j'ai souvent senti depuis lors, en y repensant,* que si les sacrifices qu'on fait au devoir et à la vertu coûtent à faire, on en est bien payé par les doux souvenirs qu'ils laissent au fond du cœur (1) ».

La mémoire de Rousseau ici l'a singulièrement trahi puisque, d'amant rebuté il passe au rôle d'ami généreux s'oubliant lui-même pour celle qui lui aurait déjà donné son cœur. Mais comment peut-il dire qu'en revoyant ce passé, il se sent encore payé de ses sacrifices à la vertu ? encore ici, à la place de la réalité, il aura, à distance, imaginé un petit roman vertueux et, ce qui est un de ses plus grands plaisirs, il s'attendrit lui-même à nous le raconter (2).

Parti de Lyon vers la fin de juillet 1742, Rousseau arrive sans doute à Paris au commencement d'août de la même année ; il a alors en poche, nous dit-il, 15 louis, une comédie intitulée *Narcisse*, son projet de notation musicale et aussi, ce dont il ne parle pas, mainte pièce de vers et une tragédie intitulée le *Nouveau Monde.* Il ne perd pas de temps pour tirer parti de ses recommandations et de ses mérites ; la modestie n'est d'ailleurs pas ce qui l'empêchera de réussir : « un jeune homme qui arrive à Paris avec une figure passable et qui s'annonce par des talents est toujours sûr d'être accueilli ». Il est, en effet, fort bien accueilli par ces frivoles Parisiens dont il dira plus tard tant de mal. Il descend à l'hôtel Saint-Quentin, dans la rue des Cordiers, près de la Sorbonne : « vilaine rue, vilain hôtel, vilaine chambre » ; et singulier quartier, aurait-il pu ajouter. Le quartier, ou, comme

(1) *Confessions*, P. II, l. VII.

(2) Si Rousseau avait connu la suite de l'histoire de Mlle Serre, non seulement il n'aurait pas dit que Mlle Serre « était morte au bout de deux ou trois ans de mariage », puisqu'en 1752 Mlle Serre, devenue Mme Genève, avait un troisième enfant ; mais encore il n'aurait pas manqué, lui qui nous a conté si complaisamment les faiblesses de Mme de Warens, de nous apprendre que M. Genève et Mlle Suzanne Serre, après avoir contracté mariage le 26 janvier 1745, avaient, le même jour, « déclaré de leur fait un enfant mâle, né le 12 novembre 1744. »

on l'appelait alors, le pays latin, comprenait la rue Saint-Jacques, la montagne Sainte-Geneviève et la rue de la Harpe ; Rousseau y pouvait coudoyer des Sorbonistes en soutane, des précepteurs en rabat et des étudiants en droit, en médecine ou en chirurgie, tous assez pauvrement équipés. C'est dans ce quartier qu'il a d'abord la bonne chance de rencontrer un compatriote, Daniel Roguin, lequel sera plus tard, et c'est un titre qui fait prodigieusement honneur à son caractère, « le doyen de ses amis » ; par Roguin il connait Diderot, qui n'a encore que des « projets d'ouvrage », et devient bien vite son intime ami. Il se presse de faire valoir ses recommandations : par l'abbé de Mably, il entre en relations avec M. de Boze, secrétaire de l'Académie des Inscriptions (qui le présente à M. de Réaumur et ce dernier l'introduira à l'Académie des Sciences) et avec un Jésuite très répandu dans le monde, le Père Castel. Un gentilhomme savoyard, M. Damesin, lui procure deux utiles connaissances : « l'une, M. de Gasc, président à mortier du Parlement de Bordeaux ; l'autre, M. l'abbé de Léon, jeune seigneur très aimable, qui brille alors dans le monde sous le nom de chevalier de Rohan ». Grâce à ces hautes relations, il a l'honneur de lire à l'Académie des Sciences un mémoire sur son système de notation musicale ; mais il a la douleur de voir son système méconnu. Il en appelle aussitôt au jugement du public par sa *Dissertation sur la musique moderne*. Mais comment trouver un libraire de bonne volonté ? la chose est difficile pour un débutant, elle n'est cependant pas impossible; car malgré sa timidité et sa farouche indépendance, le réformateur de la musique moderne (son ambition ne va pas à moins) parvient, à l'aide d'un de ses commensaux de l'hôtel Saint-Quentin, M. de Bonnefond, « hobereau boiteux », mais serviable, à se faire imprimer : n'était-il pas « juste que son ouvrage lui rendît le pain qu'il avait mangé en l'écrivant ? » Mais l'ouvrage ne lui rapporte pas un liard et, contre cette injustice des hommes, rien ne peut prévaloir, ni l'appui de l'abbé Desfontaines, qui s'est chargé de lancer le chef-d'œuvre, ni l'amabilité de tous les journalistes, « qui en dirent assez de bien ». Il a beau enseigner gratuitement la musique par son système à une jeune Américaine et la rendre capable, au bout de trois mois, de déchiffrer quelque musique que ce fût, « ce succès frappant reste ignoré » ; — et le voilà sur le pavé de Paris : non pas pourtant tout à fait sans ressources ; il lui restait quelques louis, qu'il s'empressa de manger en se confiant à la Providence. Il venait de faire un effort : il avait besoin, étant donné sa paresse et sa mauvaise santé, de reprendre haleine. Il renonce, assure-t-il, à se pousser et même à faire des visites indispensables. Pourtant ses rapports avec l'Académie des Sciences lui ont fait faire connaissance avec « ce qu'il y a à Paris de plus distingué dans la littérature » ; et, bien qu'il renonce dès lors à voir les académiciens et même les gens de lettres avec lesquels il s'est « faufilé », nous le voyons excepter de ses dédains Marivaux, l'abbé de Mably et Fontenelle, c'est-à-dire ceux qui peuvent lui être le plus utiles ; il lit même à Marivaux sa comédie de *Narcisse* et Marivaux a la complaisance de la retoucher ; mais, on le verra, elle n'en devient pas pour cela meilleure.

Avec Diderot il s'entretient surtout de musique et c'est la musique aussi qui est « un moyen de liaison » entre lui et Francueil, dont nous parlerons bientôt plus au long. Il me paraît évident que, dans ce court séjour à Paris, qui précède son voyage à Venise, c'est par la musique qu'il espère d'abord se faire connaître : si le théoricien n'a pas été apprécié par l'Académie des Sciences, peut-être s'inclinera-t-on enfin devant le compositeur qui va montrer bientôt ce qu'il sait faire avec son opéra, *les Muses galantes*. Car enfin il faut qu'on parle de lui ; qu'on le connaisse seulement, et de la notoriété il se charge d'aller bien vite à la gloire : si, par exemple, il était cité comme le premier joueur d'échecs de Paris, on le rechercherait dans les sociétés et « son mérite ferait le reste. » Il s'acharne donc chez Maugis à faire échec et mat les plus grands joueurs de Paris, les Husson et les Philidor ; mais il n'a pas la veine et, quittant la partie, il s'avise enfin qu'à Paris, quand on a, comme lui, un physique intéressant — et quelqu'aplomb, — on ne saurait manquer de plaire aux femmes et, par les femmes, d'arriver à tout. Justement, en allant au café, il entrait quelquefois chez son ami, le Père Castel, homme de bon conseil, comme on va voir, car sans lui, paraît-il, le sauvage Rousseau n'aurait pas songé à tirer parti de sa jolie figure. Donc ce « fou » de Père Castel secoua « la léthargie » de Jean-Jacques par les savoureux propos que voici : « On ne fait rien dans Paris sans les femmes ; puisque les musiciens et les savants ne chantent pas à votre unisson, changez de corde et voyez les femmes. »

Ce Père Castel parait bien avoir été, en effet, un original : esprit cultivé et bizarre, il avait été précepteur chez Montesquieu qui le consultait, c'est lui qui s'en vante, sur tous ses ouvrages. De Montpellier, où il s'était fait connaître comme philosophe et géomètre (1) et surtout comme auteur du *Clavecin oculaire* (un système de notation musicale par les couleurs), il avait été appelé à Paris par le Père Tournemine et par Fontenelle. C'est la musique qui rapprocha Rousseau et le bon Père : « Rousseau ne vint à moi en arrivant à Paris, dit le P. Castel, que parce qu'il me connaissait à Genève même, me dit-il » et il lui parle, en effet, de son clavecin oculaire.

Il essaiera, plus tard, dans son *Homme physique opposé à l'homme moral*, de réfuter le second discours de Rousseau « avec amitié ». Vous avez, ajoute-t-il, « mérité tout à fait cette amitié par la façon franche et naïve dont vous vous présentiez à moi en arrivant à Paris il y a peut-être douze à quinze ans, et il me parut que vous étiez content de la franchise et de la naïveté avec laquelle je répondis à la vôtre, jusqu'à vous donner entrée auprès de quelques personnes distinguées capables d'honorer votre mérite et de récompenser votre talent. » Il m'a semblé qu'il valait la peine d'extraire, d'un livre très oublié et très digne de l'être, ce passage qui confirme les lignes consacrées, dans les *Confessions*, au P. Castel.

Le dit Père avait conseillé à Rousseau de rendre visite à M^me^ de Bezenval (issue d'une illustre famille polonaise), chez

(1) Le P. Castel a écrit : « *La mathématique universelle abrégée*, 1728, des *Lettres philosophiques sur la fin du monde* 1786, *L'Homme physique opposé à l'Homme moral* 1756 et un ouvrage baroque et ennuyeux : *Esprit, saillies et singularités du P. Castel* (édité par l'abbé de La Porte) Amsterdam, 1763).

laquelle il trouverait Mme de Broglie, sa fille, et aussi Mme Dupin, à qui le serviable jésuite avait parlé de lui et de son système musical ; Mme Dupin avait même « envie de le voir ». En l'engageant à se faufiler dans le monde, le bon Père avait dit à Rousseau, en un jargon à la fois scientifique et galant, tout à fait digne de Fontenelle et du XVIIIe siècle : « les femmes sont comme des courbes dont les sages sont les asymptotes : ils s'en approchent sans cesse. mais ils n'y touchent jamais... » Rousseau, après avoir longtemps hésité, dit-il, à suivre le conseil du père Castel et ses formules géométriques, prend courage un beau matin et, si l'on nous permet cette image, il se dirige, tremblante « asymptote », vers la « courbe » gracieuse de Mme de Bezenval. Il est caressé et retenu à dîner : mais il s'aperçoit que le dîner, auquel on le conviait, est servi à l'office, dont « il n'a plus envie de reprendre le chemin ». Heureusement Mme de Broglie corrige à temps l'impolitesse de sa mère et Rousseau a l'honneur de dîner avec ces dames et d'être le commensal de M. le Président Lamoignon. Celui-ci n'ayant pour tout talent que « le petit jargon de Paris », Rousseau veut bien lui laisser le plaisir de briller seul à table ; mais il se rattrape après dîner et, tirant de sa poche son épître en vers à Parisot « qui ne manquait pas de chaleur », il la lit et si bien que ces dames ne peuvent s'empêcher de pleurer. Ce sera là sa vocation plus tard : ne pouvant faire rire son siècle, comme Voltaire, il fera fondre en larmes toutes les femmes qui le liront.

## II

## Rousseau a Venise (1743-44)

Mme de Broglie ayant appris que M. de Montaigu, ambassadeur de France à Venise, cherchait un secrétaire, proposa Rousseau,

Bibliographie : *Confessions*, partie II, livre VII. — De Brosses : *Lettres d'Italie* (Didier 1861). — Saint- Marc-Girardin : Du séjour de Rousseau à Venise (Journal des *Débats*, 22 janv. 1862). — P. Faugère : J.-J. *Rousseau à Venise* (*Le Correspondant*, 10 et 25 juin 1888). — A. Jansen : *Rousseau als Musiker* (Berlin 1884). — J.-J. *Rousseau à Venise* (1743-44) : Notes et docu-

qu'elle avait rencontré chez M^me de Bezenval, sa mère et, après des pourparlers rompus et repris, Rousseau partit pour Venise aux appointements de 1.000 francs et avec 20 louis pour son voyage.

Arrivé à Lyon, il aurait bien voulu prendre la route du Mont-Cenis pour embrasser, au passage, « sa pauvre maman » ; mais, nous dit-il dans ses *Confessions,* il descendit le Rhône et alla s'embarquer à Toulon. Or ceci est en contradiction avec une lettre de M. de Montaigu à l'abbé Alary, un académicien qui était de la société de M^mes de Bezenval et de Broglie et qui avait contribué à faire entrer Rousseau au service de M. de Montaigu. Ce dernier dit, dans cette lettre (et il n'a pas pu inventer ce détail précis), qu'après avoir examiné le compte que lui avait présenté Rousseau, il avait consenti à lui payer « les cinq jours qu'il disait avoir demeuré à Marseille pour attendre la felouque qui le porta à Gênes, mais *non point son voyage à Chambéry* ». Rousseau a donc eu ici, s'il est réellement allé à Chambéry, un oubli bien singulier ; — à moins que ce voyage ne lui ait laissé quelque mauvais souvenir dont il préférait ne pas parler dans ses *Confessions.*

Avait-il les qualités requises pour être secrétaire d'ambassadeur? Sa physionomie avait plu à M^me de Broglie et ses vers l'avaient attendrie; cela suffisait amplement, sous l'ancien régime, pour faire figure dans une ambassade. L'ambassadeur lui-même avait dû sa fortune à Barjac, le valet de chambre du cardinal Fleury, et n'était-il pas d'ailleurs capitaine aux gardes, et, comme on sait, le métier militaire n'est-il pas une merveilleuse préparation au maniement des affaires d'État? Il fallait un diplomate, ce fut un officier qui l'obtint. L'honneur qu'avait M. de Montaigu de représenter le Roi auprès de la sérénissime République lui était payé 30.000 livres, sans compter les frais d'installation, ce qui équivalait au moins à 100.000 francs de

ments recueillis par V. Cerésoles, publiés par Th. de Saussure, 1885. — E. Ritter : Les nouvelles recherches sur J.-J. Rousseau (*Rev. des Deux-Mondes,* 1^er septembre 1897). — Aug. de Montaigu : *Démêlés du comte de Montaigu, ambassadeur de Venise, avec son secrétaire, J.-J. Rousseau* (Plon-Nourrit, 1904). — Phil. Monnier : *Venise au* XVIII^e *siècle* (Perrin, 1908).

notre monnaie. Comme l'ambassadeur ne donnait que 1.000 francs à son secrétaire et que ce secrétaire faisait à peu près toute la besogne, il y avait entre les services rendus et leur payement de telles disproportions que Jean-Jacques, quoiqu'il n'en ait rien dit, ne dut pas manquer d'y puiser un nouveau grief personnel contre une société qui rétribuait si mal le vrai mérite.

N'avoir obéi jusqu'ici qu'à sa fantaisie ou aux caprices d'une jolie femme, et entrer tout à coup au service d'un ex-capitaine, c'était un complet bouleversement dans les habitudes et le genre de vie de Rousseau. Suivons-le dans cette nouvelle carrière en prenant pour guides, non seulement les *Confessions*, mais surtout les recherches de Cérésoles et de Faugère sur ce séjour à Venise. Et d'abord, il n'était pas précisément, comme il s'intitule lui-même, secrétaire d'ambassade, mais bien secrétaire de l'ambassadeur, et il y avait cette différence fort importante entre les deux titres que, tandis qu'on devait le premier à la nomination du ministre lui-même, on ne tenait le second que du libre choix de l'ambassadeur, lequel pouvait donc vous révoquer, comme il vous avait nommé, de sa propre autorité. On faisait partie de sa maison, on était son « domestique » ; ce qui ne veut pas du tout dire, d'ailleurs, comme l'a méchamment insinué Voltaire (*Questions sur les Miracles*), que Jean-Jacques fût le valet de M. de Montaigu. On sait quel sens il faut attribuer à ce mot sous l'ancien régime : Cosnac, par exemple, avait été, au XVII^e siècle, le domestique du prince de Conti, ce qui ne l'empêchait pas d'être archevêque d'Aix. C'est en ce sens que Rousseau, dans une lettre officielle au ministre par intérim, du Theil, se dit « domestique » de M. de Montaigu. Il convient même d'ajouter que souvent le secrétaire d'un ambassadeur remplaçait celui-ci en son absence et que, s'il se distinguait dans cet intérim, il pouvait monter plus haut, dans la hiérarchie, jusqu'au titre de résident ou de ministre plénipotentiaire. On devine si de telles perspectives étaient faites pour enflammer l'imagination de Jean-Jacques et si, par exemple, le droit qu'il avait de parler, l'épée au côté, au nom de l'ambassadeur du Roi de France, devait enfler de vanité, malgré ses principes républicains, le fils de l'horloger de

Genève, l'ancien laquais de Mme de Vercellis ! Il se vengeait enfin des injustices du sort et sa fortune cette fois répondait à son mérite. Se rappelant plus tard avec quel frémissement d'orgueil il s'était vu marchant après l'ambassadeur, *avant* ses gentilshommes et ses pages, il ne peut s'empêcher de s'écrier : « il était temps que je fusse une fois ce que le ciel m'avait fait être ! »

Comment se comportèrent, l'un vis-à-vis de l'autre, l'ambassadeur et son secrétaire? A le juger d'après les pièces diplomatiques qu'on a retrouvées de lui, ou qui le concernent, M. l'Ambassadeur semble bien avoir été réellement ce qu'il est dans les *Confessions*, un parfait imbécile. Pendant toute la durée de son ambassade à Venise, la correspondance diplomatique du comte de Montaigu se fait remarquer par une complète ignorance des affaires aussi bien que de la langue française, et le passage de Rousseau à l'ambassade est très nettement signalé par un certain nombre de dépêches qui tranchent singulièrement sur tout ce qui est de la main de l'ambassadeur. Les extraits que donne Faugère des dépêches de Rousseau ne laissent aucun doute à cet égard : dès l'arrivée de Rousseau, le style change et pour la première fois l'ambassadeur fait usage des chiffres. La comparaison des pièces prouve donc surabondamment, ce qui ne peut nous surprendre, que Rousseau était un secrétaire intelligent et que son maître avait tout intérêt à le garder.

Pourquoi donc M. de Montaigu se sépara-t-il de Rousseau au bout d'un an ? Ce dernier nous a conté tout au long ses démêlés avec son ambassadeur et, dans son récit, ce n'est naturellement pas l'ambassadeur qui a le beau rôle : mais faut-il ajouter foi à ce récit ? Les recherches faites dans les archives, tant à Venise qu'à Paris, établissent en somme la véracité de Rousseau pour la plupart des faits qu'il raconte; il est pourtant deux points de son récit qu'il faut, ce me semble, rectifier. Le premier est relatif à la rupture : d'après les *Confessions*, Rousseau aurait demandé et même, comme on ne le lui accordait pas assez vite, redemandé son congé ; d'après la lettre qu'il écrivit lui-même à M. du Theil, c'est au contraire l'ambassadeur qui spontanément l'aurait congédié, et cela résulte encore d'une lettre de M. de

Montaigu à l'abbé Alary : « je le fis venir dans mon cabinet et lui signifiai qu'il n'était plus à mes gages. » En second lieu, dans son récit, Rousseau se donne trop raison et se fait trop valoir : par exemple, il affirme que, pendant la guerre de 1743, un avis que, de son chef, il fit passer au marquis de l'Hôpital, ambassadeur de France à Naples, empêcha la révolte des Abruzzes ; « ainsi c'est peut-être à ce pauvre Jean-Jacques si bafoué que la maison de Bourbon doit la conservation du Royaume de Naples, » affirmation qui rend le lecteur défiant ; et si le lecteur se met à raisonner sur cette jactance, il se dit qu'un homme qui parle ainsi de lui-même et de ses services et qui, d'autre part, nous le savons par les *Confessions* même, est si chatouilleux sur l'étiquette, si préoccupé de ses droits, devait faire, à tout prendre, un secrétaire bien fatigant pour son maître. M. de Montaigu, dans sa lettre à l'abbé Alary, se plaint avec insistance de « l'insolence de Rousseau, causée par la bonne opinion qu'il a de lui ». On voit que Rousseau se fâche un jour parce qu'il n'est pas placé, dans la gondole de l'ambassadeur, *au-dessus* de ses gentilshommes ; une autre fois, et la scène paraît peinte au naturel, il se carre dans un fauteuil, au lieu de prendre la chaise qu'on lui offrait et, dit Montaigu, « pendant la dictée que je lui faisais, cherchant quelquefois le mot qui ne me venait pas (il devait le chercher souvent), il prenait ordinairement un livre et me regardait en pitié. » Cette lettre reflète aussi très naïvement la morgue d'un grand seigneur malotru qui, parlant de son secrétaire, emploie les expressions soldatesques dont il a pris l'habitude à la caserne : il le traite de « grand coquin et d'escroc », tout simplement ; il lui reproche enfin, et le mot est prononcé deux fois, « la mendicité » d'oû il l'a tiré.

Tant de grossièreté jointe à une si énorme sottise, voilà assurément plus qu'il n'en fallait pour exaspérer Rousseau contre les iniquités d'un gouvernement qui avait fait d'un tel goujat un ambassadeur, tandis qu'il laissait l'habile Jean-Jacques se morfondre dans l'emploi de secrétaire. Pour nous, qui cherchons sans cesse, dans les œuvres de Rousseau, ce qui a pu lui être inspiré par ses souvenirs personnels, il nous semble que l'amer souvenir de ses rapports avec son ambassadeur se retrouve dans la péroraison fameuse de son Discours sur l'inégalité des conditions : « il est manifestement contre la loi de nature qu'un imbécile conduise un homme sage. »

Ce n'est pas, à y regarder de près, que la situation de M. de Montaigu fût bien brillante : un ambassadeur français était en somme bien peu de chose à Venise. La sérénissime république, indépendamment de sa traditionnelle méfiance à l'égard de tout représentant d'une puissance étrangère, se montrait particulièrement hostile aux représentants de la France, lesquels avaient alors pour mission de la surveiller. A cette époque, en effet, les sympathies de Venise étaient pour les Autrichiens, avec lesquels nous étions en guerre et il s'agissait, pour nos envoyés, de s'assurer au moins de la neutralité de la république. En conséquence de cette hostilité latente, un noble Vénitien se serait gravement compromis, aux yeux de ses concitoyens, s'il avait reçu chez lui, ou simplement salué dans la rue, l'ambassadeur de France ; pour les tenir éloignés du siège du Gouvernement, on défendait d'ailleurs aux représentants étrangers de résider dans les environs de la place Saint-Marc ; précautions aussi ridicules qu'inutiles, car les ambassadeurs n'avaient pas de peine à connaître par leurs espions les agissements de la république ; et, d'ailleurs, bien plus que de notre guerre avec l'Autriche, on se préoccupait à Venise, tantôt d'une rivalité entre les jolies chanteuses des couvents de femmes, tantôt, suivant les expressions du président de Brosses, « de la furieuse brigue entre les trois couvents de la ville pour savoir lequel allait avoir l'avantage de donner une maîtresse au nouveau nonce qui venait d'arriver ». A cette époque, on voyait bien des rois sur la place Saint-Marc, mais c'étaient ces têtes couronnées, ou plutôt découronnées, qu'y avait rencontrées Candide, et qui « étaient venues passer le carnaval à Venise ». Et, de fait, la grande affaire d'État, c'était le carnaval, qui se prolongeait indéfiniment. La Venise des plaisirs et des fêtes, et c'est celle-là surtout que connut Jean-Jacques, c'était, nous dit son récent et scintillant historien, M. Philippe Monnier, « la claire et folle cité des mascarades, des sérénades,

des embarquements pour Cythère aux agrès d'or et aux lanternes de papier ; » le libre et bienheureux séjour des plaisirs et des grâces, dit Algarotti ; la Sybaris de l'Europe, s'écrie Foscolo. Un trait seulement sur les mœurs de Venise à cette date et je l'emprunte à de Brosses : « pendant le carnaval, on trouve, sous les arcades des Procuraties, autant de femmes couchées que debout » ; et, à propos de la padoana dont l'auteur des *Confessions* a cru devoir entretenir ses lecteurs, voici un amusant détail qui peut servir de commentaire au récit scabreux de Rousseau : selon le même de Brosses, les courtisanes ont l'habitude de rassurer leurs visiteurs « en répondant des conséquences par la madone de Lorette ».

Mais c'est la musique qui est la passion vénitienne par excellence : « elle est, dit de Brosses, un affolement inconcevable ». Venise avait alors sept théâtres, que fréquentait Rousseau, en même temps qu'il s'enthousiasmait pour ces fameux conservatoires de femmes qui étaient alors la Pietà, les Mendicanti, les Incurabili et l'Ospedaletto. « C'étaient des hôpitaux d'enfants trouvés, sous la protection des principales villes aristocratiques de la ville. On y gardait les jeunes filles jusqu'à leur mariage en leur donnant une instruction musicale accomplie. Les élèves apprenaient, non seulement à chanter, mais à jouer de tous les instruments » (1). Jean-Jacques allait écouter les dimanches dans les églises des motets exécutés par ces jeunes filles, et jamais il ne manquait les vêpres aux *Mendicanti* : « je n'ai l'idée de rien d'aussi voluptueux, d'aussi touchant que cette musique ». De Brosses nous dit que ces orphelines « chantaient comme des anges ; il n'y a rien de si plaisant que de voir une jeune et jolie religieuse, en habit blanc, avec un bouquet de grenades sur l'oreille, conduire l'orchestre et battre la mesure avec toute la grâce et la précision imaginables ». Ailleurs il nous parle d'une certaine Zulietta, « la plus belle femme de l'Italie et dont il est féru depuis qu'il l'a vue un jour déguisée en Vénus de Médicis ».

(1) Romain Rolland : La musique en Italie au XVIII<sup>e</sup> siècle, *Revue de Paris*, 15 août 1905.

Voilà bien de quoi parfaire l'éducation esthétique et amoureuse de Jean-Jacques.

J'essaierai de déterminer tout à l'heure ce qu'il apprit durant son séjour à Venise ; ce séjour dura exactement douze mois et non dix-huit, comme le disent les *Confessions* : arrivé à Venise fin août 1743, il en repartit le 22 août 1744 (1). A en croire Dugast, un officier qui avait servi dans le même régiment que de Montaigu, Rousseau aurait été congédié parce qu'il n'avait pas su écrire (!) une lettre convenable de félicitations, de la part de l'ambassadeur, au duc de Biron, qui venait d'être fait maréchal : « C'est là, dit Dugast, le vrai motif pour lequel Rousseau s'est laissé aller à son humeur irascible contre M. de Montaigu et en a parlé défavorablement dans ses *Confessions*. Quelques années après, M. de Montaigu, de retour à Paris, se trouva à l'Opéra un jour qu'on représentait le *Devin du Village*. Enthousiasmé de cette pièce, il demanda quel en était l'auteur. « Vous devez bien le connaître, lui répondit-on ; c'est Rousseau, votre ancien secrétaire ; il a fait les paroles et la musique. — Quoi ! cet imbécile ? » répliqua M. de Montaigu ». L'anecdote de Dugast est absurde et, si elle était vraie, elle donnerait trop raison à Rousseau contre M. de Montaigu qui n'aurait vu qu'un imbécile dans son secrétaire; mais elle nous apprend peut-être ce que répétaient plus tard les envieux de Rousseau au lendemain de son triomphe (2).

Le consul de France à Venise, M. Leblond, un homme intelligent et pondéré, c'est-à-dire le contraire de ce que paraît avoir été M. de Montaigu, eut, après le départ de Rousseau, à se plaindre de l'ambassadeur et, dans une lettre au ministre, parlant des traitements indignes qu'il a reçus de son chef, il dit, entr'autres choses, que « la fureur de son emportement altéra sa raison. » De telles expressions, sous la plume d'un homme si maitre de lui, plaident singulièrement en faveur de Rousseau.

(1) D'après les papiers de famille de M. Auguste de Montaigu, Rousseau serait arrivé à Venise *le 4 septembre* 1743 (et non 1742 comme M. de Montaigu l'a écrit par inadvertance), p. 18.

(2) *Paris, Versailles et les Provinces au* XVIIIe *siècle par un ancien officier aux gardes françaises*. (Dugast de Bois Saint-Just), 2e édit. Paris, 1809, t. I, 162.

mencé avec Francueil un cours de chimie chez Rouelle, le grand chimiste du temps, « démonstrateur de la chaire de chimie au Jardin du Roi ». Diderot suivra lui-même ces cours de Rouelle qui avaient un très grand succès à Paris, où l'engouement était, vers 1740, aux sciences naturelles. Nous savons, grâce aux recherches de M. Théophile Dufour, que Rousseau en 1747 a composé un volumineux traité de chimie (1203 pages manuscrites, la valeur de trois volumes) intitulé : « Institutions chymiques ». C'est, selon M. Dufour, une œuvre personnelle qui a été précédée d'un brouillon, et si cet ouvrage n'a très probablement aucune valeur scientifique, il offre cependant pour nous un double intérêt : il nous montre, d'une part, quel travailleur acharné était Rousseau, même à l'époque (1747) où des distractions mondaines, dont je vais parler tout à l'heure, et ses occupations chez les Dupin, semblaient devoir l'absorber tout entier ; mais surtout nous avons là un curieux échantillon de sa prose en 1747, c'est-à-dire deux ans avant le Discours qui le fera connaître. Or, des extraits qu'a publiés M. Dufour de ces *Institutions chymiques* (Genève, brochure in 8°, imprimerie du *Journal de Genève*, 1905), il ressort à mes yeux que Rousseau a déjà ce style ferme et périodique qui caractérisera ses grandes œuvres. Qu'on en juge par le passage suivant sur « Le mécanisme de la nature » :

« Nous ouvrons les yeux en naissant : nous voyons tout avant que de rien connoître, et, rassassiés par une longue habitude, un léger examen des objets sensibles a bientôt épuisé notre curiosité. J'entends tous les hommes vanter la magnificence du spectacle de la nature, mais j'en trouve fort peu qui la sachent voir. Sur nos théâtres d'opéra, l'un admire la beauté des voix, l'autre celle des décorations, l'autre celle des actrices ; celui-ci n'écoute que la musique, un autre ne s'occupe que du sujet, et ceux qui se bornent à considérer les rouages, les cordes et les poulies ont encore trop à faire, s'ils en veulent embrasser la mécanique tout à la fois. Enfin, chacun donne son attention à un objet particulier ; rarement se trouve-t-il quelqu'un qui juge le tout sur chacune des parties rassemblées et comparées. C'est ce qui arrive encore plus communément sur le théâtre de la nature, non pas au peuple, car il admire sans savoir quoi, mais aux philosophes mêmes : surchargés et comme accablés du poids de cette machine immense, ils se contentent d'en considérer quelque ressort qui se trouve à leur portée. Des papillons, des mouches sont capables d'épuiser les lumières et les recherches du plus laborieux physicien. Mais si chaque partie, qui n'a qu'une fonction particulière et qu'une perfection relative, est capable de ravir d'étonnement et d'admiration ceux qui prennent la peine de la considérer comme il faut, que seroit-ce de ceux qui connoîtroient les rapports de toutes les pièces et qui jugeroient par là de l'harmonie générale et du jeu de toute la machine ? »

Je reviendrai sur ce travail de Rousseau, curieux à plus d'un titre, et je reprends l'histoire de ses rapports avec les Dupin. Mme Dupin avait, elle aussi, comme Francueil, un projet d'ouvrage, pour lequel elle comptait utiliser les talents de son secrétaire. Bernis nous parle de cet ouvrage assez irrévérencieusement dans ses Mémoires : « Mme Dupin, qui a toujours eu plus d'envie de penser qu'elle n'a pensé, a travaillé dix ans pour prouver que les hommes n'ont aucune supériorité, même corporelle, sur les femmes. » Nous avons des fragments de ce livre, écrits par Rousseau sous la dictée de Mme Dupin et aussi des études, dictées sans doute de même au secrétaire, sur *l'amitié, le bonheur* et *l'éducation*. On y lit, prises au hasard, des pensées comme celles-ci : « L'amitié polit les mœurs... Si la morale était plus exactement suivie, tous les hommes s'estimeraient et s'aimeraient... Quelquefois on se promet trop de certains amis ; toutes les fleurs ne sont pas des roses. » — Voilà donc les pauvretés que devait transcrire, de sa plus belle main, l'homme que nous connaissons et qui avait pour maxime que « lorsqu'on entreprend un livre, c'est pour instruire le public de quelque chose qu'il ne sait pas ? » Ses 800 francs d'appointement étaient vraiment bien gagnés. Quant à nous, qui n'étudions la vie de Rousseau que pour mieux comprendre les particularités de ses œuvres, quand nous rencontrerons, dans son premier Discours, ses amères invectives contre les femmes, « leur goût pusillanime » et leur fâcheuse influence sur les grands écrivains qu'elles rabaissent à leur niveau, ne devrons-nous pas nous souvenir, comme il s'en souvenait apparemment lui-même, des mortelles heures qu'il avait passées à copier les étonnantes « pensées » de M^me^ Dupin ? Et, devançant les temps, j'ajouterai que, d'avoir dû, pour vivre, s'astreindre à un aussi pénible labeur, cela explique peut-être le parti qu'il prendra plus tard, malgré les railleries de son entourage, de se faire copiste de musique : cette copie-là était moins exaspérante que l'autre.

Entre-temps il avait, il est vrai, la consolation d'aller se délasser à la campagne, chez les Dupin : c'est ainsi que dans l'automne de 1747, nous le trouvons à Chenonceaux, dans ce merveilleux château, vraie « maison royale », ainsi qu'il l'appelle, achetée, comme on sait, par Henri II pour Diane de Poitiers et alors propriété des Dupin. On s'y amusait beaucoup et on y faisait si bonne chère qu'il y devint « gras comme un moine ». Il composait, pour l'amusement de la société, des trios à chanter, des petits vers comme *L'allée de Sylvie*, dont je parlerai plus loin et il répandit sa belle humeur dans une comédie en trois actes, *L'engagement téméraire*, qui n'a d'autre mérite, dit-il, et il dit vrai, que beaucoup de gaîté. C'est ingénieux et laborieux et on y lit des vers tels que ceux-ci :

> Il serait fort plaisant que vous le pensassiez.
> — Hélas ! et plût au ciel que vous me trompassiez

N'insistons pas et contentons-nous de dire qu'il n'a pas encore trouvé sa voie (1).

En même temps qu'il fréquente ainsi, dans la haute finance, chez les La Popelinière et chez les Dupin — et nous verrons bientôt, dans un opuscule longtemps inédit, quels sentiments éveillait dans son âme le spectacle de leurs richesses et de leur

(1) Rousseau fit en réalité deux séjours (bien qu'il n'ait parlé que d'un seul) à Chenonceaux : l'un en 1746, l'autre en 1747. *L'Allée de Sylvie* et la première grossesse de Thérèse doivent se placer dans le premier des deux séjours, comme l'a démontré M. Ritter (*Revue d'histoire littéraire*, 1900, p. 314) ; le premier enfant de Rousseau a dû naître dans l'hiver de 1746-47 ; sa liaison avec Thérèse datait de l'été 1746.

luxe, toutes choses dont il paraît pourtant très bien s'accommoder à Chenonceaux, — il se lie intimement avec quelques gens de lettres ; et cette liaison va, je crois, faire époque dans l'histoire de sa pensée. C'est le moment où il se rencontre trois fois par semaine au Palais-Royal, à l'hôtel du Panier-fleuri, avec Condillac et avec Diderot (il connait ce dernier depuis 1742) ; il se liera bientôt, en 1748, avec le lecteur du jeune prince héréditaire de Saxe-Gotha, avec celui qu'il appelle dédaigneusement, quand il le nomme pour la première fois dans ses *Confessions*, « le sieur Grimm ». On sait, en effet, qu'il deviendra plus tard sa bête noire ; mais alors on faisait de la musique ensemble sur le clavecin du prince et bientôt on ne se quitta plus. L'esprit de Rousseau dut se développer singulièrement dans la société de ces « philosophes » pour lesquels les lettres étaient bien autre chose que les *belles-lettres*, qu'avaient seules cultivées jusqu'alors Rousseau, comme dans cet *Engagement téméraire* et dans cette *Allée de Sylvie*. dont nous venons de parler. Pour ses nouveaux amis, et surtout, pour son plus intime, Diderot, la littérature embrassait toutes les questions, philosophiques, sociales et religieuses, qui s'agitaient aux approches de cette année 1750 qu'on peut considérer comme un tournant du XVIIIe siècle. A l'époque où nous sommes, en effet (de 1744 au premier Discours de Rousseau, 1749), les esprits vont s'émancipant de plus en plus ; l'on commence « à raisonner de tout », suivant le mot de d'Argenson, avec la plus irrévérencieuse licence. Justement Diderot va être le plus fougueux démolisseur de ce temps et Grimm est, lui, une tête froide, un esprit vraiment critique, aussi exempt que possible de toute espèce de préjugés. Rousseau s'assied encore à la table du maître d'hôtel de la philosophie, de ce baron d'Holbach, qui est le professeur d'athéisme du XVIIIe siècle ; et enfin il assiste à ces « dîners du bout du banc », chez Mlle Quinault où, les valets congédiés, on fait à Dieu son procès et l'on dévoile sans barguigner les raisons d'être de la pudeur.

Tandis que, dans la société de Diderot, l'homme universel, Rousseau s'enrichissait d'aperçus nouveaux sur toutes choses, il refaisait sa philosophie avec Condillac, et il s'en souviendra dans ses livres. Enfin, dans ce milieu très libre et très discoureur, en même temps qu'il apprenait à discuter, il désapprenait son catéchisme. Je ne me figure pas, en effet, l'hôte du baron d'Holbach allant à la messe et s'y comportant en dévot, comme avait fait, on s'en souvient, l'ami de Mme de Larnage sur la route de Montpellier ; et j'imagine que les bons pères jésuites n'auraient plus reconnu, dans l'ami de Grimm et de Diderot, leur fervent disciple de Chambéry. Est-ce à dire que Rousseau soit devenu à cette heure aussi incrédule que ses amis? nous avons deux preuves du contraire. Dans ses *Institutions chymiques* (1747) je relève une affirmation très ferme de l'existence de Dieu et un dédain non dissimulé pour les incrédules et les athées, tels précisément qu'étaient Diderot et ses amis. Voici le passage sur Dieu : « Un Être intelligent est le principe actif de toutes choses : il faut avoir renoncé au bon sens pour en douter, et c'est visiblement perdre son temps que de donner des preuves d'une d'une vérité si claire... » Et voici le passage sur les incrédules : « les corps célestes se meuvent ; nous ignorons dans quoi et par quels principes ; le soleil nous envoie chaque jour ses rayons salutaires pour conserver sur la terre la vie et le mouvement ; sans lui tout périrait dans la nature. Mais ni le soleil, ni tous les astres, ni tout le feu, ni tout le mouvement qui existent dans l'univers, ne sont pas capables de produire la moindre de toutes les plantes, ni le plus vil de tous les insectes : cet abîme de la génération, dans lequel les philosophes se sont si longtemps perdus, est encore aujourd'hui le désespoir des incrédules ; la construction d'un corps organisé par les seules lois du mouvement est une chimère qu'on est contraint d'abandonner à ceux qui se payent de mots ».

Ces deux passages me paraissent très précieux parce qu'ils confirment pleinement le fameux récit, que nous a fait Mme d'Epinay, d'un dîner chez Mlle Quinault ; ce dîner eut lieu, d'après elle, quelques année plus tard (en 1751) ; mais il a sa place ici, parce que les paroles qu'y prononça Rousseau et qu'a évidemment transcrites avec fidélité Mme d'Epinay nous permettent d'affirmer, ce qui est très important, que, même dans la société de ses nouveaux amis, Rousseau n'a pas seulement gardé, sur l'existence de Dieu, mais qu'il ose exprimer publiquement, des sentiments très différents des leurs. Il convient de citer ici tout au moins le plus important fragment de ce curieux récit : « On servit. Les valets étaient sortis, et la porte fermée ; Saint-Lambert et Duclos s'évertuèrent à tel point que je craignis qu'ils ne voulussent détruire toute religion, et que je demandai grâce pour la religion naturelle : « pas plus que pour les autres », me dit Saint-Lambert. Rousseau répondit qu'il n'allait pas jusque là, qu'il disait avec Horace : *ego sum paulo infirmior*. La morale de l'Evangile est la seule chose qu'il conserve du christianisme, parce que c'est la morale naturelle qui constituait anciennement tout le culte. Saint-Lambert le lui disputa bien un peu tout d'abord ; mais laissons là la morale naturelle : « Qu'est-ce qu'un Dieu, dit-il, qui se fâche et qui s'apaise ? »

Mademoiselle Quinault : Mais parlez-donc, marquis, est-ce que vous seriez athée ?

A sa réponse, Rousseau se fâcha et murmura entre ses dents ; on l'en plaisanta.

Rousseau : Si c'est une lâcheté que de souffrir qu'on dise du mal de son ami absent, c'est un crime que de souffrir qu'on dise du mal de son Dieu, qui est présent ; et moi, messieurs, je crois en Dieu.

— Vous, Monsieur, qui êtes poète, dis-je à Saint-Lambert, vous conviendrez avec moi que l'existence d'un être éternel, tout puissant, souverainement intelligent, est le germe du plus bel enthousiasme. — J'avoue, me répondit-il, qu'il est beau de voir ce Dieu incliner son front vers la terre et regarder avec admiration la conduite de Caton. Mais, Madame, cette notion est, comme beaucoup d'autres, très utile dans quelques grandes têtes, telles que Trajan, Marc-Aurèle, Socrate ; elle n'y peut produire que l'héroïsme ; mais c'est le germe de toutes les folies. — Messieurs, dit Rousseau, je sors, si vous dites un mot de plus. »

En effet Rousseau s'était levé et très sérieusement voulait fuir lorsqu'on annonça le prince de *** » (1).

(1) Mém. de Mme d'Épinay, I, 379.

On le voit, s'il y a apparence que Rousseau, dans la société des Diderot, des d'Holbach et des Saint-Lambert, a cessé d'être catholique, il est certain qu'il n'a pas cessé d'être déiste ; et ce déisme, que j'aurai l'occasion de préciser plus tard, qnand il l'exposera dans ses œuvres, on peut dire dès maintenant qu'il est très sincère. Il n'y a pas lieu, par exemple, de se demander si Rousseau, quand il dit qu'il croit en Dieu, est sérieux ou se moque de nous, — ce qu'il est parfois permis de se demander quand Voltaire nous entretient de son divin horloger, voire même quand il lui érige une chapelle. Mais il y a plus : en parlant comme il vient de faire chez M^lle^ Quinault, Rousseau s'est exposé à faire rire les convives à ses dépens et j'ai le droit d'en conclure qu'il n'a pas peur du ridicule : or c'est là, pour tout homme de talent, une très grande force, surtout, et ce sera précisément le cas de Rousseau, quand cet homme a des idées singulières à exprimer et que son genre de talent est essentiellement oratoire. Pour le véritable orateur, en effet, le ridicule ne doit pas exister ; un homme n'est éloquent, c'est-à-dire forcément un peu emphatique et outré, qu'à la condition de ne pas se préoccuper des rieurs : Rousseau ne se serait pas livré à tous ses emportements oratoires, ce qui veut dire : il n'aurait pas écrit les trois quarts de son œuvre si, par exemple, il avait eu peur de faire rire Voltaire.

C'est par Francueil que Rousseau fit la connaissance d'une femme qui va jouer un grand rôle dans sa vie, M^me^ d'Epinay. M^lle^ d'Esclavelle avait épousé son cousin, M. d'Epinay, fils de Lalive de Bellegarde, fermier général. Ce dernier avait encore un fils, M. de Jully et une fille que Rousseau devait rendre célèbre, M^me^ d'Houdetot. M^me^ d'Epinay était alors la maîtresse de Francueil : «elle était positivement laide, nous dit d'elle la petite fille de Francueil, George Sand, mais elle avait beaucoup de physionomie. » C'était une femme charmante et une délicieuse amie. Elle invita Rousseau, qui l'intéressait beaucoup, à l'aller voir à la Chevrette, une des propriétés que possédait M. de Bellegarde au-dessus de Montmorency ; (il en avait deux autres voisines : la terre d'Epinay, à une heure de Saint-Denis et la Briche, près de Deuil). Rousseau trouva à la Chevrette (1748) une société très gaie : M. de Bellegarde, Mme d'Esclavelles, Francueil, Mme de Maupeou et une amie de Mme d'Epinay, Mlle d'Ette. On y joua *l'Engagement téméraire*, de Rousseau, lequel fut nul comme acteur : il avait étudié son rôle six mois et il fallut le lui souffler d'un bout à l'autre : il nous a déjà appris qu'il avait une très mauvaise mémoire.

Ainsi, après Chenonceaux, le voici à la Chevrette ; il est décidément l'hôte des châteaux. Nous avons ici, je crois, un Rousseau qu'il faut saisir au passage et tenter d'esquisser, car il ne sera pas longtemps ce qu'il est certainement à cette heure : un Rousseau presque mondain, qui s'efforce d'être aimable et qui est même quelque peu obséquieux. Non qu'il se soit défait complètement (il y perdrait, même ici), de sa gaucherie et de son «ourserie» ; mais, pour le moment, il fait plutôt patte blanche : il faut bien se faire accepter par cette société brillante, où il ne figure que comme secrétaire de Francueil. En même temps, du reste, qu'avec Mme d'Epinay, il se lie avec Mme de Créqui et Mme de Chenonceaux comme il se liera plus tard avec quelques unes des plus grandes dames du dix-huitième siècle. Nous aurons alors le bataillon sacré des dévotes de Rousseau et il me parait intéressant de rechercher, pendant que nous l'étudions dans ce cercle mondain de la Chevrette, par quoi il a su plaire aux femmes de son temps.

Remarquons d'abord qu'à l'époque où nous sommes il n'est pas encore célèbre ; ce n'est donc pas le prestige de l'écrivain qui lui a valu les amitiés féminines dont je parlais tantôt ; c'est bien ici à l'*homme* même que vont la curiosité et la sympathie : mais en quoi donc ce Genevois assez mal dégrossi, et, en tous cas, très peu parisien, peut-il intéresser ces grandes dames ? Il y a d'abord sa figure : était-il beau, était-il laid ? « lorsqu'il a parlé et qu'on le regarde, dit Mme d'Epinay, il paraît joli ; mais lorsqu'on se le rappelle, c'est toujours en laid. » Et voici le témoignage de Mlle d'Ette : « il est certain qu'il est laid, quoique Mme d'Epinay le voie joli. » Ces deux jugements s'accordent en somme en un point : Mlle d'Ette parle de Rousseau absent et

Mme d'Epinay *se représente* aussi Rousseau absent et à toutes deux il apparaît positivement laid. D'où vient donc que, lorsque Mlle d'Ette le regarde, elle le trouve joli ? c'est que la physionomie de Rousseau est parlante : « il a le teint brun et des yeux pleins de feu animent sa physionomie. » Ces yeux, enthousiastes et passionnés, attiraient et retenaient l'attention : on croyait y lire les orages d'une vie romanesque et aventureuse, et insensiblement on le questionnait sur son passé. Cette transition, du physique au moral de Rousseau, et de sa personne à son histoire, je la saisis dans ces mots que Mme d'Epinay prête à Mlle d'Ette : « On dit toute son histoire aussi bizarre que sa personne, et ce n'est pas peu. J'espère que nous la saurons un jour. Nous prétendions hier, la petite Maupeou et moi, qu'à nous deux nous la devinerions. Malgré sa figure (laide), *ses yeux disent que l'amour joue un grand rôle dans son roman.* — Non, lui dis-je, son nez me dit que c'est la vanité. — Eh bien ! l'un et l'autre. » Parfaitement : on ne saurait dire s'il est plus vaniteux que passionné ou l'inverse. (1)

Rousseau, lui, ne demandait qu'à répondre à ceux et surtout à celles qui l'interrogeaient sur son passé, et à raconter son histoire. Il la racontait à sa manière, de façon à intéresser, à attendrir surtout ses belles questionneuses ; il se livrait, se confessait à elles ; c'était le meilleur moyen de toucher leur âme, rien n'intéressant une femme comme l'histoire d'un cœur d'homme, de ses malheurs, de ses passions ; or Rousseau, même sans broder, avait largement de quoi satisfaire leur curiosité et gagner leur sympathie. Qu'on lise ceci qu'il écrivait déjà à Lyon pour remercier et *intriguer* à la fois une dame, que sa physionomie avait intéressée : « Vers pour Mme de Fleurieu qui, m'ayant vu dans une assemblée, sans que j'eusse l'honneur d'être connu d'elle, dit à M. l'Intendant de Lyon que je paraissais avoir de l'esprit et qu'elle le gagerait sur ma seule physionomie :

(1) Mme Macdonald (*J.-J. R. A new study in criticism 1906*) estime que c'est Mme d'Epinay qui a dit elle-même ce qu'elle a mis perfidement dans la bouche de Mlle d'Ette ; je veux bien, encore que le mot qu'elle aurait prêté à Mlle d'Ette s'accorde assez bien avec ce que nous dit Rousseau de « cette amie de Mme d'Epinay, qui passait pour méchante. »

. . . . . . . . . . . . . . . . . . . . . . . . .

Déplacé par le sort, trahi par la tendresse,
Mes maux sont comptés par mes jours,
Imprudent quelquefois, *persécuté toujours*, (déjà en 1740!)
Souvent le châtiment surpasse la faiblesse.

Voit-on comme il excite la curiosité par des allusions vagues à ses malheurs, par des demi-confessions qu'il ne demande qu'à compléter pour se faire plaindre et, s'il se peut, consoler.

La curiosité une fois éveillée, il racontait, comme il savait le faire ; il n'avait pas seulement ce talent de conteur et de coloriste que révèlent ses *Confessions*, mais quelque chose de plus qu'on ne voit pas dans ses livres : l'accent ému et le geste inspiré. Voyez-le causant à la Chevrette en rase campagne avec Mme d'Épinay. Il s'agit encore de l'existence de Dieu que Saint-Lambert avait niée chez Mlle Quinault ; Mme d'Épinay trouvait Saint-Lambert « le plus fort ». Et Rousseau de répliquer : « Madame, quelquefois, au fond de mon cabinet, mes deux poings dans les yeux, ou au milieu des ténèbres de la nuit, je suis de son avis. Mais voyez cela, dit-il *en montrant d'une main le ciel, la tête élevée et avec le regard d'un inspiré*. Le lever du soleil, en dissipant la vapeur qui couvre la terre et en me montrant la scène merveilleuse de la nature, dissipe en même temps les brouillards de mon esprit... » (*Mém.* I, 394). Et ce début d'une lettre publiée par MM. Percy et Maugras, d'après le manuscrit de Mme d'Épinay : « Nous avons fait aujourd'hui une promenade délicieuse. C'est par dessus tout une conversation que j'ai eue avec Rousseau, qui m'a enchantée... Et la simplicité avec laquelle Rousseau *conte ses malheurs* ! j'en ai encore *l'âme attendrie* ». (*Jeunesse de Mme d'Épinay*, 265).

Adroit à entretenir et à raviver, par sa parole ardente et ses captivants récits, cet intérêt de curiosité qu'avait éveillé sa physionomie à la fois intelligente et « bizarre », il s'insinuait peu à peu dans le cœur des femmes (il avait fait vraiment la conquête de Mme d'Épinay), grâce à un autre don qu'il avait au suprême degré : le don de s'intéresser à elles, à leur vie intime et à leurs souffrances cachées. Des lettres de lui, postérieures, il est vrai, à cette époque (mais il importe peu), sont pleines de conseils et de consolations à l'adresse de femmes qui, ayant lu ses livres, se sont prises d'affection pour sa personne et qui le consultent en des situations graves ou délicates. Mais déjà, avant la gloire, à l'époque même où nous sommes, il a le talent de témoigner aux femmes cette tendre sympathie qui provoque leurs confidences et semble demander leur amitié. Il est lui-même d'ailleurs très féminin et très sentimental, de caractère et d'éducation ; son père, en effet, était-il autre chose qu'une femme sensible et n'est-ce pas une femme qui s'est chargée de son éducation? Et remarquez, toutes ses œuvres en témoignent, qu'il s'intéresse vivement à tout ce qui fait la vie d'une femme ; le bonheur domestique, les soins du ménage (*Nouvelle-Héloïse*), l'éducation des enfants (l'*Émile*) et enfin, et par dessus tout, à ce qui est, particulièrement au XVIIIe siècle et chez les désœuvrés qu'il fréquente alors, la grande affaire, je veux dire : l'amour. Éternel amoureux lui-même, il a de plus, on le voit, tout ce qu'il faut pour être comme le directeur et l'ami des femmes. Justement, au moment précis où nous sommes, il est le confident de deux femmes et même, notez ce point, de deux rivales : l'une est Mme Francueil, l'épouse délaissée : « Je consolais de mon mieux cette pauvre femme » ; l'autre est Mme d'Épinay, l'amante, qui s'avise même de lui donner une lettre pour Francueil. Rousseau se révolte, mais, « sans perdre l'amitié et la confiance » de Mme d'Epinay. Et il manœuvre si bien dans « des relations orageuses entre ces trois personnes qu'il a à ménager » que, non seulement elles lui confient leurs secrets, mais il ne cache pas à l'une des deux femmes l'attachement qu'il a pour l'autre.

Et enfin, dernière séduction, la plus imprévue à la fois et la plus irrésistible : tous ces hommes qu'il coudoye, dans ces châteaux de Chenonceaux et de la Chevrette, sont des hommes du monde : ils tournent avec la plus grande aisance un compliment et un madrigal, et rien ne leur est plus familier que les formules de la galanterie. Rousseau est brusque et fruste ; tantôt emporté et tantôt rêveur, il est parfaitement déplacé dans un salon. Quand il veut être aimable, il est gauche, et, s'il veut faire un compliment, le compliment est outré, quand il n'est pas impertinent, ou même grossier. « Il est complimenteur sans être poli », dit de lui M^me d'Épinay. Mais précisément cette attitude si singulière et presque baroque a quelque chose de piquant et de nouveau, donc d'extrêmement intéressant, pour ces esprits blasés et, par moments, excédés des fadaises mondaines et des belles manières : ce qui devait le perdre le sauva, lui créa comme une originalité savoureuse ; on lui sut gré de n'être pas comme tout le monde. Il était homme à s'en apercevoir tout de suite et l'on sait s'il tirera parti de ses singularités ; mais quelqu'intérêt qu'il ait eu plus tard à les exagérer et à les étaler, il faut dire d'abord qu'elles tenaient, et j'y reviendrai plus loin, au fond même de sa nature ; dès maintenant, et *sans le faire exprès,* il n'est pas comme les autres. Or si, de se singulariser, cela est fait pour agacer les hommes qui ne supportent pas qu'on soit autrement qu'eux, c'est encore plus fait pour intéresser et attacher les femmes, qui honorent volontiers de leurs faveurs ces êtres à part qu'elles se piquent de deviner et qu'elles se font un mérite de conquérir. Sous son enveloppe rugueuse, et sous ses manières, gênées et guindées à la fois, de timide orgueilleux, les femmes n'avaient aucune peine à discerner que, s'il les fuyait ou se donnait l'air de les fuir, c'était parce qu'elles l'impressionnaient beaucoup ; et peut-être, dans ce séjour à la Chevrette, lisait-il à quelqu'une d'entre elles ces vers qu'il a composés vraisemblablement vers cette époque et qui sans doute ne sont pas bons : mais le ton dont il les lisait et toute sa manière d'être, tour à tour contrainte, et fougueuse par accès, en devaient être un assez piquant commentaire :

### VERS SUR LA FEMME

Objet séduisant et funeste,
Que j'abhorre et que je déteste,
Toi que la nature embellit
Des ornements du corps et des dons de l'esprit ;
Qui de l'homme fais un esclave...
Toi, dont le front doux et serein
Porte le plaisir dans nos fêtes,
Toi qui soulèves les tempêtes

Qui tourmentent le genre humain,
Être ou chimère inconcevable,
Abîme de maux et de biens,
Seras-tu donc toujours la source inépuisable
De nos mépris et de nos entretiens ?

Il est trop clair qu'on ne « méprise » pas, quoi qu'il en dise, ce dont on parle avec tant de chaleur et de colère à la fois.

On me pardonnera d'avoir insisté sur ce qui faisait, je crois, de Rousseau, un être singulièrement intéressant pour les femmes; je voulais essayer d'expliquer par là comment il s'est fait que des femmes du monde comme M^me^ d'Épinay et même de très grandes dames, comme la maréchale de Luxembourg, ont eu pour lui une très tendre amitié, dont elles lui donneront parfois des preuves touchantes. Mais, avant de devenir l'hôte de ces dames, Rousseau s'est lié avec une femme d'une toute autre condition, qu'il est temps de présenter au lecteur.

C'est pendant qu'il était en train de composer les *Muses Galantes* (vers 1744) que Rousseau fit la connaissance de Thérèse Le Vasseur. Fille, à ce que disent les *Confessions*, d'un ancien officier de la Monnaie d'Orléans sans fortune, elle avait été engagée pour travailler dans cet humble hôtel Saint-Quentin où Jean-Jacques était retourné à son retour de Venise. Comment se fit la liaison? d'une façon bien honorable pour Rousseau, si nous en croyons les *Confessions* : Thérèse était timide; on la taquina à table, Rousseau prit sa défense; « il devint, dit-il, hautement son champion. » Il la protégea donc — et lui fit un enfant. Il est très facile d'imaginer comment Rousseau devint l'amant de Thérèse. Il avait, nous le savons, un tempérament de feu, mais il était très gueux à cette époque et c'est même pour cela et non pas (quoi qu'il le dise), pour mieux travailler, qu'il était retourné à son « vilain hôtel de la rue des Cordiers. » Or justement Thérèse, si j'ose m'exprimer ainsi, pouvait lui faire crédit : elle se suffisait et même elle nourrissait son père et sa mère. Elle avait, de plus, cette douceur du regard et cette simplicité de manières qui étaient faites pour toucher Jean-Jacques. « Elle crut voir en moi, dit avec aplomb Rousseau, un honnête homme; elle ne se trompa pas. » J'allais ajouter qu'alors elle fut vite détrompée ; mais en réalité « le cœur tendre et honnête » de Thérèse n'était pas tout à fait neuf, puisque la « naïve » enfant avait déjà commis une faute, fruit, il est vrai, et nous nous y attendions, « de son ignorance et de l'adresse de son séducteur ». Quand elle en fit l'aveu à Rousseau les larmes aux yeux, Rousseau poussa un cri de joie : il avait imaginé à ses résistances et à ses pleurs une toute autre cause ; il croyait que Thérèse ne voulait pas faire courir des risques à la santé de son amant. Trop heureux donc d'avoir mis la main sur une fille « saine », il s'empressa bien vite et cette impatience est, je crois, le fin mot de l'histoire, de « donner un successeur à maman ».

Seulement, tandis que « maman » l'avait hébergé, il va être obligé d'installer à ses frais Thérèse à l'hôtel du Languedoc, et même de s'y installer avec elle ; car, ce qui n'avait été d'abord qu'un « amusement » pour lui, était devenu bien vite « une habitude » ; plutôt donc que de traverser tout Paris pour aller voir sa maîtresse, il alla loger rue Grenelle Saint-Honoré ; il y fut visité, plus souvent qu'il n'eût souhaité, par « le lieutenant criminel », (c'est la mère Le Vasseur qu'on appelait ainsi à cause de son humeur grondeuse), et par le père Le Vasseur, autre bouche à nourrir. Pour surcroît d'ennui, Rousseau avait une nouvelle crise d'une maladie mal définie et dont nous essaierons plus tard (puisqu'il le faut), de disserter d'après les médecins qui s'en sont occupés. D'ailleurs il se rétablit bien vite de sa crise, et, ayant été volé, le 25 décembre 1751, il fit comme Diogène, lorsqu'il constata qu'il pouvait fort bien se passer, pour boire, de son écuelle. Le linge du petit ménage était fort beau : la lingère Thérèse y avait sans doute pourvu ; Rousseau, qui songeait à réformer son train de maison, et à le réduire au strict nécessaire, supporta philosophiquement la perte de ses chemises fines et de ses manchettes brodées et trouva que « la douceur de la vie privée et domestique le dédommageait de tout ». Pour parler ainsi, qu'avait-il donc trouvé en Thérèse ?

De l'attachement, cela n'est pas douteux, et même l'attachement d'un chien fidèle, puisque Thérèse le suivra sans murmurer dans toutes ses pérégrinations : quelque mal qu'on ait dit de Thérèse, il est, je crois, impossible de contester la constance de son affection pour Rousseau. Un autre point, sur lequel les biographes sont bien obligés de s'accorder, puisque c'est le témoignage de Rousseau qui les met d'accord, c'est l'ignorance crasse et la bêtise invraisemblable de Thérèse : Rousseau mit plus d'un mois à lui faire connaître les heures et ne put jamais lui apprendre l'ordre des douze mois de l'année. Une union si disproportionnée a révolté bon nombre d'historiens : je ferai seulement remarquer que, s'il fallait s'indigner contre tous les écrivains qui n'ont pas épousé, voire de la main gauche, des femmes instruites et dignes d'eux, l'historien de la littérature ne pourrait pas décolérer. Brockerhoff estime (I, 260) que Rousseau était, en cette affaire, le meilleur et même le seul juge de ce qui lui convenait le mieux : à la bonne heure ! et si, à ce faux ménage Rousseau a trouvé son compte, comme il le prétend dans ses *Confessions* (nous verrons d'ailleurs que son bonheur ne fut pas, de son propre aveu, sans nuages), c'est tant mieux pour lui et nous admettrons pour le moment, puisqu'il le dit, que « par Thérèse il vécut heureux » ; tout au plus pourrions-nous constater, après ce qu'il nous a dit lui-même de Thérèse, qu'il se contentait de peu, semblable à son ami Duclos à qui il ne fallait, pour le combler, « qu'un peu de fromage et la première venue. » Ainsi encore (pour le comparer à un autre de ses contemporains), Clairault avait pris chez lui une demoiselle, parce que, ainsi s'exprime Morellet, « en homme laborieux, il voulait avoir sous la main les choses dont il avait besoin. » Mais la question n'est pas là, du moins celle qui intéresse l'historien de la littérature. Il importe peu en somme que Rousseau ait eu plus ou moins de satisfaction à vivre avec Thérèse ; mais ce qui importe beaucoup, c'est l'influence que Thérèse a pu avoir sur sa destinée ; et cela importe d'autant plus que Thérèse a été très intimement mêlée à tous les événements de sa vie.

Un mot de Jean-Jacques dans les *Confessions* suffirait au besoin à nous ouvrir les yeux sur l'importance du rôle qu'a dû jouer Thérèse auprès de lui : « En Suisse, dit-il, en Angleterre, en France, dans les catastrophes où je me trouvais, elle a vu ce que je ne voyais pas moi-même ; elle m'a donné les meilleurs avis à suivre, elle m'a tiré des dangers où je me précipitais aveuglément ». On voit ce que fut Thérèse pour Rousseau et l'intérêt qu'il y a pour nous à connaître son caractère : mais ici commencent les difficultés.

Nous ne pouvons, cela va de soi, nous en tenir absolument à ce que nous dit d'elle son amant ; et, d'autre part, ceux qui nous ont parlé d'elle pour l'avoir connue sont, la plupart, des juges trop prévenus contre elle, comme Diderot, Grimm et Mme d'Epinay. Quant aux biographes de Rousseau, ils ont à peu près unanimement accablé Thérèse de leur mépris, mais ils ne se sont pas inquiétés de nous démontrer par des faits pourquoi Thérèse leur semblait si méprisable. Senebier déjà, dans son *Histoire littéraire de Genève* (1786, t. III, 270) écrivait ceci : « Rien ne contribua davantage à troubler la tranquillité de Rousseau que l'empire de Thérèse Le Vasseur sur son esprit... Comme si elle eût été jalouse de Rousseau, elle repoussait tous ceux qui pouvaient lui plaire ; et lorsque Rousseau ne les écartait pas, elle les empêchait de revenir par des refus constants et invincibles. Plusieurs amis de Rousseau ont eu, à ce qu'ils m'ont dit, la démonstration de ce procédé ; ainsi ceux qui n'ont pas pénétré ce mystère ont attribué mal à propos à Rousseau les bizarreries de sa femme ». Senebier ne nomme pas « ces amis » de Rousseau ; et quels amis a donc eus Rousseau, qui ne soient devenus ses ennemis et leur témoignage est-il donc recevable ? Musset-Pathay (II, 198), à son tour, écrit : « Nous sommes persuadé que Rousseau dut à Thérèse la plus grande partie de ses malheurs..., son humeur chagrine... » Mais Musset-Pathay ne prouve pas qu'il ait raison d'être persuadé de toutes ces choses. Les biographes, qui sont venus après ces deux auteurs, n'ont guère fait que répéter, sous d'autres formes, des accusations ou même des malédictions sans preuves à l'appui.

Le dernier et le mieux informé des Rousseauistes, M. Ritter, a protesté récemment contre des jugements si sévères et si peu motivés (*Revue des Deux-Mondes*, septembre 1897). Mais son plaidoyer en faveur de Thérèse ne nous paraît pas convaincant.

Que Thérèse, en effet, comme le dit M. Ritter, se soit « acquittée à merveille de son double emploi de femme de chambre et de cuisinière » ; que, par exemple, la *femme de chambre* ait tenu très proprement la maison de Rousseau, comme l'atteste, en effet, Bernardin de Saint-Pierre; et que *la cuisinière* comme nous le raconte aves enthousiasme d'Escherny, ait servi aux invités de Rousseau « de succulents légumes et des gigots de mouton parfaitement rôtis », cela m'intéresse aussi peu que si l'on m'assurait que Thérèse, en sa qualité de lingère, devait très bien raccommoder les chaussettes de Jean-Jacques ; car tout cela ne m'apprend pas ce que je voudrais savoir : le rôle de Thérèse dans la vie de Rousseau. Ce rôle, M. Ritter n'y croit pas : « On accuse Thérèse, dit-il, d'avoir sourdement aigri Rousseau, de lui avoir monté la tête et de l'avoir brouillé avec celui-ci ou avec celle-là ; vagues reproches qui s'évanouissent ou se dissipent *presqu'*entièrement, *quand on étudie de près chacun des épisodes de la vie de Rousseau.* » C'est bien ce que je compte faire, conformément à la méthode suivie jusqu'ici ; et c'est pourquoi notre jugement sur Thérèse se formera *à mesure* que nous la verrons à l'œuvre, et peut-être alors serons-nous conduits à la juger tout autrement que M. Ritter qui, pareil à l'auteur des *Confessions*, s'est fait si galamment son « champion ».

---

# CHAPITRE VII

## LE DISCOURS SUR LES SCIENCES ET LES ARTS

---

Nous voici arrivés au Discours de Dijon : pour le bien comprendre et l'apprécier à sa juste valeur, il nous faut jeter un rapide coup d'œil sur les écrits de Rousseau antérieurs à ce Discours. Si j'ai différé jusqu'ici l'examen de ces premiers écrits, c'est parce qu'ils ont été pour Rousseau, j'espère le démontrer, un acheminement au Discours de Dijon ; ils doivent donc en être, pour le critique, la préface naturelle.

Sans doute ces premiers essais sont intéressants par eux-mêmes, puisqu'ils sont de Rousseau, et qu'ils nous montrent ses lents progrès dans cet art d'écrire qu'il a appris tout seul : mais ce que nous leur demanderons avant tout, c'est de nous renseigner sur la tournure d'esprit de Rousseau, sur les idées qui le hantent ou les chimères qu'il caresse *avant* d'écrire son premier Discours ; car si nous arrivons à bien connaître ses façons de penser avant 1749, date de ce Discours, peut-être pourrons-nous mieux répondre qu'on ne l'a fait jusqu'ici à certaines questions capitales que soulève, non seulement le Discours de Dijon, mais l'œuvre entière de Rousseau.

Parcourons donc, il en vaut la peine, ces premiers écrits de Jean-Jacques, en n'insistant d'ailleurs que sur les fragments qui auront quelque chose d'intéressant ou d'important à nous révéler. Aux divers fragments, déjà indiqués ailleurs, ajoutons d'abord un exercice de style, la traduction d'une ode latine qu'un pro-

Bibliographie : *Confessions* P. II, L. VIII, *Quatre lettres à M. de Malesherbes*. — Diderot : *Œuvres* t. III. — Marmontel : *Mémoires* – Brunetière : *Évolution de la poésie lyrique*, 1894, t. I ; *Études critiques*, t. III. — Maugras : *Voltaire et Rousseau*, 1886. — Jules Lemaître : *Jean-Jacques Rousseau*, 1907.

fesseur de réthorique de La Roche, Jean Puthod, avait composée sur le mariage du roi de Sardaigne et de Savoie, Charles-Emmanuel III avec Elisabeth-Thérèse fille du duc de Lorraine, Léopold (1737). Ce n'est évidemment là qu'un exercice d'écolier, amusant à noter au passage, parce qu'il est piquant de voir le futur auteur du *Contrat social* s'exercer dans l'art d'écrire par un épithalame en l'honneur d'un mariage royal. Nous trouvons de lui l'année suivante (1738) un travail qui ne nous surprend pas moins, puisqu'il est relatif à une question purement scientifique; c'est un article inséré dans le *Mercure* sous ce titre : « Réponse au Mémoire anonyme intitulé : si la terre que nous habitons est une sphère. » Voilà une nouvelle preuve qu'à Chambéry et aux Charmettes (où il était alors), il n'a pas passé son temps, comme le veut la légende, à se laisser caresser et choyer, mais à travailler comme il n'avait jamais fait jusque là ; il s'intéresse même, on le voit, aux questions scientifiques et, avec la suffisance que nous lui connaissons, il aborde et tranche une de ces questions et, tandis que le Mémoire qu'il discute était anonyme, il signe, lui, sa réponse au Mémoire, car on lit, au bas de son article : *Rousseau, Chambéry, 20 septembre 1738*. M'estimant moins savant que Rousseau, j'ai demandé à un professeur de la Faculté des Sciences de Marseille ce qu'il fallait penser de l'article du *Mercure* ; le jugement de mon collègue n'est pas favorable à l'auteur : « Rousseau ne dit rien de remarquable au sujet de la courbure de la terre et sa lettre ne valait pas l'honneur d'être imprimée ; au surplus, je ne me flatte pas de bien saisir ce qu'il veut dire, en admettant qu'il l'ait su lui-même, ce qui me paraît douteux. » Cela dut lui paraître douteux à lui-même, Jean-Jacques, car il délaisse aussitôt les sciences pures pour se tourner vers ce qu'on appelait alors *les belles-lettres* et, après avoir composé en 1738 ou 39, aux Charmettes, un opéra-tragédie, *Iphis et Anaxarète* qu'il eut, dit-il, le bon sens de jeter au feu — et nous ne pouvons que l'en louer, à en juger par le fragment que, paraît-il, les flammes ont épargné —, il écrit sa pièce de vers intitulée *Le Verger des Charmettes*. Ce n'est pas en 1737, comme le veut Musset-Pathay, que Rousseau composa le *Verger* puisque c'est seulement en 1738 que M$^{me}$ de Warens s'installa aux Charmettes. Il est probable que le *Verger* était destiné à être montré au roi, Charles-Emmanuel III, en même temps qu'une demande de pension adressée par Rousseau au gouverneur de Savoie (1). Or Rousseau parle de ce Mémoire dans une lettre à M$^{me}$ de Warens du 3 mars 1739 ; si donc le *Verger* est de cette année-là, Rousseau, quand il l'écrivit, avait 27 ans.

Ce *Verger des Charmettes* nous apprend plusieurs choses : d'abord, que Rousseau n'a pas reçu du ciel l'influence secrète ; il n'a pas le coup d'aile qui fait le poète et on peut dire de lui ce qu'on disait alors de Lemierre :

Même quand l'oiseau vole, on sent qu'il a des pattes.

Il y a sans doute, en lui, un vrai poète, mais c'est, comme chez Chateaubriand, un poète en prose qui ne se révèlera que plus tard. Pour le moment, son idéal c'est Voltaire :

....et toi, touchant Voltaire,
Ta lecture à mon cœur restera toujours chère.

Voltaire, en effet, restera son modèle tant qu'il n'aura pas l'idée, et cette idée lui viendra tard, qu'il peut y avoir en littérature une autre manière de penser et d'écrire, un autre style enfin, que celui de l'auteur de la *Heniade* et de *Zaïre*, de cette Zaïre qui sera toujours pour lui « la pièce enchanteresse » ; il tâchera donc d'imiter de son mieux son modèle et de « lui plaire », comme il le lui dira plus tard (dans la première lettre qu'il lui écrira, en 1745), jusqu'au jour où il aura conscience de son génie et de son originalité et que, de disciple, il deviendra le rival et l'ennemi de l'auteur du *Mondain*.

Heureusement pour lui, il ne s'obstinera pas longtemps à rimer en dépit de Minerve ; mais, au lieu de convenir, quand il éprouvera le besoin de publier ses mauvais vers, qu'il n'est pas né poète, — sa vanité ne trouverait pas son compte dans cet

(1) Voir, sur ce point, Mugnier, page 180, note. Voir aussi Annales J.-J.-R. II, 169. La première édition porte : « *Le Verger de Madame la baronne de Warens à Londres, chez Jacob Tomson, 1739*, in 8° (156 vers) ; trois ans après, elle a 232 vers dans une deuxième édition.

aveu — il fera précéder ses poésies d'un *Avertissement* où il explique, avec assez d'embarras, que c'est ici l'ouvrage de son cœur, non de son esprit, une espèce « d'enthousiasme impromptu dans lequel il n'a guère songé à briller ». Il n'y a pas seulement songé, il y a peiné, et c'est surtout ce qui fait que ses vers ne valent rien. Quant aux fautes qu'on y pourra relever, « elles font assez voir qu'il n'était pas fort empressé de la gloire d'être un bon poète ». Au reste, on ne le trouvera jamais « occupé à faire des vers galants ou de ces sortes de choses qu'on appelle des jeux d'esprit » — c'est la poésie légère qu'il veut dire, cette poésie où excellait son maître Voltaire ; bref, ne pouvant cueillir les raisins, il les trouve trop verts et bons pour les petits esprits.

Une autre chose à noter dans cette poésie, c'est la variété de ses lectures (nous en avons parlé plus haut), laquelle nous explique la variété même de ses premiers essais et de ses œuvres en général. Rousseau, nous l'avons dit, n'était pas l'ignorant que certains auteurs se sont imaginé ; il avait beaucoup lu et, comme il lisait seul, le crayon à la main, résumant ses lectures et y réfléchissant longuement, certaines des théories qu'il développera plus tard, il les devra à ses souvenirs aussi bien qu'à ses méditations.

Et enfin, voici une dernière remarque, et de très grande conséquence, que je désire faire sur ce *Verger des Charmettes* ; je crois distinguer, dans cette poésie, deux courants d'idées qui se croisent, et comme deux inspirations qui se contrarient : d'une part, le désir, très légitime, de montrer ses talents (« on me connait assez ») ; l'ambition, soit de marcher un jour sur les pas du « touchant Voltaire » ou de « l'aimable Horace » ; soit de devenir, qui sait ? un philosophe sur les traces « de Locke ou de Descartes », ou un moraliste célèbre, comme ce Montaigne et ce La Bruyère « qu'il porte partout avec lui ». Et tout cela s'appelle l'amour des lettres et l'ambition littéraire ; et s'il n'y avait que cela dans le *Verger*, il ne vaudrait pas la peine de le relever, tant ces aspirations et ces sentiments sont naturels chez un débutant. Mais il y a, dans cette poésie, tout autre chose et presque le contraire et c'est cette autre chose qu'il me parait très important (on verra tout à l'heure pourquoi) de bien dégager : à travers l'enthousiasme pour l'étude et le désir de se faire un nom dans les lettres, je vois percer tout un ordre de sentiments très particuliers, que l'auteur exprime gauchement sans doute, que je crois pourtant très sincères et surtout très profonds, parce que je les retrouve en maint endroit de la pièce. Et de peur de le trahir et de forcer mes inductions, je citerai ses propres expressions.

Qu'il ressorte déjà de cette poésie qu'il se plaît à la campagne, la constatation, étant donné ce que nous savons de lui, est pour ainsi dire trop attendue pour que je m'y arrête.

Mais ce qui est bien autrement intéressant, c'est : comment dirai-je? la disposition d'esprit et l'humeur très originale que révèlent les expressions suivantes : « Solitude charmante », puissé-je « ne vous quitter jamais »! Qu'il aille « sous un arbre touffu » lire ou rêver, « il ne désire pas de bonheur plus parfait ». Ainsi, quand il fuira Paris et la société de ses amis, et les petits soupers où l'on disserte et les salons où l'on cause, ce ne sera pas (ou, du moins, pas uniquement), comme on le lui reprochera de tous côtés, pour se distinguer et se singulariser; mais c'est, comme il le dira lui-même et le répètera à satiété, sans jamais convaincre ses amis, parce qu'il aime *la solitude.*

Et pourquoi aime-t-il être seul? Sans doute, c'est parce qu'alors il jouit plus pleinement de la nature et qu'il entre en communion plus intime avec elle; mais c'est aussi parce qu'il y a déjà en lui l'étoffe du misanthrope qu'il sera plus tard :

> Pourquoi faire du bien dans le siècle où nous sommes ?
> Se trouve-t-il quelqu'un, dans la race des hommes,
> Digne d'être tiré du rang des indigents ?
> Peut-il dans la misère être d'honnêtes gens ?

Ce sont les ennemis de M^me^ de Warens qu'il fait parler ainsi, mais l'accent qui est dans ses vers, c'est le sien et c'est déjà son amère ironie. Nous avons justement à cette date, de M. de Conzié, le voisin de M^me^ de Warens et l'ami de Rousseau, un témoignage qui confirme nos inductions : « Jean-Jacques, dit-il, me voyait journellement. Son goût décidé pour la lecture faisait que M^me de Warens le sollicitait vivement pour qu'il se livrât tout entier à l'étude de la médecine, ce à quoi il ne voulut jamais consentir. Comme il me voyait tous les jours et qu'il me parlait avec confiance, je ne pouvais douter de son goût décidé pour la solitude, et, je puis dire, un mépris inné pour les hommes, un penchant déterminé à blâmer leurs défauts, leurs faibles; il nourrissait en lui une défiance constante en leur probité (1). »

Mais ce n'est pas tout : solitaire et misanthrope, et cela dès 1739, ayant, tout au moins, dès cette époque, le goût de la solitude et une tendance marquée à la misanthropie, deux choses d'ailleurs qu'explique un peu et qu'aggrave son état maladif, il est encore, dans ses vers, quelque chose de plus : je remarque que le mot *vertu* y revient sans cesse et c'est le dernier mot de l'épître ; il se vante même (déjà!) de marcher sur les pas de Caton ; l'éloge qu'il fait de M^me de Warens le ramène toujours à ceci : « Sage Warens, vertueuse Warens »; s'il parle de sa Muse, il l'appellera « ma Muse sévère »; enfin il proclame que :

> « Son goût se refuse à tout frivole écrit
> Dont l'auteur n'a pour but que d'amuser l'esprit. »

Car, au fond, dit-il :

> Le cœur, plus que l'esprit, a chez moi des besoins.

Qu'est-ce à dire? et forcerons-nous le sens de ces vers, si nous y trouvons, non pas, cela ne viendra que plus tard, l'affirmation et l'ostentation de son rôle de censeur; mais, ce qui est bien plus précieux, l'aveu involontaire, et naïvement réitéré, qu'il est un esprit sérieux qui se suffit à lui-même, qui se plaît à moraliser et à prêcher, qui, en un mot, « aux frivoles écrits et à ce qui n'est qu'amusement de l'esprit », c'est-à-dire, en somme, à ce qui fait, à cette date de 1739, presque toute la littérature aimable et légère du XVIII^e siècle, préfère et oppose, quoi donc? précisément ce qu'il appelle de ce mot qui revient sans cesse sous sa

(1) Cité par Mugnier, p. 180.

plume : *la vertu*. Et ne voit-on pas que ce mot, sans cesse répété, trahit chez lui le Genevois et le protestant qu'il est de naissance et annonce le moralisateur et le prêcheur qu'il sera plus tard? Sans doute, tout cela n'est ici, si l'on veut, qu'à l'état d'aspirations et de tendances (et on va voir ces tendances s'accentuer comme malgré lui); mais c'est bien là, je crois, son fond premier qui émerge et se fait jour et cela, notez-le bien (le fait est rare chez lui), sans qu'il songe à le montrer et à l'étaler; car le but de son épître n'est pas de se peindre, c'est-à-dire de se vanter, mais de venger sa bienfaitrice de ses « calomniateurs » et d'appeler sur elle l'attention et les faveurs du roi de Savoie.

C'est vers cette époque qu'il écrit sa comédie intitulée : *Narcisse ou l'amant de lui-même*. D'après Musset-Pathay, cette comédie serait de 1734 et même, si on en croyait la Préface qu'y ajouta Jean-Jacques (en 1752 ou 53), elle daterait de 1730, car Rousseau y affirme qu'il l'écrivit à l'âge de 18 ans. Mais plus tard il revient sur cette assertion et avoue que c'est seulement à Chambéry qu'il composa *Narcisse* et que par conséquent lorsqu'il a dit, dans sa Préface, qu'il l'avait écrite à 18 ans, il a menti de quelques années. M^me^ de Warens ne fut à Chambéry, et Rousseau avec elle, que de 1731 à 1738 et Rousseau vécut aux Charmettes de 1738 à 1740. Si c'est dans ses loisirs des Charmettes qu'il a écrit cette comédie, comme il est vraisemblable, il avait menti de dix ans quand il disait l'avoir composée à 18 ans. Et pourquoi ce mensonge, qu'il avoue lui-même plus tard ? Peut-être pour montrer sa précocité, mais bien plutôt, je crois, pour faire savoir au lecteur que, s'il a fait des comédies, lui, l'ennemi acharné des spectacles, c'était il y a si longtemps et dans un âge si tendre, qu'il n'y a pas à en tirer argument contre lui. Qu'il n'eût pas d'ailleurs le génie comique c'est ce que prouverait, si nous ne le savions de reste, la comédie de *Narcisse*, dont j'ai déjà eu l'occasion de parler. De *Narcisse*, la seule chose qui nous intéresse, dans cette revue de ses œuvres faite pour montrer le progrès de sa pensée, c'est la préface et nous la retrouverons un peu plus loin, à sa date, car nous aurons à la rapprocher de son premier Discours, qu'elle a pour but de rectifier.

En 1740 Rousseau écrit ses deux épîtres en vers à Borde et peut-être un peu plus tard (1740 ou 41), son épître, également en vers, à Parisot. Borde et Parisot étaient les deux amis dont nous avons parlé et qu'il avait connus dans ses deux séjours à Lyon. Entre temps il avait aussi broché un opéra-tragédie, *la Découverte du Nouveau Monde* (1740) qu'il jeta au feu, dit-il, mais que le feu, à ce qu'il paraît, refusa de consumer, puisque nous l'avons en entier : trois actes écrits en style classique; c'est encore du très mauvais Voltaire. Laissons donc de côté, comme s'il avait réellement péri dans les flammes, cet opéra-tragédie, mais remarquons à son propos que la Muse de Rousseau n'est pas toujours aussi austère qu'il l'a dit dans le *Verger des Charmettes*, puisqu'il s'adonne, de temps à autre, à ces frivolités littéraires qu'il condamnait. C'est qu'au fond (et je reprends la thèse que j'ai énoncée plus haut, mais cette fois pour la développer et la renforcer par les exemples que va me fournir Rousseau), il y a, je crois, deux tendances opposées et deux inspirations qui se succèdent et se contrarient dans son esprit et c'est justement dans ces épîtres à Borde et à Parisot que se dessinent nettement, à ce qu'il me semble, ces deux courants de sa pensée.

Dans la première des deux épîtres à Borde, la plus longue et la plus intéressante, nous allons entendre parler tour à tour les deux hommes qui sont en Rousseau à cette époque (1740) et qui semblent se disputer à qui sera le maître de sa pensée. Rousseau voudrait bien, dit-il, cueillir ce qu'il appelle « les lauriers du Parnasse », et, de fait, il se laisse aller, à la fin de l'épître, à chanter sur le mode lyrique la noble cité de Lyon, ville à la fois riche et artiste, car Apollon et Plutus s'y sont donné rendez-vous et c'est pourquoi Lyon est l'ornement de la France; unissant aux richesses de Tyr le génie d'Athènes, Lyon ennoblit le luxe lui-même et ce n'est pas seulement par ses soieries que Lyon triomphe :

> De mille éclats divers Lyon brille à la fois
> Et son peuple opulent semble un peuple de rois.

Voilà un beau et large vers pour louer la richesse ; mais, et c'est ce qui fait le piquant intérêt de l'épître, ce vers triomphal détonne avec toute la première partie de la poésie. En effet, être un poète et surtout un « poète français », comment Rousseau pourrait-il ambitionner cette gloire, lui qui est un barbare, lui qui n'a « qu'une lyre rustique », et dont la muse est restée « helvétique » ? Encore s'il n'était que Suisse, c'est-à-dire « un fier républicain connaissant mal les usages de France » ! mais il est « pauvre » et j'ajoute : envieux et aigri par la mauvaise fortune ; et dès qu'il laisse parler ses rancunes, ce n'est plus des vers pompeux qu'il trouve pour chanter « l'opulence », mais des vers haineux et qu'il voudrait rendre dédaigneux et superbes :

> Du riche impertinent je dédaigne l'appui ;
> Le riche me méprise et, malgré son orgueil,
> Nous nous voyons souvent à peu près du même œil.

Ainsi il rend au riche, parce qu'il est, lui, un fier républicain de Genève, mépris pour mépris. Et qu'est-ce pour lui qu'un homme riche ? un « vil Crésus », dont il n'ira pas « encenser les sottises ». Et, chose curieuse, et dont il faudra se souvenir quand nous aborderons les deux Discours : déjà à cette date de 1740, c'est-à-dire neuf ans avant les pages dithyrambiques du premier Discours sur l'innocence et la félicité de nos premiers ancêtres, il ne trouve rien de plus beau, pour exalter la pauvreté, que de comparer les pauvres à ces premiers hommes dont ils font revivre sur la terre la vertueuse frugalité :

> O vous qui, dans le sein d'une humble obscurité,
> Nourrissez les vertus avec la pauvreté,
> Dont les désirs, bornés dans la sage indigence,
> Méprisent sans orgueil une vaine abondance,
> Restes trop précieux de ces antiques temps,
> Où, des moindres apprêts nos ancêtres contents,
> Recherchés dans leurs mœurs, simples dans leur parure,
> Ne sentaient de besoins que ceux de la nature !

Je le demande, est-ce qu'on ne surprend pas, dans cette curieuse poésie, comme aux prises l'un avec l'autre et parlant tour à tour, sans arriver à s'entendre, ces deux hommes qui sont en Rousseau à cette date : l'un, l'homme civilisé, ou qui voudrait l'être, qui a vécu à Lyon parmi des Français polis et lettrés et qui s'essaie, à leur exemple, à goûter et à célébrer ce qu'il appelle lui-même « l'innocente industrie », et encore « les douceurs de la vie ». Et l'autre, l'homme naturel, et je veux dire par là : non seulement le Genevois mal dégrossi, resté « rustique », comme il dit lui-même, mais le moraliste atrabilaire et plus que cela encore : l'ennemi, par dépit et esprit de vengeance, des riches et des heureux de ce monde ; et enfin, car il est presque tout entier dans ces vers, le rêveur qui se forge une félicité chimérique et entrevoit vaguement cette félicité (il la peindra plus tard avec sa poétique éloquence), dans l'âge d'or de nos premiers parents. Et si maintenant à ces premiers linéaments que nous avons déjà de Rousseau, nous joignons ce que va nous offrir l'épître à Parisot, nous aurons presque tous les traits essentiels de sa physionomie.

On connaît les vers du *Pauvre Diable*, de Voltaire :

> Quel parti prendre, où suis-je et que dois-je être ?
> Né dépourvu, dans la foule jeté,
> Germe naissant, par le vent emporté,
> Sur quel terrain puis-je espérer de croître ?
> Comment trouver un état, un emploi ?
> Sur mon destin, de grâce, instruisez-moi.

Ainsi, « le pauvre diable » qu'est Jean-Jacques à cette époque (de 1740 à 1742) consulte son ami Parisot, ce chirurgien homme de lettres, qu'il avait connu à Lyon :

> Pèse mes sentiments, mes raisons et mon choix
> Et décide mon sort pour la dernière fois.

Il oppose ici, comme il fera toute sa vie, au luxe démoralisant des « nations puissantes », les vertus simples et la fierté républicaine de Genève.

Ces vertus et cette fierté, c'est ce qu'il a appris dès l'enfance :

> Avec le lait chez nous on suce ces maximes.

Et l'esprit de ces maximes, c'est que « faisant partie du souverain, c'est par les vertus d'un sage qu'il faut soutenir un si noble avantage ».

Mais voici la difficulté : si c'est à Genève qu'on est vertueux, ce n'est pas à Genève qu'on devient illustre, la littérature genevoise ne s'étant pas encore fait connaître au monde, et d'ailleurs il s'est fermé Genève par son abjuration. C'est donc vers la nation corrompue, c'est vers la France, qu'il faut tourner ses regards, si l'on veut, et notre homme en meurt d'envie, acquérir un nom dans les lettres. Que faut-il donc faire pour que ces frivoles Français fassent attention à vous et à vos œuvres ? deux choses, dont l'une lui est *impossible* et l'autre lui paraît encore bien *difficile*. La chose qui lui est et lui sera toujours *impossible*, c'est de faire sa cour aux grands: plutôt rester obscur toute sa vie que de « ramper bassement ». Ramper! Ce mot énergique, il ne le dit pas seulement ici dans la lettre à Parisot, mais — et la chose vaut la peine d'être notée -- il s'est servi de ce terme avilissant dans *chacune* des pièces de vers qui précèdent. L'on voit tout de suite, par ce seul mot qui lui est familier, la distance infinie qui le sépare d'un homme de lettres de ce temps, d'un Voltaire, par exemple, qui trouvait si aisément le moyen de faire sa cour aux princes et aux rois sans qu'on pût vraiment l'accuser de « ramper ». C'est sans doute parce que Voltaire avait, ce qui manquera toujours à Jean-Jacques, le sentiment des nuances aussi bien dans les attitudes que dans les expressions ; mais c'est aussi pour cette raison très particulière que Rousseau avait été laquais et que, comme en souvenir de son humiliant métier, dans tout hommage rendu à un supérieur, il voyait tout naturellement, je crois, la tête penchée du domestique qui attend des ordres ; et de là tant de méprises et de douloureux malentendus avec les grands seigneurs et les grandes dames qu'il fréquentera un jour. Pour lui, être respectueux ou s'efforcer d'être aimable avec un grand ou un riche, ce sera toujours faire acte de servilité : ici même, dans l'épître à Parisot, il s'indigne de voir que ses talents sont inutiles s'il ne s'abaisse pas à « des respects serviles».

On ne lui en demandait pas tant, même dans cette France, où il ne voyait alors que de « vils esclaves » ; on ne lui demandait (il l'éprouvera bientôt et aura lieu de s'en applaudir), que d'avoir du talent. Pour le moment, c'est ce qui lui manque le plus et, à vrai dire, il s'en doute bien un peu dans cette épître ; ou plutôt, pour préciser comme il fait lui-même, il n'a pas le genre de talent qu'il faudrait pour réussir, et c'est là cette chose *très difficile* dont je parlais tantôt, et sur laquelle il va nous fournir de très précieuses indications. Il dit :

> Pour briller dans le monde il faut *d'autres* talents.

De reconnaître ce qu'il n'a pas, et ce qu'il faudrait avoir, c'est déjà un progrès et ce progrès, il le doit à Mme de Warens. Ce qu'il dit d'elle ici et de sa dette envers elle est tout à fait juste et doit prendre place dans toute étude consciencieuse sur les précepteurs de Rousseau. Avant de connaître Mme de Warens, il n'était qu'un protestant rigide, un Suisse tout d'une pièce, qui tirait vanité de ses hautaines maximes de sagesse et de sa « raideur sauvage » et il tenait sur le monde et ses usages « des discours insensés ». Mais ces discours,

> Je les tenais alors, aujourd'hui je les blâme,
> De plus sages leçons ont formé mon esprit...
> J'abjurai pour toujours mes maximes féroces,
> Du préjugé natal fruits amers et précoces,
> Qui, dès les jeunes ans, par leurs âcres levains,
> Nourrissent la fierté des cœurs républicains ;
> J'appris à respecter une noblesse illustre,
> Qui même à la vertu sait ajouter du lustre.
> Il ne serait pas bon dans la société
> Qu'il fût entre les rangs *moins d'inégalité*.

Ainsi son séjour en Savoie, dans la société de Chambéry et d'Annecy, moins austère et moins rude que celle de Genève, son intimité avec Mme de Warens, c'est-à-dire avec une femme élégante et mondaine, ses amitiés à Lyon avec des gens d'esprit comme ce Borde et ce Parisot, tout cela, il s'en rend parfaitement compte, l'a dégourdi, affiné et assoupli, a fait de lui, le mot est dans la lettre à Parisot, un « homme poli ». Et il a abjuré ce qu'il appelle ses anciennes erreurs, et il s'est même civilisé au point de s'écrier, l'aveu a de quoi surprendre dans la bouche de Caton :

> Rien ne doit être outré, pas même la vertu.

Or voici maintenant le problème qui se pose pour lui et c'est la solution même de ce problème qu'il demande à Parisot de l'aider à trouver : suis-je maintenant en état de lutter avec succès dans la carrière des lettres ?

De la gloire est-il temps de rechercher le lustre ?

Sans doute je me suis, grâce à Mme de Warens et à vous, Parisot, rapproché de vous autres, Français et beaux-esprits, causeurs spirituels et aimables poètes; mais, malgré tout, je me sens encore si différent de vous !

De mes faibles progrès je sens peu d'espérance.

Car au fond, voyez-vous (semble-t-il ajouter), je ne puis jamais oublier, quand je prends la plume, que je suis de Genève et que j'ai été pauvre et même domestique, et ceux qui me liront ne pourront pas plus que moi l'oublier : mon accent genevois me trahira toujours, et aussi mon ressentiment inextinguible contre une société qui m'a si mal traité et si longtemps méconnu. Toujours, je le sens, quoi que je fasse et que j'écrive, je serai repris par ma « vaine marotte » et je partirai en guerre, « nouveau don Quichotte », contre les iniquités sociales. Qu'irais-je donc faire parmi vos faiseurs de « bons mots et de vers élégants ? » Mon insuccès est sûr, car on ne manquerait pas de m'appeler (et c'est le nom qu'il se donne dans cet épître) « le grand déclamateur ».

Sentez-vous maintenant comment l'étude attentive de ces épîtres en vers nous a merveilleusement préparés à comprendre et à juger le premier Discours de Rousseau et même toutes les grandes œuvres qui succèderont à ce Discours ? En vérité, non-seulement le Discours de Dijon ne sera plus pour nous, ce qu'il fut pour les contemporains et ce qu'il est resté pour la plupart des historiens de Rousseau, une surprise et une énigme : mais nous pouvons dire tout au contraire que le Rousseau que nous connaissons maintenant était comme prédestiné à l'écrire, et que le sujet imaginé par l'Académie de Dijon est comme fait pour lui, tant il est accommodé, non-seulement à son humeur et à ses goûts, mais à son genre même de talent. Dès l'instant, en effet, qu'il s'agit de partir en guerre contre les arts, qui engendrent le luxe, et de pourfendre les lettres, qui ne font que des poètes de salon, son discours est prêt : il n'a qu'à lâcher la bride au barbare et au sauvage misanthrope qui est en lui ; il n'a qu'à laisser s'épanouir et s'espacer librement cette nature première contre laquelle il a lutté vainement jusqu'ici ; son naturel, un instant refoulé, reviendra au galop et sur une question que ne lui a pas du tout révélée l'Académie de Dijon, mais qu'il a de longue date débattue comme une question *personnelle*, parce que la gloire qu'il rêve en dépend, sur ce thème donc de la valeur comparée des lettres et de la vertu, vous allez entendre, c'est lui qui s'est nommé d'avance, « le grand déclamateur ». Voltaire dit à son « pauvre diable », découragé comme est jusqu'ici Rousseau :

Tu n'as pas d'aile et tu veux voler : rampe !

« Ramper », on l'a vu (car c'est le mot dont il s'est servi tantôt), Rousseau s'y refuse ; mais il voudrait « voler », car il se sent des ailes. Eh bien ! l'Académie de Dijon, en lui offrant un thème admirablement approprié à son caractère et à son talent à la fois, va lui fournir l'occasion, si longtemps attendue, de « voler » et, c'est là le point, de voler de ses propres ailes, je veux dire : de conquérir la gloire non pas, comme il avait vainement essayé jusque-là, en forçant sa nature, mais, tout au contraire, en s'abandonnant à ses sentiments naturels et en donnant l'essor à tout son génie.

De son séjour à Lyon nous avons, outre les épîtres à Borde et à Parisot, un « *Projet pour l'éducation de M. de Sainte-Marie* ». Jean-Jacques, on s'en souvient, venait d'entrer comme précepteur chez M. de Mably, grand-prévôt de Lyon, et, à la fin de l'année 1740, il expose à M. de Mably ses idées sur l'éducation de ses deux fils, M. de Condillac et M. de Sainte-Marie. C'est naturellement à la critique de l'*Emile* que doit se rattacher l'analyse de ce premier projet de Rousseau sur l'éducation ; mais j'en relèverai ici un ou deux traits qui me confirment dans l'opinion que je me fais de l'humeur et des idées dominantes de Rousseau à cette date de 1740. Et d'abord c'est moins d'instruction que d'éducation que parle Rousseau dans ce Projet : il se préoccupe plus de former le cœur que l'esprit de ses élèves et il a même, à cet égard, une phrase bien curieuse où il semble préluder aux invectives de son premier Discours contre les sciences : « Les sciences, dit-il, ne doivent pas être négligées, mais *elles ne doivent pas précéder les mœurs*... ; à quoi sert à un homme le savoir de Varron, si d'ailleurs il ne sait pas penser juste? que s'il a eu le malheur de laisser corrompre son cœur, les sciences sont dans sa tête comme *autant d'armes* entre les mains d'un furieux ; (il dira, dans le Discours de Dijon, que la nature a voulu nous préserver de la science, comme une mère arrache une « arme dangereuse des mains de son enfant »). De deux personnes également engagées dans le vice, la moins habile fera toujours le moins de mal ; et les sciences, même les plus spéculatives, ne laissent pas d'exercer l'esprit et de lui donner, en l'exerçant, une force dont il est facile d'abuser dans le commerce de la vie, quand on a le cœur mauvais. »

On le voit, Rousseau est comme sur le chemin de sa première thèse ; car ce qu'il dit se ramène à ceci : la science est mauvaise sans la conscience et, à elle seule, elle ne donne pas la vertu.

Prenez deux vicieux : le plus dangereux des deux, ce sera le plus savant. Je crois donc pouvoir dire que non-seulement il a réfléchi, dix ans à l'avance, sur la question posée par l'Académie de Dijon, mais encore il penche déjà vers la solution qu'il adoptera plus tard et proclamera avec fracas.

Cette méfiance à l'égard des sciences, très surprenante en somme chez quelqu'un qui est payé pour les enseigner, elle se fait encore jour dans ce curieux passage : « La droiture du cœur est la source de la justesse de l'esprit... ; les gens les plus éclairés ne sont pas toujours ceux qui se conduisent le mieux dans les affaires de la vie ; après avoir rempli M. de Sainte-Marie de bons principes de morale, on pourrait le regarder en un sens comme assez avancé dans la science du raisonnement. » Ainsi c'est une idée fixe chez lui de donner à la morale le pas sur la science et la culture de l'esprit. Je trouve dans sa correspondance une lettre à M. d'Eybens qui est de cette époque (antérieure sans doute de quelques semaines à son entrée chez M. de Mably, car il y parle de son prochain préceptorat) et j'y relève les lignes que voici : « Il est bien vrai que j'ai tâché de répondre aux soins que Mme de Warens a bien voulu prendre pour me pousser dans les belles connaissances ; mais les principes dont je fais profession m'ont souvent fait négliger la culture des talents de l'esprit en faveur de celle des sentiments du cœur et j'ai bien plus ambitionné de penser juste que de savoir beaucoup. » Savoir beaucoup, c'est à quoi il ne pouvait prétendre, ayant commencé bien tard ses études ; et il ne faut pas oublier justement qu'il a tout intérêt à ce que ses « principes », comme il les appelle, soient aussi ceux de M. de Mably, je veux dire : que celui-ci ne demande pas un savant pour précepteur de ses fils, car avec Rousseau il serait trop loin de compte. Mais la part faite de ce qui a pu être ici une tactique de Rousseau, il reste que partout nous retrouvons le moraliste, l'ami de la vertu, et que sa manie moralisante et son affectation de beaux sentiments l'entraînent, et c'est à quoi je voulais aboutir, à une hostilité nettement proclamée contre la science et les savants (1).

Maintenant le voici à Paris dans la société des gens de lettres et même des fermiers généraux : il est emporté dans le tourbillon du monde, et, après avoir écrit en 1743 une comédie, d'ailleurs insignifiante, *les Prisonniers de guerre*, nous le trouvons, quelques années après, installé à la Chevrette jouant un rôle, on se le rappelle peut-être, dans une comédie en trois actes et en vers de sa composition, *l'Engagement téméraire* (1747). Ce n'est ni meilleur ni pire que la plupart des comédies de salon de cette époque et ce qui nous en paraît intéressant, c'est cette conclusion pratique qu'on en peut tirer : le Suisse décidément se civilise; il devient mondain et même auteur à la mode, car son opéra les *Muses galantes*, joué d'abord, on s'en souvient, chez La Popelinière, paraît cette année même de 1747, en répétition tout

(1) Et il prouve déjà qu'il est tout imprégné de Montaigne : « Je voudrais aussi qu'on fût soigneux de lui choisir un conducteur qui eût plutôt la tête bien faite que bien pleine et qu'on y requît tous les deux, mais *plus les mœurs... que la science.* » (*Essais*, L. I, ch XXV).

au moins, sur la scène de l'Opéra. Sept ans sont passés depuis ses Epîtres moroses et prêcheuses, et, dans cette période qui va de 1740 à 1747, nous n'avons plus rien de lui dans le ton chagrin de l'épître à Parisot. A-t-il donc abjuré complètement ce qu'il avait commencé déjà en 1740 à appeler ses « erreurs » genevoises, et Paris a-t-il achevé en lui la métamorphose ébauchée à Lyon, j'entends : la métamorphose du rêveur solitaire et misanthrope en un bel esprit mondain et parisien ? Oui, c'est ce que nous ferait croire son genre de vie et ses productions littéraires pendant cette période, si nous n'avions pas « l'Allée de Sylvie ».

En 1747, Rousseau est au château de Chenonceaux, chez les Dupin : « On s'amusa beaucoup, dit-il, dans ce beau lieu. » L'allée de Sylvie est une allée du parc qui longe le Cher et c'est elle que Rousseau chante dans sa poésie. Supposez Voltaire à sa place, dans une société si animée, où la comédie alterne avec les bons repas et les joyeux propos : si l'auteur du *Mondain* célèbre les plaisirs de Chenonceaux, vous devinez le ton de ses vers. Voyons, abstraction faite, bien entendu, de la différence des talents poétiques, quel est l'air que va chanter Rousseau. Il s'égare dans l'allée de Sylvie et son premier sentiment, c'est la joie de s'y trouver seul, car il débute ainsi :

Qu'à m'égarer dans ces bocages
Mon cœur goûte de voluptés !
Que je me plais sous ces ombrages,
Que j'aime ces flots argentés !
Douce et charmante *rêverie*
*Solitude* aimable et chérie
Puissiez-vous toujours me charmer !

Rousseau se sent heureux et ses vers sont cette fois harmonieux et faciles ; il oublie pour un instant ses misères présentes et ne veut pas songer au « douteux avenir » ; l'avenir viendra assez tôt avec ses soucis et ses peines : à quoi bon les prévoir ou les prévenir ?

Oh ! qu'avec moins de prévoyance
La *vertu*, la simple innocence
Font des heureux à peu de frais !

(et c'est ce qu'il développera dans son premier et son second discours) :

> L'homme, content du *nécessaire*,
> Craint peu la fortune contraire
> Quand son cœur est sans passion.

Et alors il critique les passions « sources de nos supplices » : l'amour des richesses, l'ambition, l'égoïsme, voilà les ennemis de notre bonheur et voilà ce qui fait de nous des « mortels méprisables ». Mais quoi ! N'y a-t-il pas des passions innocentes et Rousseau combattra-t-il aussi « ces penchants aimables » qui sont le partage des « cœurs tendres » ? Le temps est beau, le Cher murmure tout près de lui, il peut entendre l'écho des gaies causeries et les éclats de rire des dames au salon ; il a peut-être encore dans l'oreille quelque parole aimable, quelque compliment d'une dame à son adresse, et il n'a pas manqué d'en être flatté et, sans doute aussi, suivant son invariable coutume, plus ému que de raison ; et alors il s'attendrit et se laisse aller à écrire ces vers :

> Une langueur enchanteresse
> Me poursuit jusqu'en ce séjour ;
> J'y veux moraliser sans cesse
> Et toujours j'y songe à l'amour !

A la bonne heure ! et vous vous apprêtez à l'entendre soupirer quelque molle élégie, car que faire dans l'allée de Sylvie, à moins qu'on n'y soupire amoureusement ? Eh bien ! il va faire tout autre chose et je ne sache rien qui nous montre mieux le fond de son âme, ce fond premier déjà entrevu par nous, que les vers suivants écrits en un si beau lieu, au milieu des plaisirs et des fêtes, et, notez-le bien, venant immédiatement après cette invocation à l'amour :

> *O sagesse*, aimable chimère,
> Douce illusion de nos cœurs,
> C'est sous ton divin caractère,
> Que nous encensons nos erreurs.
> Chaque homme t'habille *à sa mode*.

C'est vague, mais il va préciser : « la mode » du jour à cette date, 1747, c'est d'habiller la sagesse sous le costume de la philosophie. Eh bien! c'est déjà à cette date la philosophie que Rousseau ne craint pas de prendre à partie et de railler :

Tel, chez la jeunesse étourdie,
*Le vice*, instruit par la folie
Et d'un faux titre revêtu,
Sous le nom de *philosophie*,
Tend des pièges à la vertu.

Ainsi la philosophie peut être le contraire de la sagesse et de la vertu, et en 1747 Rousseau a tout au moins une vague tendance à se séparer de ses amis, les philosophes. Mais ce qu'il y a de plus curieux et ce qu'on n'a peut-être pas remarqué, c'est qu'en 1747, c'est-à-dire trois ans avant qu'il soit célèbre, Rousseau a comme marqué d'avance et cela, par l'élan spontané de sa nature même, en cédant simplement à ses goûts naturels et à ses antipathies instinctives, la place qu'il occupera plus tard dans le siècle entre les philosophes et l'église. On le sait, il affichera la prétention de se tenir à égale distance de l'orthodoxie fanatique et de l'athéisme philosophique : or, ce juste milieu qui lui créera une situation difficile, étrange et unique au XVIII^e^ siècle, et fera de lui un original, est-ce qu'on ne l'entrevoit pas ici et est-ce qu'on ne peut pas dire que Rousseau, dans les vers suivants, s'est peint tel qu'il sera, quand il jouera le rôle que l'on sait ? Après avoir raillé la philosophie, il prend à partie

Le fanatique austère
En guerre avec tous ses désirs,
Peignant Dieu toujours en colère
Et ne s'attachant, pour lui plaire,
Qu'à fuir la joie et les plaisirs.

Et voici la conclusion de cette étrange poésie qui devait chanter l'amour et qui n'est qu'une méditation sur la vraie sagesse :

Ah ! s'il existait *un vrai sage !*
Que, différent en son langage,

(c'est-à-dire. différent à la fois du philosophe athée et du prêtre fanatique),

> Et plus différent en ses mœurs,

(et Rousseau ne sépare pas la spéculation de la conduite ; ainsi fera-t-il lui-même dans sa fameuse réforme, nous le verrons bientôt) ; que ferait donc ce « vrai sage » ? le voici :

> D'une sagesse plus aimable (que le fanatisme),
> D'une vertu plus sociable
> Il joindrait *le juste milieu*
> A cet hommage pur et tendre
> Que tous les cœurs auraient dû rendre
> Aux grandeurs, aux bienfaits de *Dieu*.

Eh bien ! il sera, lui, ce vrai sage, puisque, d'une part, il fera la guerre au fanatisme et que, d'autre part, et malgré les railleries des philosophes, il confessera Dieu dans toutes ses œuvres. « Ce juste milieu » ce sera la place qu'il tiendra bientôt dans la mêlée des partis. Mais ce que je tenais à marquer ici, c'est que le rôle qu'il va joner, ce n'est pas le succès de son premier Discours qui, comme le répéteront ses amis, le lui dictera et le lui imposera malgré lui : car ce rôle et cette attitude qui le caractériseront, il y allait de lui-même, rien qu'en suivant sa pente naturelle. Voilà, en tous cas, ce qu'était Rousseau à la veille du Discours de Dijon : nous pouvons maintenant aborder et apprécier ce Discours (1).

Nous sommes en 1749 ; Rousseau a quitté son humble logis de la rue Plâtrière et il est venu s'installer cette année même à l'hôtel du Languedoc, rue Grenelle Saint-Honoré. Cette fois, et grâce au « secours » de M^me^ Dupin, il s'est mis dans ses meubles, meubles plus que modestes, car presque tous sont ceux de Thérèse ; c'est, au quatrième étage, « un petit appartement » ; on s'assied, pour souper, près de la fenêtre, sur deux petites chaises posées sur une malle, et la fenêtre même sert de table ; le

(1) On voit à quel point je m'éloigne des conclusions de M. Jules Lemaître qui écrit, au sujet du Discours de Dijon : « il s'agit de savoir... à combien peu il a tenu qu'il ne l'écrivît pas ou qu'il l'écrivît autrement » (*J.-J. Rousseau*, p. 78).

souper : « un quartier de gros pain, quelques cerises, un petit morceau de fromage et un demi-setier de vin. » Mme Dupin et Francueil, dont Rousseau est le secrétaire, viennent de l'augmenter et, de 900 francs, ils ont porté ses honoraires à 50 louis, soit 1200 francs environ. Avec sa femme et sa belle-mère à nourrir, c'est juste suffisant pour ne pas mourir de faim. Dans une lettre datée de l'année précédente, à Mme de Warens, il s'exprimait ainsi : « j'use mon esprit et ma santé pour sortir, s'il est possible, de cet état d'opprobre et de misère ».

Pourtant, avec ses goûts très simples, ce n'est pas, je crois, de sa misère qu'il souffre le plus à cette date, mais de son obscurité. Il croit avoir du talent et, pour le prouver, il a écrit de la prose et des vers, des comédies et des opéras-tragédies, mais la gloire n'est pas venue et il va avoir 40 ans et l'ambition le dévore : car, d'être l'un quelconque des hommes de lettres qui forment le cercle de Mme d'Épinay ou qui ensevelissent leur prose dans cette *Encyclopédie*, à laquelle il travaille à cette heure, tout cela ne lui suffit pas et ne peut apaiser sa soif de célébrité ; ce n'est pas une place quelconque, mais la première qu'il voudrait conquérir dans la république des lettres : « Je me disais : quiconque prime en quelque chose est toujours sûr d'être recherché ; *primons donc* n'importe en quoi » ; peut-être ajoutait-il même dans son for intérieur : « et n'importe comment ».

C'est à ce moment de sa vie qu'il écrit son premier *Discours*. On sait comment dans ses *Confessions* il a raconté la façon dont il fut amené à l'écrire ; il nous faut transcrire son récit que nous aurons à apprécier : « Cette année, 1749, l'été fut d'une chaleur excessive. On compte deux lieues de Paris à Vincennes (où Diderot était emprisonné). Peu en état de payer des fiacres, à deux heures après midi, j'allais à pied quand j'étais seul et j'allais vite pour arriver plus tôt. Les arbres de la route toujours élagués à la mode du pays, ne donnaient presqu'aucune ombre ; et souvent rendu de chaleur et de fatigue, je m'étendais à terre, n'en pouvant plus. Je m'avisai, pour modérer mon pas, de prendre un livre. Je pris un jour le *Mercure de France* et tout en marchant et le parcourant, je tombai sur cette question proposée par l'Académie de Dijon pour le prix de l'année suivante : « Si le progrès des sciences et des arts a contribué à corrompre ou à épurer les mœurs. » A l'instant de cette lecture, je vis un autre univers et je devins un autre homme... En arrivant à Vincennes, j'étais dans une agitation qui tenait du délire. Diderot l'aperçut, je lui en dis la cause et je lui lus la prosopopée de Fabricius écrite au crayon sous un chêne. (Dans sa seconde *Lettre à M. de Malesherbes,* il se représente, à la lecture du sujet proposé par l'Académie de Dijon « tout à coup l'esprit ébloui de mille lumières... ; je sens ma tête prise par un étourdissement semblable à l'ivresse. Une violente palpitation m'oppresse, soulève ma poitrine ; ne pouvant plus respirer en marchant, je me laisse tomber sous un des arbres de l'avenue et j'y passe une demi-heure dans une telle agitation qu'en me relevant j'aperçus tout le devant de ma veste mouillé de mes larmes sans avoir senti que j'en répandais »). Et le récit des *Confessions* se termine par ces mots que contrediront les ennemis de Rousseau : « Il (Diderot) m'exhorta de donner l'essor à mes idées et de concourir au prix.» Relevons d'abord, pour n'en plus parler, deux erreurs toutes matérielles dans le récit de Rousseau : le sujet mis au concours par l'Académie de Dijon parut, non pas en été, mais dans le numéro d'octobre du *Mercure ;* et le texte exact était le suivant : « Si le rétablissement des sciences et des arts a contribué à épurer les mœurs. »

Si l'on en croit Marmontel, qui fait parler Diderot, les choses ne se seraient point passées comme vient de les raconter Rousseau ; car Diderot ne se serait pas contenté de « l'exhorter à concourir », mais il aurait dissuadé Rousseau de répondre par l'affirmative à la question posée ; « l'affirmative, c'est le pont aux ânes ! lui aurait-il dit ; tandis que le parti contraire présente à la philosophie et à l'éloquence un champ nouveau, riche et fécond. — Vous avez raison, me dit Rousseau, après y avoir réfléchi un moment, je suivrai votre conseil. » (1).

A qui donnerons-nous raison ? A Rousseau sans hésiter et il

(1) Marmontel : *Mémoires,* l. VIII.

nous suffira, pour cela, de nous souvenir de ses essais *antérieurs* au Discours de Dijon. En vérité, nous pouvons dire que son premier Discours, il l'a pensé et repensé et même écrit par fragments, avant de le composer pour l'Académie. Des deux hommes que nous avons jusqu'ici rencontrés en Rousseau et que j'appellerai sommairement (les ayant déjà analysés en détail), l'un, le civilisé et l'autre, le barbare, le premier, on l'a vu, n'a produit que des œuvres médiocres, et pourquoi ? parce qu'il n'a jamais pu, ce civilisé, c'est-à-dire, cet homme artificiel, tuer en lui l'autre, le barbare, l'homme naturel qui partout, on s'en souvient sans doute, reparait et gronde pour ainsi dire, même dans les poésies légères et les amoureuses élégies.

Or voici ce qu'a fait, selon moi, le programme de Dijon. La question posée prête à deux solutions contraires et Rousseau a dû les comparer et comme les essayer tour à tour. L'affirmative ? s'il la choisit, il va faire encore œuvre banale et médiocre de bel esprit ; c'est encore l'homme de lettres, qui parlera, et jusqu'ici il n'a pas su parler. Mais la négative ! c'est-à-dire, exalter la vertu aux dépens de la science, rien que d'y songer, Rousseau frissonne ; le Genevois misanthrope qu'il y a en lui tressaille et s'exalte : il entrevoit comme en une perspective magique les développements superbes que comporte une telle solution et qui l'attirent, tant il lui paraissent beaux, et qui « l'éblouissent ». Si être inspiré, c'est dire avec toute son âme, et comme si on y était forcé, tout ce qu'on a à dire, je crois que Rousseau fut véritablement entraîné alors par son inspiration : il laissa parler et vociférer ce barbare qu'il réfrénait jusque-là et que la question posée par l'Académie libérait et déchaînait, pour ainsi dire, et lançait tout frémissant dans l'arène des partis.

C'est dire que je crois à la lettre au récit dramatique de Rousseau ; et je crois même à la prosopopée de Fabricius, écrite sous le chêne désormais célèbre de Vincennes, et écrite non pas, sans doute, sous sa forme actuelle, mais tout de même sous une forme oratoire ; car, lorsqu'on est orateur, c'est toujours sous forme oratoire que se présentent vos pensées ; elles sortent armées et vibrantes de votre cerveau et elles ne vous plaisent, pour ainsi dire, qu'exprimées en phrases éloquentes et sonores. Rousseau plus tard, et il n'y paraît que trop, a dû retoucher cette apostrophe à Fabricius ; il ne l'a définitivement rédigée qu'après ces nuits d'insomnie durant lesquelles il tournait dans sa tête et retournait ses périodes ; mais l'essentiel, le sens général et le mouvement du morceau, tout cela a dû être de premier jet : « ô Fabricius, qu'eût pensé votre grande âme, si, pour votre malheur, rappelé à la vie, vous eussiez vu la face pompeuse de cette Rome, sauvée par votre bras, et que votre nom respectable avait plus illustrée que toutes ces conquêtes ? »... et la suite. Ce qui se passa dans l'âme de Rousseau sur la route de Vincennes et cette explosion d'éloquence qui l'étonna, « l'éblouit » et le ravit hors de lui même, les Romantiques seuls, qui, comme on sait, l'ont continué à leur manière, devaient le comprendre et le décrire, lorsque, par exemple, comme Alfred de Vigny, dans la préface de *Chatterton*, ils essaieront d'expliquer leur délire poétique : « Dans l'intérieur de *sa tête brûlée* se forme et s'accroît quelque chose de pareil à *un volcan*. Le feu couve lentement et sourdement dans ce cratère. Mais le jour de l'éruption, le sait-il ? on dirait qu'il *assiste en étranger* à ce qui se passe en lui-même, tant cela est imprévu et céleste. »

Avant d'apprécier ce premier Discours, il est nécessaire d'en donner au lecteur, non pas une analyse détaillée, qui serait fastidieuse, mais un rapide résumé, qui en dégage le plan et les idées principales. Le Discours se compose de deux parties : dans la première, surtout historique, Rousseau raconte, à sa manière, le mal qu'ont fait les sciences et les arts ; dans la seconde partie, plutôt philosophique, il démontre que tout ce mal, les sciences et les arts, étant ce qu'ils sont, ne pouvaient pas ne pas le faire.

Première partie : Les arts et les sciences apprennent sans doute la politesse, mais ils ôtent la vertu et ils corrompent les mœurs et en voici la preuve : l'*histoire* nous montre que les peuples, en se civilisant, se sont corrompus. Voyez la Grèce et voyez Rome : la Grèce ignorante a deux fois vaincu l'Asie : Rome succombe le jour où elle fait d'un Pétrone l'arbitre des élégances. Au contraire, considérez les Scythes et les Germains : ils sont barbares et ils subjuguent ceux qui avaient subjugué l'univers.

Consultez d'ailleurs les vrais sages : que font, à Athènes, un Socrate et, à Rome, un Caton ? Ils se moquent l'un et l'autre de la science et des savants qui sont les corrupteurs des peuples. Voilà ce qu'ont fait, au cours de l'histoire, les sciences et les arts et ce qu'ils ne pouvaient point ne pas faire : on s'en rendra compte si on les considère en eux-mêmes.

Deuxième partie : *d'où viennent* en effet, les sciences et les arts ? L'astronomie est née de la superstition, et l'éloquence, de la flatterie et du mensonge ; on le voit par cet exemple, la *source* des sciences et des arts est impure.

Quant à leur *objet*, il n'est autre que les vices et les erreurs des hommes. Car, je vous le demande, que deviendraient les arts sans le *luxe*, qui les nourrit ; à quoi servirait la jurisprudence si vous supprimiez les injustices des hommes, et quelle serait la matière de l'histoire, s'il n'y avait ni tyrans ni guerres?

Le *chemin* qui mène aux découvertes scientifiques est semé de dangers, c'est-à-dire d'erreurs et ces erreurs sont infiniment plus dangereuses que la vérité n'est utile.

Par leurs *effets*, sciences et arts sont plus funestes encore, puisque le plus certain de ces effets, c'est l'oisiveté. Si encore les savants n'étaient que des oisifs ! mais ils sont et rendent sceptiques, et leur sceptisme détruit peu à peu la foi et la vertu. Au reste, l'effet le plus déplorable des arts, c'est ce *luxe*, auquel il faut revenir, car il est le plus grand ennemi de la vertu et de la moralité publique ; il engendre la dissolutions des mœurs, et celle-ci à son tour entraîne la corruption du goût ; et c'est de là que viennent toutes les fausses élégances des auteurs contemporains. Que penserons-nous dès lors de l'imprimerie ? elle est l'art d'éterniser les extravagances de l'esprit humain. L'essentiel, ce n'est pas de bien dire, mais de bien faire, et, pour cela, il n'est pas besoin de livres : il suffit d'écouter sa conscience. Voilà, dans ses points essentiels, le Discours de Dijon. Ce Discours nous intéresse à divers points de vue :

I. — Il est la première manifestation indiscutable du talent de Jean-Jacques et il y a donc lieu d'apprécier ce talent tel qu'il se montre dans ce premier ouvrage.

II. — Quelles sont, dans ce Discours, les idées qui appartiennent en propre à l'auteur, quelles sont celles qu'il a empruntées, et à qui ?

III. — Rousseau croit-il tout ce qu'il dit ici ? et ce sera le cas de reprendre, pour la traiter à fond, la question, si souvent débattue et si délicate, de la sincérité de Rousseau.

IV. — Il conviendra d'étudier la polémique suscitée par ce Discours; car cette polémique, d'une part, nous montre quel fut le succès du Discours ; et, d'autre part, elle force Rousseau à se corriger, à se rétracter peut-être sur certains points, à donner en tous cas, sur cette question et sur tant d'autres qui s'y rattachent et qui reviendront sans cesse dans ses œuvres ultérieures, sa pensée définitive.

V. — Enfin, sous les paradoxes et les exagérations de Rousseau, n'y a-t-il pas quelques parcelles de vérité ? n'y a-t-il pas d'abord ce que j'appellerai la vérité contemporaine de Rousseau, c'est-à-dire applicable à son époque ; et n'y a-t-il pas, en dernier lieu, des idées qui, même aujourd'hui, peuvent nous intéressere provoquer encore notre réflexion ?

## I

Ce discours a des défauts qui sautent aux yeux et dont le premier est la déclamation ; le sujet y prêtait, y poussait même, et surtout la négative qu'avait adoptée Rousseau : comment faire le procès à la science sans déclamer ? et ce discours est ensuite trop bien fait, je veux dire que les périodes en sont trop bien conduites, trop soigneusement arrondies, les effets aussi trop habilement ménagés. Rousseau fait ici sa rhétorique : tout orateur doit commencer par là et il ne faut pas oublier que ce Discours est le premier essai oratoire de Rousseau. Au reste, ayant commencé tard à étudier et à écrire, j'entends des œuvres sérieuses, il prolongea sa rhétorique plus longtemps qu'il n'est permis à un véritable écrivain, s'il est vrai de dire que, dans l'orateur qu'il est déjà, et qui ira sans cesse grandissant, il y aura, jusqu'à la fin, un incorrigible rhéteur. Par exemple, la prosopopée de Fabricius a été trop travaillée et elle est devenue un beau morceau oratoire dans lequel on ne retrouve certainement pas toute l'émotion ni le sincère enthousiasme de la première heure. Voilà les défauts et quelques-uns s'atténueront ou du moins se dissimuleront dans les œuvres suivantes.

Mais à côté de ces taches, il y a des qualités de premier ordre qui mettent Rousseau hors de pair. Ces qualités peuvent se résumer en deux mots : c'est que Rousseau est déjà un écrivain et un véritable orateur. L'orateur s'annonce dès la première phrase, laquelle est une large et belle période : « C'est un grand et beau spectacle de voir l'homme sortir en quelque manière du néant par ses propres efforts ; dissiper, par les lumières de sa raison, les ténèbres dans lesquelles la nature l'a enveloppé, s'élever au-dessus de lui-même ; s'élancer par l'esprit jusque dans les régions célestes ; parcourir à pas de géant, ainsi que le soleil, la vaste étendue de l'univers ; et, ce qui est encore plus grand et plus difficile, rentrer en soi pour y étudier l'homme et connaître sa nature, ses devoirs et sa fin. Toutes ces merveilles se sont renouvelées depuis peu de générations » (c'est-à-dire depuis ce « rétablissement de sciences et des arts » à l'époque de la Renaissance qu'avait en vue l'Académie de Dijon).

Dans ce Discours, Rousseau garde l'attitude que nous lui connaissons déjà et qui, nous l'avons montré, lui était naturelle, en face de cette société raffinée dans laquelle il se sent encore étranger, malgré tous ses efforts pour s'acclimater et prendre l'air du pays. Mais comme il saisit mieux maintenant, et surtout comme il sait mieux exprimer les raisons de ses antipathies et de ses rancunes ! et les défauts de ces sceptiques et de ces mondains, comme il les met à nu et les stigmatise : « On n'outragera point grossièrement son ennemi, mais on le calomniera avec adresse ; les haines nationales s'éteindront, mais ce sera avec l'amour de la patrie. » Et depuis le jour où il chantait dans ses vers l'inimitable auteur de *Zaïre*, ce modèle qu'il suivait de si loin, voyez comme il s'est enhardi : « Dites-nous, célèbre Arouet, combien vous avez sacrifié de beautés mâles et fortes à notre fausse délicatesse ! et combien l'esprit de galanterie, si fertile en petites choses, vous en a coûté de grandes ! »

Parfois, du milieu de ses déductions et à travers les arguments qui se pressent, surgit quelque belle et naturelle image, qui nous rafraîchit et nous repose des furieux assauts de son âpre dialectique : « On a vu la vertu s'enfuir à mesure que la lumière des sciences s'élevait sur notre horizon. » Et ailleurs le poète et le rêveur qu'il y a en lui, et qui se dégageront peu à peu, lui dictent déjà cette phrase harmonieuse et attendrie : « On ne peut réfléchir sur les mœurs, qu'on ne se plaise à se rappeler l'image de la simplicité des premiers temps : c'est un beau rivage, paré des seules mains de la nature, vers lequel on tourne incessamment les yeux et dont on se sent éloigner à regret. »

Mais ce qui domine dans ce discours, et ce qui dut en faire, pour les contemporains, l'étrange nouveauté, c'est le souffle oratoire qui l'anime d'un bout à l'autre; c'est ce secret, qui semblait perdu en France depuis que s'étaient tues les grandes voix des orateurs sacrés du siècle passé, de dérouler, en un style à la fois élevé et harmonieux, une longue suite de graves pensées. Rousseau avait retrouvé l'art (ignoré de son siècle, qu'on ne l'oublie pas), de traiter des questions morales en un langage approprié, c'est-à-dire, de parler sérieusement des choses sérieuses. Et enfin, dialecticien passionné, il porte le fardeau de ses démonstrations logiques, non seulement sans défaillance et sans fatigue, mais sans jamais laisser s'éteindre ce qu'on peut bien appeler maintenant le feu de son génie ou, d'un autre mot, l'enthousiasme qui fait les grands orateurs aussi bien que les vrais poètes. Entendez de quel ton il gourmande ces officiers de boudoir qui ne savent que bien mourir : « Avec quelle ardeur les soldats feront-ils des marches forcées sous des officiers qui n'ont pas même la force de voyager à cheval? Qu'on ne m'objecte point la valeur renommée de tous ces modernes guerriers si savamment disciplinés. On me vante bien leur bravoure en un jour de bataille ; mais on ne me dit point comment ils supportent l'excès du travail, comment ils résistent à la rigueur des saisons et aux intempéries de l'air. Il ne faut qu'un peu de soleil ou de neige, il ne faut que la privation de quelques superfluités pour fondre et détruire en peu de jours la meilleure de nos armées. Guerriers intrépides, souffrez une fois la vérité, qu'il vous est si rare d'entendre. Vous êtes braves, je le sais ; vous eussiez triomphé avec Annibal à Cannes et à Trasymène ; César, avec vous, eût passé le Rubicon et asservi son pays ; mais ce n'est point avec vous que le premier eût passé les Alpes et que l'autre eût vaincu nos aïeux ».

En regard de cette ferme éloquence, nourrie de faits et d'idées, qui serre et étreint un sujet et ne recule jamais devant les conséquences, si hardies ou si paradoxales soient-elles, comme Voltaire paraît superficiel et frivole, Montesquieu prosaïque et sec, Diderot simplement sonore, et Buffon lui-même, malgré ses belles périodes, froid et pompeux ! Les ennemis même de Rousseau, un Marmontel par exemple, seront obligés de reconnaître et d'admirer « dans ses premiers écrits, *une plénitude étonnante* et une virilité parfaite » ; c'est que, ajoute Marmontel, Rousseau, ayant commencé tard à faire des livres, « s'était donné le temps de penser avant d'écrire ».

Mais ce qui fait l'originalité de ce premier discours a été marqué par un critique contemporain en des termes que personne ne pourrait se flatter d'égaler, car l'auteur des lignes qui suivent n'est pas seulement un des hommes de lettres qui connaissent le mieux et le plus à fond, quoique le jugeant à sa manière, notre dix-huitième siècle ; mais il a été lui-même, et c'est ce qui fait ici sa particulière compétence, un des premiers orateurs de notre temps. Parlant de la « sensibilité » de Rousseau, Brunetière s'exprime ainsi :

« Elle a rendu d'abord, je ne dis pas à la poésie, mais à l'éloquence même, une possibilité d'être qu'on lui refusait alors depuis une cinquantaine d'années. N'est-ce pas une chose bien remarquable, en effet, que de 1704 à 1749, — c'est-à-dire du jour où Massillon descend de la chaire chrétienne, jusqu'au jour où Rousseau fait paraître son premier discours, — on ne trouve pas, parmi tant de chefs-d'œuvre de la prose française, une seule page vraiment *éloquente* ? Pas une seule ? je me trompe ; et il y en a trois ou quatre d'éparses ou d'égarées dans les romans de l'abbé Prévost, dans *Manon Lescaut* et dans *Cléveland*. Mais qui lit aujourd'hui Cléveland ? On en cite une ou deux aussi de Montesquieu dans son *Esprit des lois*. Mais il s'y mêle à l'éloquence trop de peur d'en avoir, trop d'esprit et d'ironie surtout, — d'ironie grave, mais d'ironie. Et quelle est la raison de cette suspension ou de cette interruption de l'éloquence dans la langue, dans le pays de Bossuet et de Pascal ? C'est qu'un homme éloquent est peut-être avant tout un homme que rien n'arrête ni ne gêne dans l'expression de ce qu'il éprouve, ni les préjugés de son éducation, ni le respect des conventions mondaines, ni la crainte du ridicule, ni la peur de braver l'opinion, ni la défiance de soi-même. Tel fut Rousseau. Et c'est pourquoi sous la seule impulsion de sa sensibilité, rien qu'en passant par dessus les convenances ou les préjugés de son temps, il a retrouvé du premier coup, dans son premier Discours l'ampleur de la phrase, le sérieux, la gravité des mots ; la liberté d'une allure ou d'un mouvement dont les sinuosités imitent le mouvement de la passion même ; et enfin, et surtout, cet accent personnel qui fait nôtres, exclusivement nôtres, qui nous approprie et nous incorpore, en quelque sorte, les choses que nous disons. N'est-ce pas la définition de l'éloquence même (1) ? »

Brunetière, analysant la sensibilité de Rousseau, y voit la source même de son individualité, et c'est en quoi je le contredirai plus loin. Ce qu'il y a de proprement *individuel* dans ce premier Discours et ce qu'un Rousseau seul pouvait écrire dans ce dix-huitième siècle, c'est ce que je rechercherai tout à l'heure, quand j'essaierai de préciser jusqu'à quel point Rousseau a été sincère dans ce Discours. Mais avant d'aborder cette dernière et si délicate question, il faut maintenant, après avoir vu combien l'auteur du Discours de Dijon est original par la forme, chercher s'il l'est aussi par le fond, c'est-à-dire par les idées, ou, si l'on veut, par les paradoxes qu'il soutenait.

(1) Brunetière : *L'Evolution de la poésie lyrique*. 1894, t. I, p. 56.

## II

Ces idées eurent beau étonner et scandaliser les contemporains : elles n'étaient rien moins que neuves. Dès le XVIIIe siècle, un bénédictin dom Cajot, n'eut pas beaucoup de peine à découvrir (et à dénoncer dans un appendice à sa critique de l'*Emile*), les larcins dont s'était rendu coupable l'auteur du Discours de Dijon; et, plus récemment en Allemagne, M. G. Krüger, dans une Dissertation-inaugurale, a patiemment, avec un zèle tout germanique, fait le juste compte de tous les emprunts de Rousseau. Il a intitulé son travail : Pensées étrangères contenues dans le premier discours de Rousseau (en allemand, Halle, 1891) et son compte peut être exact, mais son titre est faux et sa thèse ne prouve rien : si Rousseau a fait siennes les pensées qu'il a trouvées chez d'autres, ces pensées ne sont pas dans son ouvrage des « pensées étrangères », mais bel et bien, et sans nulle contestation possible, des pensées de Rousseau : or, c'est ce qui est arrivé. Bien d'autres avant lui avaient soutenu le paradoxe qu'il développe, mais leurs œuvres et leur nom même sont profondément oubliés (1). Un seul de ces auteurs fait exception, c'est Montaigne, et Rousseau en était tout imprégné; mais qui donc, parmi nos écrivains sérieux, ne doit pas quelque chose à Montaigne, à commencer par le plus sérieux

(1) Par exemple, dom Cajot trouve dans Agrippa une des principales sources du Discours de Dijon ; mais, qu'est-ce qu'Agrippa? l'auteur d'un ouvrage latin très connu dès le XVIe siècle et intitulé : « Sur l'incertitude aussi bien que la vanité des sciences et des arts; ouvrage joli et d'une lecture tout-à-fait agréable, traduit par le célèbre M. de Guendeville en trois tomes. » Leiden, 1726. Si Rousseau a lu cet ouvrage indigeste, il ne lui doit rien ... que l'ennui de l'avoir lu. L'on peut noter aussi le livre de Mandeville : « La Fable des abeilles ou les fripons devenus honnêtes gens, avec le commentaire, traduit de l'anglais. » La moralité de l'ouvrage est la suivante : « Le vice est aussi *nécessaire* dans un état florissant que la faim est nécessaire pour nous obliger à manger. » Il est possible ; mais de développer cette idée en quatre tomes, cela du moins n'était pas « nécessaire » à la marche de la civilisation. Bien que Rousseau ne cite Mandeville que dans son second Discours, on peut soutenir qu'il a dû à l'auteur anglais l'idée, développée dans le premier discours, que les arts sont nés de nos vices et, dans ce cas, il ne lui aurait pas pris grand chose qui vaille.

et le plus grand de tous, je veux dire Pascal. Le tout est de savoir s'ils ont pensé à leur façon, et dit à leur manière, ce qu'avait avant eux pensé et dit Montaigne ; or c'est ce qu'a fait Rousseau : suivant le conseil et l'exemple de Montaigne lui-même, les pensées qu'il a prises à ce dernier, il ne « les a pas attachées, mais incorporées » à son discours. « S'il embrasse, dit Montaigne, les opinions de Platon par son propre discours (raisonnement), ce ne seront plus les leurs, ce seront *les siennes.* »

Cette critique des savants et des livres, qui était chez Montaigne, comme presque tout ce qu'il dit ou jette négligemment dans ses *Essais,* une idée qui l'amuse et à laquelle il ne tient pas autrement (imagine-t-on, en effet, Montaigne, sans sa « librairie? ») est devenue pour Rousseau un principe essentiel, qu'il proclame avec gravité et développe avec complaisance et conviction ; et il peut presque dire, lui-aussi, le mot fameux : ce n'est pas dans Montaigne, mais en moi que je trouve tout ce que j'y vois. On peut voir, en lisant particulièrement le chapitre XXIV du livre Ier des *Essais*, comment Rousseau a systématisé les railleries de Montaigne sur la science et les pédants (1).

A Montaigne il faut naturellement ajouter son cher Plutarque, que Rousseau retrouvait d'ailleurs, comme toute l'antiquité, dans Montaigne et ce sont bien là les deux inspirateurs du premier Discours. Rousseau plus tard, dans ses *Confessions*, a raconté que la nouvelle qu'il avait remporté le prix de Dijon « réveilla toutes les idées qui *lui avaient dicté* son discours et acheva de mettre en fermentation dans son cœur ce premier levain d'héroïsme et de vertu que son père.... et Plutarque y avait mis dans son enfance. » Montaigne et Plutarque commentés, mais aussi transformés et enflammés et même, si l'on veut, envenimés par un Genevois éloquent et misanthrope, voilà bien, je crois, le fond de ce premier Discours.

(1) Y ajouter l'*Apologie de Sebond* et, pour voir comment Rousseau, même en s'inspirant de l'*Apologie*, s'éloigne de Montaigne, lire, par exemple : Strowski : *Montaigne*, Alcan, 1906, p. 172.

## III

Maintenant Rousseau croit-il vraiment ce qu'il dit dans le Discours de Dijon? On sait qu'il s'est vanté d'avoir systématisé ses idées ; or la première assise de son système, c'est le Discours de Dijon. S'il est donc vrai que tout se tienne dans ses œuvres et si, dès sa première œuvre, il n'est pas sincère, il faut alors l'appeler, et quels qu'aient été ses mérites littéraires, un charlatan de génie, et c'est bien au fond ce que l'ont accusé d'être ses anciens amis de l'Encyclopédie. Pour eux, Rousseau s'est cru engagé, par l'éclatant succès de son premier Discours, à défendre jusqu'au bout, c'est-à-dire toute sa vie, des idées auxquelles il ne croyait pas. Renoncer, en effet, à ces idées, ç'eût été renoncer aussi à la facile originalité qu'il leur devait ; il s'entêta donc, ayant d'ailleurs trop de vanité pour s'en dédire, à développer, dans ses œuvres ultérieures, les bizarres principes de son premier Discours ; et c'est pour cela qu'ayant, dans ce Discours, fait la gageure de combattre tous les partis et les idées chères à ces partis, il écrira, pour soutenir à la fois sa gageure et sa réputation, son second Discours, sa Lettre sur les Spectacles, et le reste (1).

Avant tout, il est certain que si, comme on l'a tant de fois répété, Diderot avait suggéré à Rousseau la réponse que fit celui-ci à la question de l'Académie de Dijon, il lui aurait du même coup soufflé, pour ainsi dire, les premiers mots d'un rôle que Rousseau n'aurait fait ensuite que tenir de son mieux. J'ai dit pour quelles raisons je croyais qu'il fallait laisser à Rousseau toute la responsabilité du parti qu'il prit dans son Discours ; je désire pourtant ajouter quelques mots sur cette fameuse conversation de Vincennes, parce que je voudrais arriver à détruire une légende que les ennemis de Rousseau ont si bien

(1) Les amis de Rousseau pensaient tous, sur le *Discours de Dijon*, ce qu'écrivait, de ce même discours, le P. Castel que nous avons fait connaître au lecteur : « Je pris cela, dit-il, à Rousseau, pour un discours de parade. » (*L'homme physique...*, p. 2).

réussi à accréditer que je la retrouve dans un livre récent de M. Maugras : *Voltaire et Rousseau*, 1886, p. 13. M. Maugras cite le récit de Marmontel, que j'ai donné plus haut, et il ajoute : « Séduit par le raisonnement de Diderot, Jean-Jacques l'adopta sans hésitation. » Je reprocherai à M. Maugras de s'être laissé séduire lui-même par le récit de Marmontel et de l'avoir adopté « sans hésitation ». Mais la question n'est pas si simple que le croit M. Maugras : outre les raisons que j'ai longuement énumérées, raisons tirées, non seulement des affirmations contraires de Rousseau, mais, ce qui m'a paru décisif, des écrits même de Rousseau antérieurs au premier Discours, il y a encore, contre l'assertion de Marmontel (et de M. Maugras qui l'a prise à son compte) le témoignage propre de Diderot, de qui pourtant Marmontel prétendait tenir son récit. « Lorsque, dit Diderot, *Œuvres*, III, 18) le programme de l'Académie de Dijon parut, il (Rousseau) vint me consulter (?) sur le parti qu'il prendrait : le parti que vous prendrez, lui dis-je, c'est celui que personne ne prendra. — Vous avez raison, me dit-il. » Que Diderot, qui prodiguait ses conseils à tous ceux qui n'en avaient nulle envie, ait cru, après coup, que Jean-Jacques l'avait « consulté », il ne faudrait pas connaître Diderot pour s'étonner de son illusion. Mais, à supposer même que Rousseau l'ait consulté, la réponse que Diderot prétend avoir faite à Rousseau ne prouve-t-elle pas surabondamment que Rousseau était dès lors, au jugement de son ami, assez audacieux, ou, si l'on veut, assez bizarre, pour fuir de lui-même le fameux « pont aux ânes », c'est-à-dire le lieu commun qui ne pouvait, après tout, tenter qu'un esprit naïf, et Diderot ne supposait pas du tout cette naïveté-là à son ami. Si on lit attentivement la page tout entière où se trouve le récit de Diderot, on se convaincra que le sens que je donne à la réponse de Diderot est bien celui qu'il voulait lui donner ; car ce mot de Diderot : « le parti que vous prendrez est celui que personne ne prendra », vient *à la suite* de plusieurs alinéas, dans lesquels Diderot s'efforce de démontrer qu'en tous ses écrits Rousseau n'a été préoccupé que de prendre le contre-pied de l'opinion commune. « Comme il plaida la cause des Iroquois à Paris, il eût plaidé la nôtre dans les forêts du Canada... », et alors vient le paragraphe sur le Discours de Dijon (1).

Il me paraît donc bien prouvé que, pour ce Discours, c'est Rousseau qui a été le seul inspirateur de Jean-Jacques et j'ajoute que Diderot, pour son honneur, n'aurait pas dû laisser croire qu'il avait poussé son ami à combattre les sciences et les arts. Car que faisait donc Diderot dans ce donjon de Vincennes où

(1) Pour être complet, je dois ajouter une note mise par Volney dans son *Tableau du climat et du sol des États-Unis d'Amérique* (1803) : « Je tiens les faits suivants de deux témoins dignes de confiance, feu M. le baron d'Holbach et M. Naigeon, membre actuel de l'Institut. Dans le temps où l'Académie de Dijon proposa son prix trop célèbre, Diderot était détenu au château de Vincennes pour sa lettre *sur les aveugles.* Rousseau allait le voir quelquefois : dans l'une de ses visites, il lui montre l'annonce du prix. — Fort bien, reprit Diderot, mais dans quel sens prendrez-vous la question? — Dans son sens, reprit Rousseau ; est-ce qu'elle peut en avoir deux ? les sciences et les arts peuvent-ils avoir d'autre effet que de concourir à la prospérité des États ? — Eh bien ! reprit Diderot, vous serez un enfonceur de portes ouvertes ! (ce furent ses propres termes). Il serait bien plus piquant de soutenir l'inverse. » Rousseau part, frappé de cette idée, compose dans ce sens, et est couronné par l'académie de province. Quelque temps après, d'Holbach et Diderot se promenant au Cours-la-Reine, rencontrent Rousseau, l'abordent, le complimentent sur son tour de force et Rousseau plaisante avec eux du succès de son paradoxe et de la « bonhomie » des académiciens. Les critiques et les contradictions survinrent ; Rousseau en fut irrité : d'Holbach et Diderot, compagnons habituels de promenade, le rencontrent aux Tuileries : la question revient sur le tapis et ils sont étonnés de trouver Rousseau tellement aigri et changé d'opinion qu'il soutient sérieusement, avec la véhémence de son caractère, comme vérité, ce qu'il avait traité lui-même de plaisanterie. D'Holbach en fut frappé et dit à Diderot : « Mon ami, cet homme, dans son premier ouvrage, fera marcher l'homme à quatre pattes » ; et la prophétie ne fut que trop vraie. — Ainsi, voilà le point de départ du système de l'homme qui a affiché pour devise : *Vitam impendere vero* ; et cet homme aujourd'hui trouve des sectateurs tellement voisins du fanatisme, qu'ils enverraient volontiers à Vincennes ceux qui n'admirent pas les *Confessions.* » (*Œuvres de Volney*, Paris, Parmantier, 1825, t. IV, 412).

Nous savons par ailleurs (*Leçons d'histoire prononcées à l'École normale*) que l'auteur des *Confessions*, comme il était naturel, déplaisait profondément au froid et sec Volney. De plus, Volney était le disciple fanatique de d'Holbach et de Naigeon et cela diminue la valeur de son témoignage. L'attitude un peu niaise qu'il prête à Rousseau n'est guère admissible ; le fameux « pont aux ânes » est remplacé ici par « enfonceur de portes ouvertes » ; et il se peut que Diderot *ait cru, après coup*, en racontant la scène à ses amis, avoir dit les deux mots. Mais le plus étrange, c'est que d'Holbach ait dit, avant Voltaire, que Rousseau nous ferait « marcher à quatre pattes. » Qui eût jamais cru que d'Holbach eût tant d'esprit ? Ce qu'il faut retenir du récit de Volney, c'est l'acharnement des « holbachiens » à faire suspecter l'inspiration spontanée, et partant la sincérité de Rousseau.

l'était venu voir Rousseau ? il corrigeait les premières feuilles de l'*Encyclopédie,* c'est-à-dire du monument qu'il était en train d'édifier *à la gloire des arts et des sciences* ; et son ambition, à ce moment même, était de montrer à son siècle que la science seule pouvait guider l'humanité sur la route infinie du progrès.

Si quelqu'un, au XVIIIe siècle, pouvait sérieusement douter de l'efficacité de la science pour assurer le bonheur des hommes, c'était Rousseau et je montrerai tout à l'heure pourquoi : mais Diderot, l'inspirateur et le directeur de l'Encyclopédie, ne pouvait pas, sans se donner à lui-même un démenti scandaleux, soutenir que les sciences et les arts ont corrompu l'humanité. Conseiller donc une pareille thèse à son ami, ç'eût été l'inciter à proférer publiquement ce qui pour lui, Diderot, l'apôtre de la science, ne pouvait être autre chose qu'un mensonge et qu'un blasphème. Après cela, si l'on s'obstine encore à vouloir, contre toute évidence, attribuer à Diderot le premier mérite du Discours de Dijon, il faut bien que l'on sache que le rôle que jouerait alors Diderot en cette affaire serait le rôle peu glorieux d'un impudent sophiste (1).

M. Lanson, qui a écrit d'ailleurs des pages si pénétrantes sur Rousseau (2), dit, dans son *Histoire de la Littérature française* (1895, p. 728) que « avant Rousseau, Diderot s'était franchement

(1) Qu'on relise simplement ces quelques lignes qui, l'année même où fut couronné le discours de Rousseau (1750), paraissaient sous la signature de Diderot : celui-ci écrivait dans le prospectus qui devait figurer en tête de l'Encyclopédie : « Les sciences et les arts ne peuvent trop concourir à illustrer le règne d'un souverain qui les favorise ; pour nous, spectateurs de leurs progrès, et leurs historiens, nous nous occuperons seulement de les transmettre à la postérité. Qu'elle dise, à l'ouverture de notre dictionnaire : tel était alors l'état des sciences et des beaux-arts ; qu'elle ajoute ses découvertes à celles que nous avons enregistrées et que l'histoire de l'esprit et de ses productions aille d'âge en âge jusqu'aux siècles les plus reculés. Que l'Encyclopédie devienne un sanctuaire où les connaissances des hommes soient à l'abri des temps et des révolutions. » Y a-t-il rien de plus contraire à l'esprit et à la lettre du discours de Dijon ? Et si ce fou de Diderot, en même temps qu'il écrivait ces lignes, avait pu inspirer le discours de Dijon (*pour ce qui est de lui*, je ne l'en crois pas incapable) ce serait ma foi ! tant pis pour lui. Voir enfin, sur ce sujet, un passage de Brunetière : *Etud. critiq.*, III, 275.

(2) Et qui a inséré, dans la *Grande Encyclopédie*, un article sur *Rousseau* qui est un modèle de concision précise et de fine impartialité.

déclaré l'homme de la nature. » C'est une erreur : en 1749, à l'époque où Rousseau, dans son premier Discours, déclare la guerre à la société et regrette l'homme naturel, Diderot n'a composé que *les Bijoux indiscrets*, un roman licencieux et divers opuscules philosophiques où l'on ne trouve aucune des idées que Rousseau développe dans son Discours. Que Diderot ait été *plus tard* le philosophe de la nature au XVIII^e siècle, c'est incontestable ; mais les écrits où il se livre à son enthousiasme et, nouveau Lucrèce, chante la nature en poète après l'avoir étudiée et scrutée en savant et particulièrement en physiologiste, tous ces écrits-là sont postérieurs même au *deuxième* Discours, à ce Discours sur l'inégalité, où Rousseau, *le premier*, allait, en des pages toutes frémissantes de poésie, donner à son siècle comme un récit épique des premiers âges de l'humanité.

Mais que l'auteur du Discours de Dijon ne doive rien au directeur de l'Encyclopédie, cela ne suffit pas encore pour prouver que Rousseau fut, en écrivant ce discours, pleinement sincère. Ces questions concernant la sincérité d'un auteur sont toujours très délicates — nous ne pouvons pas sonder les cœurs ; — mais la question, pour ce qui est de Rousseau, est d'une difficulté toute particulière et le problème à résoudre ici est, on peut le dire, unique en son genre. Qu'on songe à ce que prétend Rousseau : que les sciences et les arts ont corrompu l'humanité ; et le point de départ de toutes ses œuvres est cette étrange thèse ! Il vaut la peine vraiment de scruter un peu ces premiers commencements de Rousseau ; et avant de se demander si, en combattant la science et la civilisation, il était peut-être dans le vrai, il faut essayer de savoir s'il était vrai avec lui-même.

Et d'abord de ce qu'il enfle la voix et de ce qu'il invective avec trop d'emportement les sciences et les mœurs de son temps, il n'en faut pas conclure que sa colère est feinte et que ses apostrophes ne sont que jeux de rhétorique. Il est orateur et moraliste : il est donc doublement entraîné à exagérer et à se fâcher. Faisons abstraction de l'exagération permise au moraliste et à l'orateur : il reste toujours le fond et l'idée maîtresse du discours ; or cette idée nous choque et nous révolte et nous ne pouvons nous défendre, en lisant la diatribe de Rousseau, d'un certain malaise et même de quelque agacement : peut-on soutenir sérieusement que savants et artistes sont les corrupteurs du genre humain ?

Encore si Rousseau avait écrit son réquisitoire, suivant une expression célèbre, *cum grano salis!* Mais non : il n'y a pas le moindre grain d'ironie dans tout son Discours ; et, quand le roi de Pologne insinuera que Rousseau a sans doute voulu « s'égayer sur un frivole paradoxe », Rousseau sera pleinement fondé à lui répondre que « le ton qu'il a pris dans son discours n'est pas celui qu'on emploie dans les jeux d'esprit ». Il veut donc que nous le prenions au sérieux : mais encore une fois le pouvons-nous ? Qu'on me permette ici d'insister un peu ; car la résistance que rencontre en nous Rousseau, ses contemporains la lui ont opposée aussi, de sorte que, tout en cherchant à apprécier sa loyauté d'écrivain dans ce premier discours, c'est une page d'histoire littéraire que nous sommes amenés à écrire. Rousseau s'est parfaitement rendu compte de ce qu'il y avait, pour ainsi dire, d'énorme et de stupéfiant dans sa thèse : « Quoi, s'écrie-t-il, comme effrayé des conséquences de sa théorie, la probité serait fille de l'ignorance ! la science et la vertu seraient incompatibles ! » mais il ne paraît pas en douter, puisqu'il ajoute : « Que ces réflexions sont humiliantes pour l'humanité ! ». Or, et c'est là surtout ce qui est fait pour nous surprendre et nous mettre en défiance, ces humiliantes vérités, qui donc se croit en droit de les formuler ? Serait-ce par hasard un dévot qui, comme Pascal, aurait du moins cette noble excuse que, s'il humilie la raison humaine, c'est parce qu'il veut la prosterner au pied de la croix? ou bien encore ce contempteur de la science et des savants, serait-ce un simple ignorant, ou un esprit frivole à qui l'on pourrait passer ses blasphèmes comme on pardonne à ceux qui ne savent ce qu'ils font ? Mais nullement : cet ennemi de la civilisation, on le rencontre chez les riches financiers et dans le salon des femmes d'esprit ; ce détracteur des lettres et des arts, c'est un musicien et un homme de théâtre qui a fait des pièces de vers, des opéras et des tragédies. Mais voici le comble : s'il sait écrire ou même plus simplement encore, s'il est instruit, il ne peut pas du tout en rejeter la faute, puisque faute il y a, sur ses parents, comme pourrait faire tout autre que lui ; car cette instruction, c'est lui qui se l'est donnée et avec quelle peine encore ! Mais écoutez-le lui-même dans cette note hardie : « Je ne saurais me justifier, comme bien d'autres, sur ce que notre éducation ne dépend point de nous et qu'on ne nous consulte pas pour nous empoisonner. C'est de très bon gré que je me suis jeté dans l'étude. » Or, ses amis, qui savaient tout cela, qui avaient été ses compagnons de plaisirs et les confidents de ses travaux littéraires, comment donc auraient-ils pris au sérieux ses invectives contre les lettres et contre la société ? Et quand ils le verront s'enfoncer dans sa misanthropie, et poursuivre sans trêve cette guerre que, par ce premier Discours, il vient de déclarer à tout ce qu'il avait jusque-là aimé et cultivé avec eux, comment ne l'auraient-ils pas accusé d'hypocrisie et de fausseté ? Et nous-mêmes aujourd'hui comment ferons-nous pour croire à sa sincérité après tant de raisons que nous avons d'en douter ?

Nous y croyons pourtant : et nous n'avons pas besoin pour cela de parler, comme tant d'autres ont fait, en avocat de Rousseau, mais simplement en psychologue et en historien ; je veux dire par là qu'il suffit pour rendre justice à Rousseau, d'essayer d'une part de pénétrer dans son âme, et, d'autre part, de bien comprendre la société où il vivait. Qu'on me permette seulement cette restriction essentielle, c'est que je ne me porte pas garant *toutes* les phrases du Dicours ; car, en dehors des écarts de langage, toujours excusables chez un orateur, il y a, dans le discours en question, des subtilités qui sont d'un sophiste, et il y a même des outrances calculées qui sont d'un mystificateur. Par exemple, vous ne pensiez pas naïvement, ô Jean-Jacques, que si certains peuples sont restés dans l'ignorance, c'est parce qu'ils « avaient appris à dédaigner les doctrines des philosophes », puisque ces doctrines, leur ignorance même, que vous vantez, les avait empêchés d'en connaître le premier mot. Et vous seriez bien fâché qu'on vous prît au mot quand vous insinuez, n'osant le dire ouvertement, tant le souhait vous a paru insensé, que ce serait peut-être un bien si tous les livres venaient à disparaître dans un vaste incendie qui ne respecterait que l'Évangile — et sans doute le Discours de Dijon. Quand Molière pousse trop loin à votre gré certaines plaisanteries, vous lui jetez à la tête, dans votre *Lettre à d'Alembert*, votre mot fameux : « mais il fallait bien faire rire le parterre ! » et vous, de même, quand vous poussez votre raisonnement jusqu'à ses dernières et plus absurdes conséquences, on a le droit de vous dire : vous ne pensez pas vraiment toutes ces choses et la preuve en est que vous vous empresserez de les atténuer, ou de les rétracter, dans vos réponses à vos critiques : mais il fallait bien remporter le prix d'éloquence ! et aussi, car vous l'espériez encore, n'ayant jamais douté de votre génie, il fallait bien étonner le monde par un coup d'éclat ; or, pour cela, vous le saviez (et vous n'aviez pas besoin, n'est-ce pas ? des conseils d'un Diderot, étant bien plus fin et plus avisé que lui), vous saviez, dis-je, qu'il valait mieux frapper fort que frapper juste et imitateur ou, comme on disait, singe de Bourdaloue, vous avez ainsi que lui « frappé comme un sourd. » Le rentetissement en a été immense, et le scandale aussi ; et c'est ce que vous souhaitiez, car vous saviez encore qu'à l'époque et dans la ville où vous viviez le scandale était le moyen le plus sûr de conquérir la célébrité.

Telles me paraissent être les réserves qu'il convient de faire : mais alors que restete-il du Discours ? l'essentiel, puisqu'il en reste le fond et l'inspiration générale. Que le fond du Discours soit bien le fond même de la pensée de Rousseau, c'est ce que nous permettait déjà de préjuger l'éloquence même que nous avons admirée : on peut être éloquent dans le faux, mais non pas dans le mensonge, non pas en soutenant une thèse à laquelle on ne croit pas. La véritable éloquence a, grâce à Dieu, un ton de vérité qui ne trompe pas. Tout ce qui est éloquent est vrai, a dit Mme de Staël : aussi les passages les plus vraiment éloquents du Discours sont-ils ceux où la sincérité de l'auteur est la plus manifeste. Entendez-le prendre à partie ces prétendus philosophes qui se figurent que, pour être original, il suffit de railler les mœurs établies et de saper les vieilles croyances : « Ces vains et futiles déclamateurs vont de tous côtés, armés de leurs funestes paradoxes, sapant les fondements de la foi et anéantissant la vertu. Ils sourient dédaigneusement à ces vieux mots de patrie et de religion... Non qu'au fond ils haïssent la vertu ; c'est de l'opinion publique qu'ils sont ennemis et, pour les ramener au pied des autels, il suffirait de les reléguer parmi les athées. » Mais qu'ont-ils, du reste, tous ces hardis penseurs à mettre à la place de ce qu'ils détruisent ? toujours prompts à persifler et toujours prêts à démolir, que savent-ils donc édifier ? « Quelles sont les leçons de ces amis de la sagesse ? A les entendre, ne les prendrait-on pas pour une troupe de charlatans criant chacun de son côté sur une place publique : Venez à moi, c'est moi seul que ne trompe point ? »

Mais à côté de ceux qui se croient des penseurs et prennent pour du génie la fureur de détruire, il y a les simples amuseurs, esclaves ceux-là de l'opinion ; et d'ailleurs tout écrivain de ce temps subit plus ou moins cet esclavage, et même ceux qui pourraient être originaux et trouver le grand se contentent du joli, parce qu'ils ne songent qu'à plaire au public, et que ce public, composé de jeunes étourdis et de femmes ignorantes, est incapable de goûter le vrai beau : « Tout artiste veut être applaudi ; les éloges de ses contemporains sont la partie la plus précieuse de sa récompense. Que fera-t-il donc pour les obtenir, s'il a le malheur d'être né chez un peuple et dans des temps où les savants devenus à la mode ont mis une jeunesse frivole en état de donner le ton ; où l'un des sexes n'osant approuver que ce qui est proportionné à la pusillanimité de l'autre, on laisse tomber des chefs-d'œuvre de poésie dramatique et des prodiges d'harmonie (italienne) sont rebutés ? Ce qu'il fera, Messieurs ? il rabaissera son génie au niveau de son siècle et aimera mieux composer des ouvrages communs qu'on admire pendant sa vie, que des merveilles qu'on n'admirerait que longtemps après sa mort. »

Et maintenant tout cela, ces fausses élégances, cette fade

galanterie et aussi cet abaissement des caractères, c'est l'amour du faste ou, pour l'appeler par son nom, et quoi que les Economistes du temps puissent inventer pour le défendre, c'est *le luxe* qui en est la cause ; c'est la soif du luxe qui a perdu les sociétés ; car, je vous en prie, « que deviendra la vertu quand (pour briller) il faudra s'enrichir à quelque prix que ce soit ?.... C'est ainsi que la dissolution des mœurs, suite nécessaire du luxe, entraîne à son tour la corruption du goût. Que si par hasard entre les hommes extraordinaires par leurs talents, il s'en trouve quelqu'un qui ait de la fermeté dans l'âme et qui refuse de se prêter au génie de son siècle et de s'avilir par des productions puériles, malheur à lui ! il mourra dans l'indigence et dans l'oubli. »

Le voilà bien, profond et indéniable, l'accent de la sincérité, et c'est cet accent-là, si on y prête attention, qui règne dans tout le Discours de Rousseau ; mais de plus, on surprend par endroits, comme ici, je ne sais quel cri du cœur : c'est le cri qui échappe à ses rancunes accumulées contre une société si mal faite, une société dans laquelle un ambassadeur comme Montaigu peut être un parfait imbécile, tandis qu'un homme de talent, s'il est pauvre, court risque de commencer par être laquais ! C'est le cri de Figaro et comme la revanche du pauvre diable contre ceux qui, pour tant de biens dont ils regorgent, comme ces fermiers généraux, se sont donné la peine de naître, tandis que lui, morbleu ! perdu dans la foule obscure, il a dû s'évertuer en frémissant ; et, pour subsister seulement, il a dû faire tous les métiers, même les plus avilissants. Et maintenant il est homme de lettres : mais il est toujours sans le sou ! A quoi donc lui a servi d'avoir, dans sa solitude, tant peiné pour apprendre ces sciences et ces lettres dont les habiles seuls savent tirer parti pour briller dans les salons et pérorer dans les Académies ?

Comme tous ces gens d'esprit lui semblent mesquins et petits à côté de ces grands hommes de l'antiquité, qui se préoccupaient « de bien agir » et non pas « de bien dire ! » Et cette vie de salon, comme elle est contraire à la vie de ses rêves, à celle qu'on mène dans une cité de simples et d'honnêtes bourgeois, comme Genève, mais surtout à la vie aventureuse qu'il a menée lui-même, loin des salons et loin des cités ! Et les réminiscences de Plutarque se mêlent dans son esprit, pour l'exalter et l'inspirer à la fois, au regret de sa patrie et aussi et surtout au souvenir des heures sublimes qu'il a passées à errer à travers champs, sans autre règle que sa fantaisie : ainsi vivaient sans doute, sans lois et sans maîtres, et ne songeant pas au mal, puisqu'ils l'ignoraient, les premiers hommes qui ont, d'un pas libre et fier, foulé le sol vierge des antiques forêts ! — C'est ainsi que je me représente l'état d'esprit qui dicta à Rousseau son premier Discours.

Jusqu'alors cependant Rousseau n'avait eu contre la société et les mœurs de son temps qu'une hostilité sourde et vague et une colère impuissante, parce que cette société et ces mœurs, il n'avait encore rien trouvé à leur opposer, et que, pour combattre un état social, il faut pouvoir, comme avait fait Tacite, peindre un état contraire et prétendûment supérieur. L'éminent service que lui rendit, je crois, le programme de l'Académie de Dijon fut de lui fournir l'occasion, qu'il semblait attendre, de préciser ses griefs : ce programme venait à point lui suggérer un thème merveilleusement fait pour déchainer et expliquer à la fois, et comme pour justifier à ses propres yeux, sa colère, si longtemps contenue, contre les vices du temps. Cette même année, et quelques mois seulement avant qu'il commençât son Discours, il avait écrit ces mots à M^me^ de Warens ; « la bile me donne des forces et même de l'esprit :

« La colère suffit et vaut un Apollon. »

Mais cet Apollon n'avait pas suffi jusqu'ici, quoiqu'il endise, à le tirer de l'obscurité où il se dévorait, de cet « état d'opprobre », dont il se plaignait amèrement à la même M^me^ de Warens : c'est que « la colère » est impuissante à créer une œuvre d'art, si, en même temps que d'elle-même, elle ne s'inspire pas d'un idéal qui l'élève jusqu'à l'indignation du poète ou l'enthousiasme de l'orateur. Or, en ouvrant à l'imagination de Rousseau ces perspectives enchanteresses sur l'innocence ingénue de la primitive humanité, la question de Dijon permettait maintenant à Rousseau de dresser autel contre autel et d'opposer aux laideurs de la réalité présente, non plus son mécontentement inutile et aveugle, mais la claire vision, claire du moins pour lui, et pour lui aussi inspiratrice, d'un passé radieux qu'il n'allait cesser désormais de proposer en exemple à son siècle dégénéré.

Rousseau, qui se rend si bien compte des évènements de sa vie intellectuelle, a très bien démêlé le genre de service que lui rendit l'Académie de Dijon. « En admirant, écrira-t-il plus tard, les progrès de l'esprit humain, il (lui-même, Rousseau) s'étonnait de voir croître en même proportion les calamités publiques. Il entrevoyait une secrète opposition entre la constitution de l'homme et celle de nos sociétés ; mais c'était plutôt un sentiment *sourd*, une notion *confuse* qu'un jugement clair et développé. L'opinion publique l'avait trop subjugué lui-même pour qu'il osât réclamer contre de si unanimes décisions. Une malheureuse question d'académie, qu'il lut dans le *Mercure*, *vint tout à coup dessiller* ses yeux, débrouiller ce chaos dans sa tête, lui montrer un autre univers, un véritable âge d'or ..... réaliser en espérance toutes les visions par la destruction des préjugés qui l'avaient subjugué lui-même, mais dont il crut à ce moment voir découler les vices et les misères du genre humain. » (*Rousseau juge de Jean-Jacques : Second Dialogue*).

## IV

Rousseau, étant retenu au lit par la maladie, avait laissé à Diderot le soin de faire imprimer son Discours. Il reçut de son ami le billet suivant : « Il prend tout par dessus les nues ; il n'y a pas d'exemple d'un succès pareil. » Rousseau était désormais célèbre : on le devenait rapidement, et parfois à peu de frais, au dix-huitième siècle. Un auteur, jusque là inconnu, écrivait un simple discours d'une trentaine de pages, à la fois éloquentes et paradoxales ; le discours était prôné par les amis de l'auteur — et quel ami précieux en ce cas que l'exubérant Diderot ! —

On en parlait dans les cafés et les salons à la mode; aussitôt chacun voulait lire la brochure, connaître l'auteur, et de Paris, ce « café de l'Europe », la renommée portait au loin, nous allons le voir, le nom du livre et de l'auteur. C'est ainsi que deux ans après le Discours de Dijon, l'ami de Rousseau, Grimm, deviendra célèbre du jour au lendemain pour avoir pastiché la Bible dans une simple brochure musicale que Voltaire proclama spirituelle : et Grimm pouvait annoncer à son ami Gottsched que son « Petit prophète de Bœmischbroda » avait à Paris un succès prodigieux. « Un bon mot fait la fortune d'un homme », dit à cette époque Mercier.

Se rappelant plus tard son premier triomphe, Rousseau écrit dans ses *Confessions :* « Cette faveur du public, nullement briguée (mais si ardemment souhaitée, nous l'avons vu), me donna l'assurance véritable de mon talent dont, malgré le *sentiment interne,* j'avais toujours douté jusqu'alors. » Cela signifie : « Je n'en doutais pas du tout, mais le succès vint confirmer pleinement l'assurance que j'en avais toujours eue. » Ce qui, mieux que ces lignes de Rousseau (un auteur étant toujours suspect quand il parle de lui), et mieux aussi que l'affirmation de Diderot très capable, comme on sait, de tout exagérer et en particulier le succès de son meilleur ami ; ce qui, dis-je, nous prouve, mieux que tout, le bruit que fit le Discours de Rousseau, c'est le nombre (1) et même la qualité de ses contradicteurs.

Une année après, l'abbé de La Porte dit du Discours de Dijon : « Il a excité une dispute littéraire à laquelle toute la France a paru prendre quelque part (2) ». Stanislas, ex-roi de Pologne et beau-père de Louis XV, prit la plume pour réfuter Rousseau et cette réfutation, partie d'une main royale, dut flatter singulièrement Rousseau. Les philosophes, on le sait, ne se tiennent pas

(1) M. de Reynold a fait paraître dans la *Revue de Fribourg* (juillet 1904) un article, surtout bibliographique, intitulé : « Rousseau et ses contradicteurs ». J'ai compté 68 pièces se rapportant au premier Discours.

(2) « Voyage en l'autre monde ou Nouvelles littéraires de celui-ci. Paris. Duchesne. 1752, 2e P., p. 169. »

de joie quand un roi ou un prince entre en correspondance avec eux ; or ici, c'était mieux qu'une correspondance : un roi entrait dans la lice pour jouter contre l'auteur du Discours de Dijon ! il y avait de quoi tourner la tête, même à quelqu'un qui l'aurait eu plus ferme que l'auteur de ce discours,

Une dernière preuve et intéressante (encore qu'aucun biographe de Rousseau n'en ait jamais parlé) du grand retentissement de ce Discours nous est fournie par un auteur étranger : le Discours n'avait pas seulement « pris par dessus les nues » ; il avait pris par dessus les frontières et, en avril 1751, un Allemand qui n'était rien de moins que Lessing, lui consacrait un long article dans une revue de Berlin, la *Vossische Zeitung* (1). Je ne sais si Rousseau connut cet article, dont la fin l'aurait particulèrement flatté : « Que la France serait heureuse, si elle avait beaucoup de prédicateurs comme Rousseau ! » Mais je ne trouve, dans toutes ses œuvres, aucune mention de Lessing.

« A peine, dit Rousseau, mon discours eut-il paru, que les défenseurs des Lettres fondirent sur moi comme de concert. Indigné (?) de voir tant de petits messieurs Josse qui n'entendaient pas même la question, vouloir en décider en maîtres, je pris la plume et j'en traitai quelques uns de manière à ne pas laisser les rieurs de leur côté. » Les réfutations, qui furent faites du Discours sur les sciences, et que nous allons rapidement résumer, sont pour deux raisons intéressantes à connaître : en elles-mêmes, elles sont parfaitement négligeables, car il nous importe peu de savoir comment tel académicien, de Nancy ou d'ailleurs, a refait pour la millième fois l'éloge des lettres et des arts. Mais ces réfutations ont provoqué des répliques de la part de l'auteur attaqué et ce sont ces répliques qui nous intéressent : elles ont, d'une part, amené Rousseau à se corriger, voire par-

(1) Lessing : « Das Neueste aus dem Reiche des Witzes. Beilage zu den Berlinischen Staats = und Gelehrten Zeitungen. On trouve cet article dans la *Deutsche Nationallitteratur*, de Kürschner, t. LXI. 11e P., p. 10. » Je relèverai seulement ce trait dans l'article de Lessing : « Quand les vertus militaires déclinent par suite de la diffusion des sciences, comme le prouve Rousseau, eh bien ! est-ce donc un mal ? Sommes-nous ici-bas pour nous entre-dévorer ? » Que les temps sont changés dans le pays de Lessing !

fois à se réfuter lui-même ; mais surtout, et c'est leur principal intérêt, elles l'ont poussé à développer pleinement ce qu'annonçait déjà son Discours, à savoir son redoutable talent de polémiste, et, ce qui vaut moins, son habileté et ses ruses d'avocat.

Le *Mercure de France*, de janvier 1751, avait analysé le Discours, après l'avoir annoncé, comme il avait été publié, sans nom d'auteur ; mais comme il imprimait à la suite : « par un citoyen de Genève », à Genève, chez Barrillot, 1751, — il était aisé de nommer ce citoyen de Genève. On faisait connaître le discours par des extraits, suivant l'usage du temps et on concluait : « Ce discours, qui est pensé, écrit et raisonné de la plus grande manière, est accompagné de notes aussi hardies que le texte : on voit aisément que l'auteur s'est nourri l'esprit et le cœur des maximes de son pays. » L'article était de Raynal, directeur du *Mercure* et ami de Rousseau.

En juin 1751, ce même Mercure ayant publié des « Observations sur le Discours qui a été couronné à Dijon », Rousseau y répondit par sa « Lettre à l'abbé Raynal ». Les « Observations » n'offrent d'ailleurs aucun intérêt et la seule chose à retenir de la courte réplique de Rousseau, c'est qu'il annonce que, « quand il sera question de se défendre, il suivra sans scrupules toutes les conséquences de ses principes » ; nous allons bien voir.

En octobre 1751, on ne fait plus seulement des Observations : c'est une réfutation en règle que publie cette fois le Mercure. Elle avait été lue dans une séance de l'Académie royale de Nancy, par M. Gautier, professeur de mathématiques et d'histoire : « Un *certain* M. Gautier, de Nancy, le premier qui tomba sous ma plume, fut rudement malmené dans une Lettre à M. Grimm » (1). La Réfutation du Discours, qui est d'un bon esprit, suit, et c'est là son tort, Rousseau pas à pas, divisant, comme il l'a fait lui-même, son discours en deux parties : la question de fait et la question de droit. Gautier défend assez habilement contre Rousseau la politesse : « Si l'art de voiler

(1) « Lettre de J.-J. Rousseau à M. Grimm sur la Réfutation de son Discours, par M. Gautier. » Masset-Pathay, I, 478.

(ses vrais sentiments) s'est perfectionné, celui de pénétrer les voiles a fait les mêmes progrès. On sait évaluer les offres spécieuses de la politesse ; ... le seul commerce du monde suffit d'ailleurs (sans invoquer le progrès des sciences) pour acquérir cette politesse ». Gautier touche en passant ce qu'il appelle « l'orgueilleuse rusticité » de l'auteur. En bon professeur d'histoire, il réfute très bien les arguments historiques de Rousseau : « les victoires des Athéniens sur les Perses prouvent que les arts peuvent s'allier avec la vertu ». Il se contente de railler, ce qu'il fallait faire, ce plaisant argument de Rousseau : « La nature, (avait dit Rousseau), a rendu exprès la science difficile » ; Gautier : « le labourage aussi ; est-ce un avertissement qu'il faut crever de faim ? » Enfin, contre la thèse de Rousseau, que les sciences et les arts sont nés de nos vices, Gautier les montre naissant de nos besoins et ajoute qu'on l'a prouvé dans certain livre ; allusion, sans doute, au Discours préliminaire de l'Encyclopédie, paru trois mois auparavant, le 1er juillet 1751, et où d'Alembert développe longuement l'idée soutenue par Gautier.

La réponse de Rousseau (Lettre à Grimm) est dédaigneuse ; il le prend de haut avec le professeur d'histoire de Nancy, à qui il ne réplique d'ailleurs qu'en s'adressant à Grimm. Gautier ne l'a pas compris : comment l'aurait-il réfuté ? Le style de Rousseau, c'est le point à noter, est en progrès ; il est plus nerveux, plus ramassé que dans le Discours, et l'auteur apprend de plus à ses adversaires qu'il sait manier l'ironie : « On voit à chaque page que l'auteur n'entend point ou ne veut point entendre l'ouvrage qu'il réfute ; ce qui lui est assurément fort commode parce que, répondant sans cesse à sa pensée et jamais à la mienne, il a la plus belle occasion du monde de dire tout ce qui lui plaît. D'un autre côté, si ma réplique en devient plus difficile, elle en devient aussi moins nécessaire ; car on n'a jamais ouï dire qu'un peintre qui expose en public un tableau soit obligé de visiter les yeux des spectateurs et de fournir des lunettes à tous ceux qui en ont besoin ».

Mais ce que Rousseau reproche à son adversaire, il n'a aucun scrupule à le pratiquer lui-même : faire semblant de n'avoir pas compris et faire dire aux gens autre chose que ce qu'ils ont dit pour en avoir plus facilement raison : « En parlant de la politesse il (M. Gautier) fait entendre clairement que, pour devenir homme de bien, il est bon de commencer par être hypocrite et que la fausseté est un chemin sûr pour arriver à la vertu. » Or Gautier avait dit simplement, — et sa remarque ne manquait pas de finesse, et l'on peut même d'avance l'opposer au développement célèbre de Rousseau sur la rusticité des mœurs dans la Lettre sur les spectacles ; « On s'est plié aux bienséances, souvent plus puissantes que les devoirs. Les vertus sociales sont devenues plus communes... Combien ne changent de dispositions que parce qu'ils sont contraints de paraître en changer ! Celui qui a des vices est obligé de les déguiser ; c'est pour lui un avertissement continuel qu'il n'est pas ce qu'il doit être ; ses mœurs prennent insensiblement la teinte des mœurs reçues. La nécessité de copier la vertu le rend enfin vertueux *ou du moins* ses vices ne sont pas contagieux comme ils le seraient s'ils se présentaient de front avec cette « rusticité » que regrette mon adversaire ». — Sur le terrain historique, Rousseau habilement esquive la discussion : il a affaire à plus fort que lui, Gautier étant professeur d'histoire et il s'en tire par cette réflexion que, si l'on allait opposer auteurs à auteurs, la querelle s'éterniserait comme toute question d'érudition : il est possible, mais qui donc a ouvert la querelle, sinon Rousseau, en citant ses auteurs à lui ? Après s'être dérobé sur « la question de fait », passant à la deuxième partie du Discours et de la Réfutation, il reprend le ton cavalier et en un style pressant et ferme, il réplique : « M. Gautier se contente, pour me réfuter, de dire *oui* partout où j'ai dit *non* : je n'ai donc qu'à dire encore *non* partout où j'avais dit *non*, *oui* partout où j'avais dit *oui* et, supprimant les preuves, j'aurai très exactement répondu. » C'est répondre, sinon « exactement », au moins spirituellement.

Sur un point Rousseau recule, mais il sait couvrir sa retraite : « M. Gautier prend la peine de m'apprendre qu'il y a des peuples vicieux qui ne sont pas savants : et je m'étais bien douté que les

Kalmouks et les Cafres n'étaient pas des prodiges de vertu et d'érudition. Si M. Gautier avait donné les mêmes soins à me montrer quelque peuple savant qui ne fût pas vicieux, il m'aurait surpris davantage. Partout il me fait raisonner comme si j'avais dit que la science est la *seule* source de corruption parmi les hommes : s'il a cru cela de bonne foi, j'admire la bonté qu'il a de me répondre. » Mais précisément, si on lit de bonne foi le Discours de Rousseau, on voit que la science et le vice sont *partout* unis comme *la cause* et l'effet. Enfin il accorde ici, ce qu'il n'avait pas fait dans son Discours, que la vertu n'est pas l'*inséparable* compagne de l'ignorance et il cède donc du terrain, quoi qu'il dise. Au reste, le vrai sophisme de Rousseau, que son contradicteur n'a pas vu, est le suivant. Il dit : qu'on me montre un peuple savant qui ne soit pas vicieux. Mais il n'y a pas de peuple — savant ou ignorant — qui n'ait des vices. C'est à lui, Rousseau, de nous montrer *un peuple vraiment vertueux* et, après, nous examinerons s'il est savant ou non. Il fait une pétitition de principe : il suppose qu'à l'origine il y a eu de tels peuples sans vices ; mais c'est là la question, et il affirme ce qu'il n'a pas vu ou encore il affirme ce qui *à priori* est impossible, les hommes primitifs n'ayant sans doute pas été des anges.

Et voyez l'habile avocat qui s'empare d'un bon argument de son adversaire pour le tourner à son avantage. Gautier avait dit : mais il est pénible aussi de cultiver la terre, comme de s'instruire ; la nature a-t-elle donc voulu nous éloigner par là de l'agriculture, qui nous est nécessaire pour vivre ? Justement, s'écrie Rousseau, la nature a voulu que l'agriculture fût un art pénible, mais savez-vous pourquoi ? c'est pour que, étant obligés de travailler durement la terre, il nous reste moins de temps pour ce qui est inutile et dangereux : l'art et la science. Et Gautier avait cru triompher dans son parallèle : l'agriculture demande autant de peine que la science. Mais il ne voit pas la différence entre les deux et la voici : « avec *un peu* de travail, on est sûr de faire du pain, tandis qu'avec *beaucoup* d'étude, il est très douteux qu'on parvienne à faire un homme raisonnable ». On voit le subterfuge. Il n'y a qu'à dire à Rousseau : avec de l'étude on peut faire *un savant* et cela vaut peut-être la peine de travailler ; mais Rousseau demande à la science tout autre chose et il faut convenir qu'il reste sur le terrain où il s'est placé : la science ne fait pas la vertu.

Terminant par un argument *ad hominem*, il bafoue son adversaire, tout en le couvrant de fleurs. « Je remarque que M. Gautier, qui me traite partout avec la plus grande politesse, n'épargne aucune occasion de me susciter des ennemis : il étend ses soins à cet égard depuis les régents de collège jusqu'à la souveraine puissance. M. Gautier fait fort bien de justifier les usages du monde : on voit qu'ils ne lui sont pas étrangers. Mais revenons à la réfutation. Toutes ces manières d'écrire et de raisonner, qui ne vont pas à un homme d'autant d'esprit que M. Gautier me paraît en avoir, m'ont fait faire une conjecture que vous trouverez hardie, et que je crois raisonnable. Il m'assure, très sûrement sans en rien croire, de n'être point persuadé du sentiment que je soutiens. Moi, je le soupçonne, avec plus de fondement, d'être en secret de mon avis : les places qu'il occupe, les circonstances où il se trouve, l'aurons mis dans une espèce de nécessité de prendre parti contre moi. La bienséance de notre siècle est bonne à bien des choses : il m'aura donc réfuté par bienséance ; mais il aura pris toutes sortes de précautions et employé tout l'art possible pour le faire de manière à ne persuader personne. »

Voici maintenant le roi Stanislas qui descend dans l'arène. Son discours parut d'abord sans nom d'auteur, mais Stanislas laissa dire que l'auteur, c'était lui ; et enfin le discours fut imprimé par ses soins dans les « Œuvres du philosophe bienfaisant », qui sont ses œuvres (Paris, 1763, t. IV). L'écrit du bon Stanislas est honnête et banal : l'auteur craint visiblement d'être la dupe de Rousseau, s'il prend au sérieux ce qui n'est sans doute, pour le lauréat de Dijon, qu'un jeu d'esprit. Quoi qu'il en soit, la meilleure façon de le réfuter, c'est, lui semble-t-il, d'opposer l'auteur à lui-même, c'est-à-dire l'art et la science dont il fait preuve à la haine qu'il affiche de la science et de l'art. Comment donc sa science n'a-t-elle pas corrompu sa sagesse, ou comment sa sagesse ne l'a-t-elle pas détourné de la science ?

Mettre Rousseau en contradiction avec lui-même, c'est la première fois qu'on l'essaie contre lui. Ses adversaires plus tard ne s'en feront pas faute : il s'en tirera comme il pourra et sa dialecte sera souvent mise à de rudes épreuves.

Stanislas invoque, pour défendre la science et les savants, « la curiosité *naturelle* à l'homme » ; mais il ne sait pas tirer parti de cet argument, qui est excellent contre Rousseau, l'apôtre de la nature et de tout ce qui est naturel. Il trouve un autre argument, qui est précisément celui qu'il faut opposer à Rousseau. Celui-ci avait dit : la science est partout unie au vice et la vertu accompagne toujours l'ignorance. La réponse était, nous l'avons dit, celle-ci : y a-t-il jamais eu un peuple, savant ou ignorant, peu importe, qui ait été pleinement vertueux ? Tout est là et Stanislas est sur la voie : « où vit-on jamais des hommes sans défauts et sans vices ? » Mais il s'arrête court, et termine en faisant remarquer que « l'on peut être bien savant sans être fort poli », ce qu'on ne songe pas à lui contester.

Que sera, et c'est ici qu'est pour nous l'intérêt de cette discussion, la réponse de Rousseau ? Va-t-il faire échec au Roi ? Il nous dit avec une satisfaction marquée : « Le second (de mes critiques) fut le roi Stanislas *lui-même*, qui ne dédaigna pas d'entrer en lice avec moi. L'honneur qu'il me fit me força de changer de ton pour lui répondre ; j'en pris un plus grave, mais non moins fort (?) ; et, sans manquer de respect à l'auteur, je réfutai pleinement l'ouvrage. » Il prétend savoir qu'un jésuite, le P. Menou, avait collaboré à l'ouvrage du prince et, se fiant dit-il à son tact, il sut très bien démêler ce qui était du prince et ce qui était du moine et cela lui permit de « tomber sans ménagement sur toutes les phrases jésuitiques ». A supposer que son « tact » ne l'ait pas trompé sur ce point, il l'a trompé lourdement en ceci que le public, qui n'était pas dans le secret, ne pouvait savoir ce qui, dans la réponse de Rousseau, était à l'adresse du roi et ce qui était destiné au jésuite ; et le tout retombait donc sur le dos du bon Stanislas, lequel était, pour tous, l'auteur de la réfutation de Rousseau.

Au fond Rousseau était très embarrassé : il était infiniment flatté d'avoir à combattre un si auguste adversaire et il savait aussi ce qu'il lui devait ; mais il ne sentait pas moins ce qu'il se devait à lui-même; car si Stanislas était duc de Lorraine et avait été roi de Pologne, il était, lui, citoyen de Genève et il fallait montrer au public que, pour un citoyen, la vérité était au-dessus même de la majesté royale.

Il s'étonne, dans ses *Confessions*, que sa réponse au Roit ait fait moins de bruit que ses autres ouvrages, car c'est « une pièce unique en son genre : j'y saisis l'occasion qui m'était offerte d'apprendre au public comment un particulier pouvait défendre la cause de la vérité contre un souverain même. Il est difficile de prendre en même temps un ton plus fier et plus respectueux que celui que je pris pour lui répondre. » En réalité, le ton de Rousseau est plus respectueux que fier et c'est ce qui frappe dès le début. La critique du roi avait paru avant celle de M. Gautier : cependant Rousseau répondit d'abord à M. Gautier et c'était peut-être pour que le ton qu'il prend en s'adressant au roi parût plus respectueux, comparé au ton hautain qu'il venait de prendre avec le « certain » M. Gautier. Son premier mot, après les remercîments pour l'honneur qu'on lui a fait, est pour reconnaître que le discours auquel il va répondre « est plein de choses très vraies et très bien prouvées »; et de ces choses-là, il y en avait beaucoup plus dans la critique de M. Gautier : mais M. Gautier « ne l'avait pas même compris. » Puis Rousseau veut bien reconnaître que la science est bonne en soi : ne vient-elle pas de Dieu ? Mais alors pourquoi la proscrire? C'est qu'elle n'est pas faite pour l'homme. Pour qui donc, grands dieux ! est-elle faite ? ou plutôt par qui est-elle faite, si ce n'est par l'homme lui-même ?

Oui, sans doute, continue-t-il en substance, j'ai dit que la science corrompt les *nations*, mais je n'ai pas dit que la science et la vertu ne puissent pas s'entendre dans *chaque homme en particulier*. — Ainsi ce qui peut être bon pour les individus ne peut l'être pour les peuples, qui ne sont que des assemblages d'individus !

Stanislas lui avait reproché de s'être servi de *sa* science pour combattre *la* science. — Parfaitement, réplique Rousseau, et sa réponse est ingénieuse : « Si quelqu'un venait pour me tuer et que j'eusse le bonheur de me servir de son arme, me serait-il défendu, avant de la jeter, de m'en servir pour le chasser de chez moi ? » Et Stanislas, pour défendre les sciences, avait ingénûment énuméré les profits matériels qu'on en retire dans tous les états. — Fort bien, réplique Jean-Jacques : « c'est comme si, pour justifier un accusé, on se contentait de prouver qu'il se porte fort bien, qu'il a beaucoup d'habileté ou qu'il est fort riche. Pourvu qu'on m'accorde que les sciences et les arts nous rendent malhonnêtes gens, je ne disconviendrai pas qu'ils ne soient d'ailleurs très commodes : c'est une conformité de plus qu'ils ont avec les vices ».

Stanislas avait voulu montrer que les lumières font progresser la religion et ici Rousseau triomphe aisément, car son siècle tout entier, aussi éclairé qu'irréligieux, répond pour lui : « Les sciences sont florissantes aujourd'hui, la littérature et les arts brillent parmi nous : quel profit en a tiré la religion ? la science s'étend et la foi s'anéantit ; nous sommes tous devenus docteurs et nous avons cessé d'être chrétiens ». Puis, revenant sur cette idée que l'homme poli, par son hypocrite vertu, honore la vertu véritable, il résume heureusement le débat en s'attaquant à la fameuse maxime de La Rochefoucauld : « L'hypocrisie, dit-on, est un hommage que le vice rend à la vertu. Oui, comme celui des assassins de César, qui se prosternaient à ses pieds pour l'égorger plus sûrement. »

Pour le fond, Rousseau, par des distinctions ou des concessions déguisées, *atténue* peu à peu les aphorismes tranchants de son Discours ; c'est ainsi que, après avoir distingué une bonne et une mauvaise science, il distingue maintenant une ignorance brutale d'une ignorance raisonnable et il est réduit, en fin de compte, à se contenter de ceci : On peut être un très savant homme et une parfaite canaille, de même qu'on peut être un grand ignorant et un brave homme ; ce n'était pas la peine vraiment de partir en guerre et d'emboucher la trompette pour venir s'échouer sur ces banalités !

Dans toutes ses répliques, on est bien forcé d'admirer les ressources de sont talent, aussi souple dans la défense que vigoureux dans l'attaque, mais on est en même temps attristé ou plutôt agacé de voir tant de finesse, et de subtile dialectique employée à défendre une position intenable : car Rousseau a si indissolublement lié la science et le vice, d'une part, l'ignorance et la vertu, de l'autre, qu'il a maintenant toutes les peines du monde à concilier sa thèse trop absolue avec le bon sens et la vérité. Et de vouloir sauver quand même, à l'aide de rectifications et de tours de force, l'essentiel de sa thèse, c'est cela qui le rabaisse et fait, du grand orateur qu'annonçait le Discours, un disputailleur pointilleux et un insupportable avocassier.

M^me^ du Deffand écrivait un jour à Voltaire : « Il y a ici un fameux joueur de violon qui fait des prodiges sur sa chanterelle. Un homme disait à un autre : « Monsieur, n'êtes-vous pas enchanté ? Sentez-vous combien cela est difficile ? — Ah ! Monsieur, dit l'autre, je voudrais que cela fût impossible ». C'est ce que je dirais de tous les auteurs qui sautent à pieds joints sur le bon sens, pour nous faire des raisonnements fatigants et faux. Je mettrais à leur tête M. Jean-Jacques » (1). C'est plus particulièrement à toutes ces répliques de Rousseau, que nous venons de parcourir, que s'applique ce jugement de « l'aveugle clairvoyante » qu'était M^me^ du Deffand.

Un dernier mot avant de quitter Stanislas. Il avait fait, dans sa critique, un gros anachronisme (ce sont là jeux de princes) : il avait dit que, si Socrate avait méprisé les sciences, c'est qu'il voulait par là marquer son mépris pour les Stoïciens et les Epicuriens. Rousseau lui réplique très joliment : « Quand Socrate a maltraité les sciences, il n'a pu, ce me semble, avoir en vue l'orgueil des Stoïciens, ni la mollesse des Epicuriens... parce qu'aucun de ces gens-là n'existait de son temps. Mais ce léger anachronisme n'est point messéant à mon adversaire : il a mieux employé sa vie qu'à vérifier des dates et n'est pas plus obligé de savoir par cœur son Diogène-Laerce que moi d'avoir vu de

(1) *Corresp. de M^me^ du Deffand*, édit. S^te^ Aulaire, I, 176.

près ce qui se passe dans les combats. » En vérité Voltaire n'eût pas mieux dit.

Rousseau prétend, dans ses *Confessions*, que Stanislas, en lisant la réplique qu'il s'était attirée, s'écria : « J'ai mon compte, je ne m'y frotte plus. » Je doute un peu de l'authenticité du propos, car je trouve, au contraire, dans les œuvres du Philosophe bienfaisant, une étude morale où Stanislas attaque l'auteur du Discours sur l'inégalité. Ce qui est vrai, c'est que Rousseau, dans ses nombreux duels littéraires, parut toujours avoir l'avantage et c'est ce que constatait Stanislas lui-même dans l'opuscule que je viens de citer ; il y dit de Rousseau : « Comme un nouvel Anthée, il devient plus fort chaque fois qu'il est terrassé » ; chaque fois qu'il parait l'être serait donc mieux dit.

Un adversaire autrement vigoureux fut Borde, ce Lyonnais ami de Rousseau que nous avons fait connaître et à qui Rousseau avait adressé, on s'en souvient, une très curieuse épître en vers. Borde avait prononcé le 22 juin 1751, à l'Académie de Lyon, un « Discours sur les avantages des sciences et des arts ». Ce discours est une réfutation en règle du discours de Rousseau et il parut dans le *Mercure* de décembre 1751 et mai 1752 (1).

Grimm, alors l'ami de Rousseau, trouve que le discours de Borde, « faiblement pensé, ne fait rien à la question ». Le lecteur en jugera tout autrement ; car il va voir Borde opposer aux brillants paradoxes de Rousseau le langage du bon sens et de la vérité ; je le résume très rapidement :

Dès ses premiers mots, Borde s'attaque au principe même d'où Rousseau a tiré ses plus grands effets oratoires ; on est désabusé depuis longtemps de la chimère de l'âge d'or : partout la barbarie a précédé l'établissement des sciences. Puis il venge noblement Athènes contre laquelle a blasphémé ce rustique Genevois et qu'il a immolée à l'ignorante et sage Lacédémone : « Cette belliqueuse Sparte que vous nous vantez sans cesse, mais elle a fini par perdre ses mœurs, elle aussi. Et quant à Athènes,

(1) Il se trouve dans les *Œuvres diverses de M. Borde*, Lyon, 1783, t. IV.

est-ce que la gloire de l'esprit et celle des armes n'y avançaient pas d'un pas égal? Et pour ce qui est de la vertu, aux côtés mêmes d'un Miltiade et d'un Thémistocle ne voit-on pas un Aristide et un Socrate? Sans cette Athènes, que vous rabaissez à plaisir, les hommes seraient restés dans une éternelle enfance. Oui, la Grèce doit tout aux sciences, mais le reste du monde doit tout à la Grèce ». Et à côté de ces belles paroles, je ne puis me tenir de citer ici (car c'est une bien éloquente réplique à l'absurde parallèle établi par Rousseau entre Sparte et Athènes), ces lignes de l'*Itinéraire* où Chateaubriand veut précisément donner « un mémorable exemple de la supériorité que les lettres donnent à un peuple sur un autre ». Voici ce que dit l'*Enchanteur* avec son ordinaire magnificence de style : « Quand l'Europe se réveille de sa barbarie, son premier cri est pour Athènes : « Qu'est-elle devenue? » demande-t-on de toutes parts. Quand on apprend que ses ruines existent encore, on y court comme si on avait retrouvé les cendres d'une mère. Quelle différence de cette renommée à celle qui ne tient qu'aux armes? Tandis que le nom d'Athènes est dans toutes les bouches, Sparte est entièrement oubliée... Quelques pirates, qui se disent les descendants des Lacédémoniens, font aujourd'hui toute la gloire de Sparte ».

On nous reproche nos vices, continue Borde : mais il y aura des vices partout où il y aura des hommes (et c'est à quoi Rousseau ne pourra répondre). Les petites vertus, que vous prêchez, sont bonnes pour votre petite république de Genève; vouloir nous y ramener, c'est contraindre un homme robuste à bégayer dans un berceau. Rester dans l'ignorance! mais est-ce possible, même aux premiers hommes, quand la mort gronde sur leurs têtes, qu'elle est cachée dans l'herbe qu'ils foulent aux pieds ? Vous vous targuez des erreurs des sciences : il est vrai, la chimie n'a pas pu nous donner l'or qu'elle cherchait ; mais sa folie même nous a valu d'autres miracles que nous ont livrés ses analyses: vous voyez donc que les sciences sont utiles jusque dans leurs écarts ; il n'y a que l'ignorance qui n'est jamais bonne à rien.

Vous dites encore que les sciences sont nées de l'oisiveté et qu'elles l'entretiennent ! pensez-vous donc (Rousseau ne le pensait pas, mais il le disait et d'autres sont venus depuis qui l'ont dit et fait croire « au peuple des travailleurs »), pensez-vous que le citoyen que ses besoins attachent à sa charrue soit plus occupé que l'anatomiste ou le géomètre ? Vous déclamez contre le luxe, produit, dites-vous, par la civilisation et la science. Mais le luxe est né avec l'humanité : lorsque les hommes allaient nu-pieds, le premier qui s'avisa de porter des sabots passa pour un voluptueux. »

Voilà, résumés à grands traits et présentés peut-être, grâce à ce raccourci, un peu plus vivement que dans le texte, les principaux arguments de Borde. Cette critique dut fort importuner Rousseau : d'abord parce qu'elle ne manquait pas de justesse ni même d'habileté ; et puis parce que Rousseau se voyait obligé de répéter ce qu'il avait dit dans son Discours et dans ses précédentes répliques.

Il fallait répondre pourtant, sous peine de s'avouer vaincu, ou, tout au moins, ébranlé, par cette réfutation nouvelle, et l'amour-propre de Rousseau n'aurait pour rien au monde laissé croire qu'il n'avait pas de quoi confondre tous ses adversaires : aussi s'empresse-t-il, dans une note de sa nouvelle réplique, d'assurer le lecteur « qu'il a longtemps et profondément médité son sujet, et il ose dire que ses adversaires ne lui ont jamais fait une objection raisonnable qu'il n'eût prévue et à laquelle il n'ait répondu d'avance. » Qu'il ait prévu tout ce qu'on pouvait dire contre sa thèse, c'est ce que nous lui accordons bien volontiers, puisque le bons sens suffisait pour cela ; mais qu'il y ait répondu victorieusement, c'est tout autre chose : or il ne l'a pas fait (parce qu'il ne pouvait pas le faire) dans sa réplique à Borde.

Je ne relèverai dans cette réplique que ce qui m'en paraît intéressant ou nouveau : « Le goût du luxe accompagne toujours le goût des lettres. » — Mais Rousseau lui-même est un frappant exemple du contraire, et l'on trouverait aisément mille exemples semblables, puisque, pour les vrais savants et les vrais artistes, l'art et la science tiennent lieu de tout. Par endroits, il glisse, sans en rien dire, des restrictions à sa première thèse : « le goût des lettres accompagne *souvent* le goût du luxe. » *Souvent* est mis là pour écarter des objections bien faciles : Rousseau lui-même ne fréquentait-il pas alors chez des gens de luxe qui étaient ignorants comme des carpes ? Il accorde que « les grands hommes peuvent être impunément très savants » ; mais il n'a garde d'expliquer comment, s'ils sont si savants que cela, ils ne sont pas, d'après ses principes, corrompus jusqu'à la moelle ; et toujours cette idée, qui reviendra sans cesse dans ses œuvres, que les premiers hommes, étant ignorants, ne pouvaient être corrompus : d'accord, mais ils pouvaient être pires, s'ils étaient de simples brutes.

Et de temps en temps, au bas des pages, on tombe sur des notes qui vous stupéfient. Ne croit-on pas rêver, par exemple, quand on connaît l'homme qui a écrit les lignes que voici : « l'homme et la femme sont faits pour s'aimer et s'unir ; mais, passé cette union légitime, tout commerce d'amour entre eux est une source affreuse de désordres dans la société et dans les mœurs. » Et je n'y contredis pas, mais l'auteur de ces propos vertueux vit en concubinage avec Thérèse Le Vasseur. Dans une autre note, il reconnaît hautement que l'ignorance n'engendre pas nécessairement la vertu ; mais très certainement dans son Discours il disait ou laissait croire tout le contraire. Et il répète encore que « tous les peuples savants sont corrompus » ; mais il ne prouve pas — et tant qu'il n'a pas prouvé cela, il n'a rien prouvé, — qu'il y ait quelque part des peuples innocents. Tantôt il limite si fort la portée de ses assertions premières que ses brillants paradoxes s'éteignent en de ternes banalités ; et tantôt il veut au contraire se donner l'air de ne rien accorder à l'adversaire et, pour cela, à défaut de bonnes raisons, il trouve des mots heureux qui le tirent d'affaire. Par exemple on dit que les hommes sont nés méchants : « alors il ne faut pas donner des armes à des furieux. » Et pourquoi d'ailleurs M. Borde veut-il nous faire peur de la vie animale ? « il vaudrait mieux ressembler à une brebis qu'à un mauvais ange. » Peut-être : mais les premiers hommes étaient-ils vraiment des brebis ? on les compare plus souvent et plus justement à des loups. Par moment enfin Rousseau, pour ne pas se dédire, dit des choses ridicules. On se rappelle le mot de Borde sur le luxe des premiers hommes : le premier qui porta des sabots était donc un voluptueux. A quoi Rousseau répond intrépidement : « il y a cent à parier contre un que le premier homme qui porta des sabots était un homme punissable, à moins qu'il n'eût mal aux pieds. » C'est une réfutation par l'absurde, et faite par l'auteur lui-même.

A la fin on est fatigué, et dégoûté, de le voir s'entêter à défendre ce qui eût pu passer, présenté avec des restrictions, comme une vérité partielle, comme un côté de la vérité. Mais non : il systématise et il insiste lourdement : il a l'air de vouloir opposer une digue à la civilisatien et arrêter le cours de l'histoire. C'est pour cela que Borde reprit la plume et le combattit dans un « Second discours sur les avantages des arts et des sciences. » « Je n'avais, dit-il, regardé le premier discours de M. Rousseau que comme un paradoxe ingénieux et c'est sur ce ton que j'avais répondu. Sa dernière réponse nous a dévoilé *un système* » et Borde s'en prend à ce système. Je ne le suivrai pas dans cette seconde réfutation : *sat prata biberunt*. Je tiens seulement à citer, de ce second discours de Borde, une réflexion vraiment ingénieuse (n'est-ce pas un devoir de noter de telles réflexions, quand on les trouve dans de vieux livres que personne ne lit plus ?) Borde a donc entrevu cette idée, juste et fine à la fois, que certaines vertus perdent de leur mérite et changent même de nom au cours des âges, à mesure que le progrès de la civilisation, tantôt permet de se passer d'elles, parce qu'elles ne serviraient plus à rien, tantôt nous les a rendues si faciles et si coutumières que ce ne sont plus vraiment des vertus. Ainsi Rousseau avait exalté « la continence » bien connue de Scipion. Borde s'empare de cet exemple et il écrit : « l'antiquité a célébré comme un prodige les égards de Scipion pour une princesse (la fiancée d'Allucius en Espagne) que la victoire avait fait tomber entre ses mains ; et, parce qu'il ne fut pas un monstre de brutalité, on nous le propose encore comme un modèle héroïque. Pour moi, je ne saurais admirer Scipion, à moins que je ne méprise son siècle : une action, dont le contraire serait un crime, n'a pu paraître merveilleuse que parmi des mœurs barbares : c'était un héroïsme alors, aujourd'hui nous n'y voyons qu'un procédé.» (1).

Rousseau dans ses Confessions (p. II, l. VII), nous dit qu'il négligea sa correspondance avec Borde, et voici la conséquence de sa paresse : « on verra, dans M. Borde, jusqu'où l'amour-propre d'un bel esprit peut porter l'esprit de vengeance lorsqu'il se croit négligé. » Et ailleurs (l. VIII) : « J'avais tort (avec M. Borde) ; il m'attaqua, honnêtement toutefois, et je répondis de même. Il répliqua sur un ton plus décidé. Cela donna lieu à ma dernière réponse, après laquelle il ne dit plus rien. » Borde était mâté, veut nous faire entendre Rousseau. En réalité (et c'est là une singulière erreur de mémoire) Rousseau ne répondit pas au second discours de Borde. Nous n'avons qu'un simple projet de réponse, cinq ou six pages retrouvées par Streckeisen-Moultou (*Œuvres et Correspond. inéd. de Rousseau*, 1861, p. 315), où je ne relèverai que cette phrase qui se passe de commentaire : « Je crois (dans mon Discours) avoir découvert de grandes choses. » (2).

Rousseau cependant n'avait pas dit son dernier mot : il le fit

(1) Scipion respecta la fiancée d'Allucius, mais il y mit la condition qu'Allucius deviendrait l'ami du peuple romain (Tite-Live, XVI, 50).

(2) Je ne dis rien ici, devant en parler quand j'étudierai les rapports de Voltaire avec Rousseau, de l'opuscule de Voltaire, *Timon*, auquel Rousseau ne répondit d'ailleurs que par une note dédaigneuse de sa réponse à Stanislas.

Je trouve dans les *Œuvres* de Borde (IV, 359) une lettre de Rousseau à Borde au sujet du second Discours de celui-ci, Discours qu'il n'a pas encore lu, dit-il, mais dont M. Duclos lui a dit beaucoup de bien et il assure Borde (ce qui jure un peu avec le passage cité des *Confessions*) « qu'il n'a pas oublié les bontés de Borde pour lui, ni son attachement pour Borde et que leur dispute littéraire n'a pas causé dans son cœur la moindre altération. » Et il ajoute : « Vous êtes, de tous ceux qui se sont mis sur les rangs, le seul adversaire que j'ai craint... » Enfin à cette date (la lettre est de mai 1753) Rousseau vit dans les meilleurs termes avec ses amis : « Vous me félicitez sur le choix de mes amis et vous avez raison : jamais homme ne fut plus heureux que moi à cet égard. » Je n'ai trouvé cette lettre ni dans la *Correspondance* de Rousseau ni dans le volume de Streckeisen-Moultou : *Œuvres et Correspondance inédites de Rousseau*. Enfin dans l'édition des *Œuvres diverses de M. Borde*, qui est de 1783, je remarque qu'on a imprimé *Borde* et non *Bordes*, comme portent toutes les éditions de Rousseau, ou *de Bordes*, comme a écrit (p. 316) Streckeisen-Moultou.

connaître au public dans la *Préface* qu'il mit en 1752 à sa comédie de *Narcisse.* Dans cette préface, on ne sait ce qu'on doit admirer le plus, de la fermeté d'accent de l'orateur ou de la subtilité, j'allais dire : de la rouerie du dialecticien ; je ne crois pas vraiment, qu'avant cette brillante et déconcertante dissertation, on ait jamais employé à la fois tant d'habileté et tant d'esprit à se contredire et à se moquer du lecteur. Si nous demandons à Rousseau quelle conclusion, après tant de controverses, on doit enfin tirer de son Discours, et s'il faut décidément brûler les bibliothèques et les théâtres, fermer les collèges et les académies et tout ce qui recèle un poison scientifique ou littéraire : gardez-vous en bien, nous répond Rousseau : « mon avis est de laisser subsister et même d'entretenir avec soin les académies, les bibliothèques et les spectacles et tous les autres amusements qui peuvent *faire diversion* à la méchanceté des hommes et les empêcher d'occuper leur oisiveté à des choses plus dangereuses... Car, lorsqu'il n'y a plus de mœurs, il ne faut songer qu'à la police... J'écrirai donc des livres et je ferai des vers. Il est vrai qu'on pourra dire quelque jour : (et Dieu sait si on le lui reprochera !) cet ennemi déclaré des lettres et des arts fit pourtant des pièces de théâtre »; et ce discours sera, je l'avoue, une satire très amère, non de moi, mais de mon siècle. » Les sciences et les arts ont *jadis* corrompu les mœurs ; mais *maintenant,* elles les empêchent de se corrompre davantage. Mais comment expliquer ces deux effets contraires ? très simplement : il n'y faut qu'une comparaison. « Celui qui s'est gâté la santé par un usage immodéré de la médecine est encore forcé de recourir aux médecins pour conserver sa vie. »

Et voici un dernier exemple de cet art souverain et souverainement dangereux, où Rousseau va de plus en plus se perfectionner, et qui consistera à *préparer* par de très habiles prémisses, puis *brusquement* à lancer d'une main sûre, ces formules retentissantes qui feront un jour le tour du monde. Voici d'abord la *préparation* que je résume pour la mettre mieux en lumière : le philosophe s'isole de la société et, par là, devient égoïste ; l'artiste aime, lui, la société et la cultive, mais c'est pour s'y faire admirer ; et tous les deux, quoique par une conduite contraire, sont donc coupables. Et voici la phrase finale et triomphale : « Si le philosophe méprise les hommes, l'artiste s'en fait bientôt mépriser et tous deux *concourent* enfin à les rendre méprisables ».

Et cependant Rousseau a écrit la comédie de *Narcisse*. C'est que, lorsqu'il l'écrivit, « il n'avait pas le bonheur de penser comme il fait aujourd'hui. » — Mais aujourd'hui qu'il n'est plus, il le déclare lui-même, « séduit par les préjugés de son siècle », pourquoi *publie-t-il* cette comédie ? — C'est (car il a réponse à tout) pour prouver, sachant ce que vaut sa pièce, « à quel point il dédaigne la louange et le blâme qui peuvent lui être dus. » Les ouvrages de ce genre frivole, dont il est l'auteur, « ce sont des enfants illégitimes que l'on caresse encore avec plaisir en rougissant d'en être le père, *à qui l'on fait ses derniers adieux et qu'on envoie chercher fortune sans beaucoup s'embarrasser de ce qu'ils deviendront* ».

Et quand je lis ces dernières lignes, je ne puis m'empêcher de me demander si la main de Rousseau n'a pas tremblé en les écrivant : c'est exactement avec cette désinvolture qu'à la date où il écrivait ces lignes, il se débarrassait de ses « enfants illégitimes », en chair et en os ceux-là : mais le public n'en savait rien et, rassuré de ce côté, il n'a songé — la chose est visible, tant la phrase est cadencée, — qu'à bien filer sa métaphore. Aussi est-ce avec la plus mâle assurance qu'il conclut triomphalement sa préface : « Je conseille donc, à ceux qui sont si ardents à chercher des reproches à me faire, de vouloir mieux étudier mes principes et *mieux observer ma conduite.* » Et, à l'instar de ses chers Romains, il monte au Capitole : on sait qu'il n'en oubliera plus le chemin.

## V

Après avoir cherché jusqu'à quel point Rousseau, en traitant son sujet, était *vrai avec lui-même*, je voudrais en quelques mots me demander si, le traitant comme il a fait, il était *dans le vrai*, ou plutôt et plus exactement, s'il n'y aurait pas dans son paradoxe, un atome et, comme on dit, une âme de vérité. Pour m'en assurer, j'essaierai de répondre, aussi succinctement, mais aussi précisément que possible, aux deux questions suivantes : d'abord Rousseau a-t-il raison d'invectiver, comme il le fait, les artistes et les littérateurs de *son temps*? ensuite a-t-il le droit d'étendre à *tous les temps* (et il n'y manque pas) les reproches, au cas où ils seraient fondés, qu'il fait à ses contemporains? Voyons d'abord dans son Discours, et c'est évidemment ce qui nous intéresse le plus, la part de vérité, pour ainsi dire, contingente, relative à son temps, lequel est le milieu même du XVIIIe siècle. On a toujours tort d'envisager ce Discours en lui-même, sans se préoccuper de l'époque où il a été écrit : replacé à cette époque, le Discours, on va le voir, a un tout autre sens et une tout autre portée.

Ce que Rousseau reproche aux artistes, et surtout aux littérateurs, ses contemporains, c'est la fausse élégance et la fausse délicatesse, c'est « l'esprit de galanterie si fertile en petites choses », ou même simplement *l'esprit* qui, à lui seul, est incapable de trouver « ces beautés mâles et fortes qui font les vrais chefs-d'œuvre ». Ces reproches de Rousseau sont-ils fondés? Il suffit, pour en convenir, de songer un instant à ce qu'a été la littérature pendant la première moitié du XVIIIe siècle : c'est, si l'on veut, le triomphe du joli, du spirituel même et du gracieux; mais les poètes de ce temps ne savent ce que c'est que la poésie (Rousseau le leur apprendra plus tard) ; et les romanciers, sauf un seul, Prévost (dont Rousseau raffole), ne savent pas davantage ce que c'est que la passion, ou seulement l'amour vrai; et les moralistes, comme Duclos, manquent de profondeur ; et tous ensemble, prosateurs et poètes, quels que soient leur esprit et leur savoir-faire, ils n'ont pas su offrir à l'admiration de leur siècle une seule œuvre grande et forte, ce qu'on peut appeler une œuvre de génie. Si d'ailleurs Buffon et Montesquieu semblent faire exception et contredire Rousseau, on verra tout à l'heure que, bien au contraire, comme on disait alors, « ils font pour lui » et donnent raison à sa thèse.

Que la littérature proprement dite (j'entends les œuvres

d'imagination), de cette première moitié du siècle soit en décadence sur la littérature du siècle passé, c'est ce dont conviennent, on le sait, les contemporains de Rousseau et c'est même ce que proclame sur tous les tons le plus illustre de tous, l'auteur de *Zaïre*. Mais qu'elle est donc la *cause* de cette décadence? les auteurs du temps la trouveront : celui-ci, Diderot, dans l'épuisement des genres et le peu de sujets nouveaux qu'ont laissé à traiter après eux les grands dramatistes du siècle passé; d'autres, dans le goût excessif de l'analyse philosophique; et ils peuvent avoir raison, mais ce n'est pas ce que je me propose de discuter ici : ce que je veux simplement dégager de tous leurs jugements, c'est ceci : un seul homme au XVIIIe siècle a osé dire que la cause *principale* de « la corruption du goût », c'était « la dissolution des mœurs »; et il ne l'a pas seulement dit, mais qu'on me permette l'expression : il l'a crié à tout son siècle et ce cri d'alarme, il le répétera avec plus de force et j'ose dire : avec plus d'éloquence, à mesure qu'il avancera dans ses œuvres.

Mais que l'âpre censeur du Discours de Dijon ait raison ici encore, qui pourrait le nier? qui pourrait, en effet, contester que, si jamais littérature a été l'expression d'une société, c'est bien la littérature du XVIIIe siècle? Or on sait ce qu'était, en 1749, cette société française qui avait assisté aux saturnales de la Régence et qu'avaient pervertie, en même temps que bouleversée dans ses fondements, les soudaines fortunes et les ruines retentissantes provoquées par Law et son désastreux système. Deux traits suffiront ici, non certes pour décrire cet état de mœurs de la première moitié du XVIIIe siècle, que chacun connaît, mais pour le rappeler simplement à l'esprit du lecteur. Cinq ans avant le Discours de Dijon, Mme de Châteauroux meurt; qui va lui succéder dans le cœur du roi? « La foule des prétendantes, dit Bernis, est infinie » (1). Le personnage « représentatif » de cette époque, celui que chacun voudrait imiter, que Voltaire accable de flatteries et qui est « son héros », c'est ce duc de Richelieu dont le président Hénault résume, non sans

(1) *Mémoires* I; 108.

envie, les innombrables fortunes en ces termes : « Il a été le dompteur de toutes les femmes, au point que l'on a remarqué celles qui lui avaient résisté. »

Une telle société se fit, on le sait, une littérature à son image ; mais cette littérature libertine de la première moitié du siècle, qu'on veuille bien le remarquer, les grands écrivains eux-mêmes la trouvaient en 1749 fort plaisante, — puisqu'ils y collaboraient, et qu'un Montesquieu, par exemple, aux fâcheuses libertés des *Lettres persanes* devait ajouter les fadeurs du *Temple du Gnide*, que Voltaire allait pousser sa veine licencieuse jusqu'à l'achèvement de la trop fameuse *Pucelle* et que Diderot enfin, que nous citons ici parce qu'il était l'ami intime de Jean-Jacques, avait déjà montré, par ses *Bijoux indiscrets*, qu'il savait, quoique philosophe, trousser tout comme un autre des contes indécents. On ne peut donc, je crois, refuser à l'indignation vertueuse de Rousseau le double mérite de l'*à-propos* et de l'*originalité*.

On ne peut pas non plus contester sa *hardiesse* : ce qu'il attaque avec le plus d'acharnement, dans la société de son époque, c'est justement ce qui en est l'ornement et la parure : ce sont ces salons fameux dont la réputation s'étend alors dans l'Europe entière et qu'on a depuis tant de fois décrits et célébrés. Sans doute Rousseau a contre eux des griefs personnels, dont j'ai mainte fois parlé : que sa critique des salons vienne avant tout de son incapacité d'y briller à l'égal de tant d'autres, qui ne le valent pas, c'est ce que j'accorderai volontiers et j'irai même jusqu'à avouer que je ne puis lire, sans songer à Rousseau, cette réflexion amère d'Alfred de Vigny : « L'élégante simplicité, la réserve des manières polies du grand monde, causent non seulement une aversion profonde aux hommes grossiers de toutes les opinions, mais une haine qui va jusqu'à la soif du sang ». A coup sûr, la haine n'ira jusqu'à cette horrible extrémité que chez certains des plus tristes disciples de Rousseau, et qu'il eût désavoués : mais cette haine va chez Rousseau lui-même, sinon jusqu'à la soif du sang, du moins, jusqu'à la soif de vengeance, et c'est bien ce qui rendra ses invectives plus âpres et plus éloquentes : mais de ce qu'il se fâche, faut-il nécessairement conclure qu'il ait tort? Ce qu'il reproche aux salons de son temps et, sans hésiter, aux femmes qui en sont les souveraines, c'est d'abord de rabaisser le génie à leur niveau, c'est-à-dire, de le « proportionner à la pusillanimité » de leur goût étroit et mesquin; et c'est, en second lieu, d'étouffer l'originalité du caractère, aussi bien que celle de l'esprit, en imposant aux caractères la règle du comme il faut et aux esprits un idéal convenu, le même pour tous. Or ces reproches sont à cette date également justes. Que les femmes, à partir de l'hôtel de Rambouillet, aient eu la plus heureuse influence sur les mœurs qu'elles ont policées, et sur la langue, qu'elles ont épurée, et qui en avait grand besoin, c'est une chose admise et parfaitement sûre; mais les services qu'elles nous ont ainsi rendus, elles les ont fait chèrement payer aux lettres, et même à la société, et c'est ce qu'a très bien vu Rousseau pour les lettres et la société de son temps. « Je pense, dit Bernis à cette date, que le commerce des femmes a changé les mœurs des Français. Autrefois, on n'était admis chez elles au plus tôt qu'à l'âge de trente ans; jusqu'à cette époque les hommes vivaient avec les hommes, leur esprit en était plus mâle et leur conduite en était plus ferme. Aujourd'hui ce sont les femmes qui apprennent à penser aux hommes : à dix-sept ans et quelquefois plus tôt, on est reçu dans le monde; il est naturel, à cet âge, de regarder comme le point le plus important de plaire aux femmes; on s'accoutume de bonne heure à la mollesse, à la frivolité et l'on arrive aux emplois la tête vide et le cœur rempli de faux principes ». (1).

S'il est vrai, comme le dit Rousseau dans son Discours, que « les hommes seront toujours ce qu'il plaira aux femmes », et si cela est vrai surtout aux époques où, comme à celle qui nous occupe, les femmes sont les reines de l'opinion, les dispensatrices des emplois et les gardiennes des Académies, alors c'est bien à elles et à leur mauvais goût, et pourquoi n'ajouterais-je pas : à leur goût dépravé, qu'on a le droit de faire remonter la responsabilité de tant de pauvretés littéraires qui encombrent

(1) *Mémoires* (édit. Masson, I, 100.

notre dix-huitième siècle et de tant de vilaines histoires qui le déshonorent. Sans compter que, à vivre de cette vie de salon, à passer des soirées entières, aujourd'hui chez Mme Geoffrin et demain chez Mlle de Lespinasse, à moins que ce ne soit chez le baron d'Holbach ou chez Mme d'Epinay — et l'on peut voir dans Morellet qu'il n'y a pas un seul jour de la semaine où il n'y ait quelque salon ouvert, — on ne trouve plus le temps de faire des œuvres achevées ou sérieusement méditées ; et, par exemple, c'est en partie pour cela que Diderot n'a guère laissé que des fragments d'ouvrages ou des ouvrages bâclés, tandis que les grands écrivains du siècle, les Montesquieu et les Buffon, les Rousseau et même les Voltaire, s'ils ont pu écrire de grandes œuvres, c'est parce qu'ils ont passé le meilleur de leur temps loin des salons et loin de Paris.

Et enfin, que l'esprit de société, c'est-à-dire au fond que le désir de plaire et la peur du ridicule aient été en France des entraves à l'originalité de l'esprit et du caractère, c'est ce qu'on ne songera pas sans doute à contester, mais c'est ce qui était particulièrement sensible à cette époque de sociabilité excessive où vivait Rousseau. Veut-on avoir, sur cette uniformité des esprits, qui conduit à la banalité des talents, le sentiment d'une personne qu'on ne peut accuser, comme Rousseau, d'avoir un parti-pris contre les salons, puisqu'elle gouverne à cette époque le salon le plus renommé de tout Paris ? « Mme Geoffrin, dit le baron de Gleichen, comparait la société de Paris et ses individus à une quantité de médailles renfermées dans une bourse, lesquelles à force de s'être frottées longtemps l'une contre l'autre, ont usé leur empreinte et se ressemblent toutes. » Mais que son salon contribuât à user ces empreintes, c'est ce qu'elle ne disait pas et ce dont on ne peut douter, si on se rappelle seulement que Walpole disait d'elle à bon droit qu'elle était la plus belle personnification qu'il eût jamais vue du « sens commun ». Qui ne reconnaîtra dès lors que Rousseau, dans le passage suivant, outre qu'il fait déjà pressentir cette dialectique pressante, à laquelle on aura tant de peine à échapper, porte sur l'esprit et les mœurs de son époque, un jugement que l'histoire ne peut que ratifier :

« Aujourd'hui que des recherches plus subtiles et un goût plus fin ont réduit l'art de plaire en principes, il règne dans nos mœurs une vile et trompeuse uniformité et tous les esprits semblent avoir été jetés dans le même moule; sans cesse la politesse exige, la bienséance ordonne; sans cesse on suit des usages, jamais son propre génie. On n'ose plus paraître ce qu'on est ; et, dans cette contrainte perpétuelle, les hommes qui forment ce troupeau qu'on appelle société, placés dans les mêmes circonstances, feront tous les mêmes choses, si des motifs puissants ne les en détournent. On ne saura donc jamais bien à qui on a affaire : il faudra donc, pour connaître son ami, attendre les grandes occasions, c'est-à-dire attendre qu'il n'en soit plus temps, puisque c'est pour ces occasions même qu'il eût été essentiel de le connaître. »

Enfin si, dans sa critique exaspérée des petites manières et des fines galanteries, Rousseau laisse trop apparaître le dépit de l'homme qui n'a, il l'a avoué lui-même, que l'esprit de l'escalier, n'a-t-il pas cependant raison de dire que le vrai penseur et l'homme de génie sont mal à l'aise dans un salon et qu'ils risquent d'y perdre cette originalité qui fait leur mérite ? Qu'on lise (car nous nous efforçons d'expliquer Rousseau par ses contemporains), cette vive peinture que Duclos nous a laissée, dans son roman *les Confessions du comte de* ***, du salon de Mme de Tonin (et c'est Mme de Tencin qu'il veut faire entendre). Voici les convives à table : « toute dissertation et même toute conversation suivie en était bannie. Il n'était, pour ainsi dire, permis de parler que par bons mots. Mme de Tonin et ses adorateurs partirent en même temps : ce fut un torrent de pointes, de saillies et de rires excessifs. On tirait l'élixir des moins mauvais; on renchérissait sur les plus obscurs. Je cherchais à entendre et à pouvoir dire quelque chose ; mais, lorsque j'avais trouvé le mot, je m'apercevais que la conversation avait déjà changé d'objet. » Et Duclos conclut : « tous ces bureaux d'esprit ne servent qu'à dégoûter le génie, rétrécir l'esprit, encourager les médiocres et donner de l'orgueil aux sots. »

Qu'il me soit permis, pour plus de précision encore, de citer quelques dates et de rapprocher le Discours de Dijon de deux œuvres contemporaines qui nous en feront mieux comprendre toute l'*actualité*. Le Discours est de 1749 et c'est en 1747 que Gresset vient de faire applaudir *le Méchant*. Justement dans sa Préface de Narcisse (1752), où il dit comme on sait, le dernier mot sur son Discours, Rousseau s'indigne du genre de succès obtenu par la pièce de Gresset, lequel succès juge, selon lui, les spectateurs ; « Cléon (le Méchant) ne parut qu'un homme ordinaire ; ses noirceurs passèrent pour des gentillesses, parce que tel, qui se croyait un fort honnête homme, s'y reconnaissait trait pour trait. » Mais quoi ! Cléon avait de l'esprit et l'esprit alors excusait tout, comme il menait à tout.

C'est en 1751 que paraît la première édition du livre de Duclos, alors très intime avec Rousseau : *Considérations sur les mœurs de ce siècle*. Dans son chapitre sur « les gens à la mode », Duclos écrit : « il y a peu de temps que cette expression, le *bon ton*, est inventée. » Le bon ton, c'est « l'abus de l'esprit » ou, comme on l'a appelé à cette date, « le persiflage ». Mais qui persifle-t-on surtout dans les salons à la mode ? Les persifleurs « se signalent ordinairement sur *les étrangers* que le hasard leur adresse. » Qu'on se figure le Suisse Rousseau en proie à ces enragés persifleurs : incapable de leur répliquer sur l'heure, il leur répondra à loisir et déversera sa bile dans le Discours de Dijon ; et même plus tard, car il est homme à ne rien oublier, il aura encore dans l'oreille ces quolibets à l'adresse des « étrangers » quand, dans la *Nouvelle-Héloïse*, il opposera à la voix douce des Vaudoises l'accent moqueur de ces Parisiennes qui se plaisent à jouir de l'embarras qu'elles donnent à ceux qu'elles voient pour la première fois (1).

M. Jules Lemaître (2), qui est très sévère pour le Discours de Dijon, conclut que « la thèse de Rousseau n'est qu'un vague lieu commun, très fatigué déjà à cette époque, presqu'aussi fatigué que le lieu commun de la thèse contraire ». Que la thèse de Rousseau soit, en effet, un lieu commun, c'est ce que je recon-

(1) *N. Hél.*, P. II, l. XXI.
(2) *J.-J. Rousseau*, par Jules Lemaître, p. 84.

naîtrai bien volontiers ; mais j'ajouterai que les lieux communs ont été de tout temps la matière ordinaire et comme obligatoire de l'éloquence : voit-on autre chose que des lieux communs dans les œuvres oratoires de Bossuet ? Le tout est de savoir si Rousseau a su rajeunir et vivifier *pour son temps* ce lieu commun, auquel cas il aurait fait une œuvre intéressante, malgré ses défauts ; et c'est ce que fera, après lui, en reprenant *ce même lieu commun* et en le traitant *de la même façon*, je veux dire par la négative, un des premiers orateurs de notre temps, M. Brunetière, dans un de ses *Discours de Combat* (1). Le lecteur, qui a pris la peine de me suivre dans toute cette discussion, reconnaîtra, j'espère, que, replacé et comme replongé dans le milieu où il fut écrit, le Discours de Dijon reprend couleur et vie et cesse d'être une banale déclamation.

Allons plus au fond encore : en définitive ce que Rousseau défend et proclame dans son Discours (et ce qu'il proclamera de plus en plus dans ses œuvres ultérieures), c'est, en face de l'esprit de société et de l'esprit d'imitation, ce que nous appelons aujourd'hui d'un mot : *l'individualisme* ; et, de fait, il est bien l'individualité la plus forte et la plus étrange de tout le XVIIIe siècle. Mais comment a-t-il fait pour rester si personnel dans un monde où il fallait, pour réussir, commencer par se faire semblable aux autres ? et comment expliquerons-nous que, dans ce siècle si civilisé et dans cette société si polie, un barbare se soit rencontré qui, non seulement ne ressemble à personne, mais qui va mettre sa gloire à rompre en visière à tous ses contemporains ?

Tel est le problème psychologique dont Brunetière a donné la solution que voici : « Ce que Rousseau s'applique à noter, à retenir et à développer de sa *sensibilité*, c'est ce qui le différencie, ce qui *l'isole*, c'est ce qui le met à part du reste des mortels » ; et ayant montré déjà que la poésie lyrique, c'est-à-dire personnelle, se rattache comme à sa source, à Rousseau, qui a introduit *le moi* dans la littérature, il se demande où était le principe profond de cette exagération de la personnalité ou, comme il dit

(1) Brunetière : *L'Art et la Morale*.

encore, de *l'égoïsme* de Rousseau, et il trouve ce principe avant tout dans la *sensibilité* même de Rousseau. Il faut qu'on me permette de citer cet important passage : « Vous montrerai-je maintenant les liaisons ou les connexions nécessaires de cette religion de soi-même (chez Rousseau) avec l'excès de la *sensibilité* ? car la sensibilité n'est-elle pas, entre toutes, la faculté qui nous fait nous ? celle qui nous distingue de tous les autres hommes ? celle dont les caractères définissent à la fois la nature et le degré de notre individualité ? Nos intelligences ne diffèrent qu'à peine les unes des autres, en degré seulement... Au contraire c'est vraiment en nature que nos sensibilités diffèrent ou s'opposent... Dupes ou victimes de nos sensations, nous courons un risque perpétuel d'en devenir comme la proie, de passer tout entiers en elles, de nous fondre et de nous confondre avec les objets qui les provoquent, et notre Moi, sollicité de tous les côtés en même temps est en danger de se répandre, de se dissoudre, de s'anéantir dans le non-moi. Il se produit alors une réaction violente ; nous essayons de nous défendre et de nous reprendre et, ne trouvant pour cela de point d'appui qu'en nous, de support que dans le sujet identique de nos sensations, c'est ainsi que nous devenons, chacun pour nous, la fin, la raison d'être et le centre du monde. C'est, Messieurs, ce qui est arrivé à Rousseau. » (1).

Laissant à Brunetière le langage métaphysique qu'il a cru devoir prendre, je vais essayer de montrer très simplement que toute cette déduction est fausse en elle-même et fausse, par conséquent, si on l'applique à Rousseau. — C'est donc, en résumé, l'extraordinaire *sensibilité* de Rousseau qui l'aurait « isolé » de ses contemporains et aurait fait de lui, aux dix-huitième siècle, « un être à part », un seul entre tous ? Je n'en crois rien : sans aucun doute, par sa sensibilité, on se distingue des autres, de tous ceux qui ne sentent pas comme vous ; mais on s'en distingue sans le vouloir et sans le chercher ; on ne s'en sépare pas à plaisir et surtout on ne s'oppose pas aux autres, et voit-on pour-

(1) Brunetière : *L'évolution de la poésie lyrique en France au XVIII<sup>e</sup> siècle*, I, 64, 66.

quoi ? C'est précisément parce qu'on en souffrirait trop dans sa sensiblité même, puisque la sensibilité vous pousse au contraire à sympathiser avec vos semblables, c'est-à-dire, à partager leurs émotions et, si vous êtes écrivain, à leur faire partager les vôtres. Remarquez, en effet, que tous les écrivains d'une vive sensibilité vibrent à l'unisson de leur siècle ou le font vibrer à l'unisson de leurs œuvres : que leur sensibiltié reste fidèle à ses origines physiques et grossières, je veux dire : qu'elle soit sensuelle ou voluptueuse, et vous avez les romans d'un Crébillon fils ou les vers d'un Parny, et le dix-huitième siècle se délecte aux œuvres licencieuses de l'un et de l'autre. Que la sensibilité s'épure, au contraire, et s'élève à la sentimentalité poétique et vous aurez cette élégie intitulée *le Lac*, dont Musset dira avec raison que *toute la jeunesse* de son temps « a sangloté de ses divins sanglots » ; et, si je cite *le Lac*, c'est, on le devine, parce qu'il a été inspiré à son auteur par une page immortelle de la *Nouvelle-Héloïse*. Mais précisément Rousseau lui-même, quand il écrira ce roman, tout débordant de *sensibilité* passionnée, il ravira tous les cœurs et il fera pleurer tout son siècle : comment peut-on dire, après cela, que sa sensibilité l'a isolé et mis à part et qu'elle explique l'intensité de sa vie indiviudelle ? Qu'on fasse donc la sensibiltté de Rousseau aussi vive, et même aussi maladive qu'on voudra — et je n'y contredirai pas, — cette sensibilité ne peut, surtout à elle seule, rendre compte de l'isolement absolu de Rousseau, de sa sécession volontaire loin de tous ses contemporains, encore moins expliquer son indomptable individualisme. Mais, nous-mêmes, comment l'expliquerons-nous ?

Quand on est un grand écrivain, ce n'est pas seulement par la vivacité, ni par l'exacerbation de sa sensibilité qu'on se distingue de la foule et même de ses égaux en gloire et en génie, c'est encore, c'est surtout par la force ou l'ampleur, par la finesse ou la souplesse, c'est-à-dire, par les qualités propres et distinctes de son *intelligence*. On a trop répété que nos intelligences, et c'est le mot de Brunetière, « ne diffèrent qu'à peine les unes des autres et qu'au fond elles sont toutes substantiellement capables des mêmes vérités, et c'est pour cela qu'il n'y a qu'une géométrie, qu'une physique et qu'une chimie. » Il n'y a sans doute qu'une géométrie, mais tout le monde n'est pas également capable de la comprendre et il n'y a aussi qu'une astronomie et qu'une chimie, mais tout de même il n'y a au monde qu'un Newton et qu'un Lavoisier (1). Au reste, dans le domaine de l'intelligence, il n'y a pas, comme on sait, que des vérités scientifiques ou géométriques ; il y a, à côté des « vérités de géométrie », les « vérités de finesse », et c'est de celles-là seules qu'il s'agit quand on parle de Rousseau. Or si Pascal a été l'auteur des *Pensées*, et si, *seul* de son siècle, il a pu écrire ce chef-d'œuvre, c'est trop évidemment parce qu'il y avait une distance infinie entre son intelligence et celle d'un homme du « commun », voire même de l'un quelconque des messieurs de Port-Royal.

Brunetière, dans le passage qui nous occupe, cite un curieux chapitre de Mme de Staël, où celle-ci montre comment l'esprit de société chez nous n'a cessé, depuis le dix-septième siècle, de gêner et de proscrire l'individualité : mais justement ce chapitre appartient à l'*Allemagne* (1re partie, chap. XX) et Mme de Staël professe, dans cet ouvrage, que « la supériorité des Allemands consiste dans l'indépendance d'esprit et dans l'originalité individuelle ». En effet, l'Allemagne, dont parlait alors Mme de Staël, pouvait s'enorgueillir des deux plus grands *originaux* qu'elle ait jamais produits et dont l'un était Kant et l'autre Gœthe ; et si la

(1) Qu'on me permette à ce propos une anecdote : Mairan avait fait un traité de géométrie qui avait reçu de grands applaudissements de l'Académie : mais Fontaine le désapprouvait : « Cela prouve, lui répliqua Mairan, que chacun a sa petite géométrie. » (*Correspond. de Mme du Deffand*, édit. Ste-Aulaire, I, 47). Le lecteur verra lui-même ce qu'il en doit penser. Me permettra-t-on de rappeler qu'à la rigueur il y a plusieurs géométries, si la géométrie de Lobatchewski et celle de Riemann diffèrent *essentiellement* de la géométrie d'Euclide. Au reste ce que je veux prouver seulement, en tout ceci, c'est une vérité de sens commun, à savoir qu'on se rapproche et qu'on s'unit par le cœur plus que par l'intelligence. « Comprendre les mêmes choses, dit M. Faguet, dans son *Pacifisme* (p. 251) et les comprendre de la même façon *est un lien moins fort* qu'être attirés vers les mêmes choses et avoir à l'égard d'autres choses mêmes répulsions. Il semble que l'intelligence ait quelque chose de froid et la sensibilité je ne sais quelle chaleur pénétrante et envahissante et que *comprendre en commun unit beaucoup moins que sentir ensemble.* » Et c'est pourquoi le patriotisme vrai, et qui *unit vraiment*, ce n'est pas celui qui raisonne, mais c'est, tout simplement, la patrie sensible au cœur.

*sensibilité* est à peu près absente de la *Critique de la Raison pure*, ce n'est pas non plus à elle seule, il s'en faut, qu'on doit faire honneur de ce chef-d'œuvre, précisément *unique* en son genre, qui s'appelle *Faust*. De même, et sans comparer d'ailleurs des œuvres si inégales, ce n'est pas davantage la sensibilité seule de Rousseau qui a inspiré son Discours ; car il y a déjà dans ce premier Discours, et il y en aura davantage dans son second et dans ses autres œuvres postérieures, des idées *générales*, des pensées, ou neuves ou étranges, et c'est par elles, autant sinon plus que par sa *particulière* sensibilité, que Rousseau est individuel et original. Et d'ailleurs où a-t-on vu, je le demande, que les hommes les plus sensibles soient par cela même les plus vigoureux dialecticiens ? Mais alors cette individuallté incontestable, qu'est-ce qui l'a fait naître ou fortifiée en lui ?

Rousseau est protestant, et protestant genevois, par-dessus le marché, et c'est pour cela qu'il est si profondément et si incorrigiblement individualiste. Tandis que, suivant les paroles mêmes de Bossuet, « le propre du catholique est de préférer à ses sentiments le sentiment commun de l'église », le protestant, comme on sait, se fait sa foi à lui-même, il est individualiste. Seul parmi les philosophes, Rousseau a osé être religieux ; mais, de plus, la religion qu'il professe, c'est la religion du seul Rousseau. Brunetière s'est souvent amusé à citer le mot plaisant de Madame, mère du Régent : « Chacun se fait son petit religion à part soi » ; sans rechercher si ce n'est pas ce qu'a fait parfois Brunetière lui-même, c'est, en tous cas, ce qu'a fait Rousseau. Or, professer ouvertement en pays catholique, malgré les anathèmes de l'église et les réquisitoires du Parlement, la libre foi du Vicaire savoyard ; et, en même temps, opposer aux plaisanteries irréligieuses de ses propres amis, et développer dans tous ses livres, ce qu'un jour on a déclaré hautement à table à la stupéfaction générale : « et moi, Messieurs, je crois en Dieu » ; faire tout cela, dis-je, c'est montrer une indépendance d'esprit dont aucun catholique *ni aucun philosophe* n'est capable à cette époque et c'est ce que pouvait faire seul, en plein XVIII^e^ et en plein Paris, un protestant de Genève.

Je n'oublie pas que sans doute le Vicaire savoyard sera désapprouvé à Genève ; mais il ne le sera pas d'abord par tout le monde ; et, même parmi ceux qui le désapprouveront publiquement par respect humain et par peur du Consistoire, plus d'un sera secrètement pour Rousseau : en tous cas, Rousseau ne faisait, dans sa profession, et c'est l'essentiel, que tirer les conséquences naturelles et logiques, sinon du dogme calviniste, du moins du principe protestant.

Mais il y a plus : la Réforme au XVIe siècle s'était faite, en grande partie du moins, au nom de la morale et ce que l'inflexible discipline de Calvin implanta dans la cité qu'il avait faite à son image, ce fut, on le sait, un rigorisme intraitable, qui s'adoucira sans doute avec le temps, mais dont les Genevois du XVIIIe siècle étaient loin d'avoir libéré leur conscience. Cette préoccupation constante et, pour ainsi dire, cette obsession de la moralité qui distingue si profondément un écrivain genevois quelconque, un Charles Bonnet, par exemple, des écrivains français de la même époque, nous la retrouverons chez Rousseau ; et c'est elle déjà, c'est le souvenir, ineffaçable en lui, malgré tant d'erreurs et de souillures, de l'austérité ou, si l'on veut, de la pédanterie calviniste, qui lui a dicté les censures morales de son premier Discours et son hymne final à la vertu. Tout Genevois eût signé ces lignes : « On ne demande plus d'un homme s'il a de la probité, mais s'il a des talents ; ni, d'un livre, s'il est utile, mais s'il est bien écrit. Les récompenses sont prodiguées au bel esprit et la vertu reste sans honneur. » Le mot de *vertu*, suivant le calcul qu'en a fait M. Ritter, revient quarante-trois fois dans ce Discours.

Et c'est là en même temps (la morale nous ramenant toujours à la pratique, c'est-à-dire à la réalité *actuelle*), ce qui lui a permis de sortir des vagues généralités auxquelles prêtait trop le programme de Dijon, et, s'inspirant de ce qu'il avait sous les yeux, de tenir à ses contemporains un langage à la fois très net et très inattendu. Paris, en cette année 1749, par la politesse de ses mœurs, comme par les œuvres de ses littérateurs et de ses artistes, était bien vraiment la capitale du monde civilisé et c'était ce que proclamait l'Europe entière, qui semblait s'y donner rendez-vous pour admirer de plus près ses hommes de lettres et ses femmes d'esprit. Or, à ce moment même, du sein de ce Paris spirituel et mondain, surgit un homme qui, faisant bon marché de toutes ces élégances et de toutes ces œuvres d'art, vient dire brutalement à cette société, si satisfaite d'elle-même, que tout son luxe et ses lettres et ses arts réunis sont moins beaux qu'une belle action, et qu'un grand savant et un grand artiste valent moins qu'un simple honnête homme. A distance, la diatribe vertueuse de Rousseau peut paraître une banalité et un lieu commun ; elle était une piquante nouveauté à l'époque où elle parut, et elle fut même une surprise pour ceux qu'elle attaquait avec le plus de violence, pour ces philosophes, dont elle prétendait ébranler la toute récente royauté. Ne disait-il pas, cet original, qu'il ne suffit pas à un siècle, pour se dire grand, d'être « le siècle des lumières », et que toutes les philosophies du monde n'apprennent pas la vertu, qui est cependant pour l'humanité la seule chose nécessaire ; et cette chose-là, chacun la peut trouver tout seul en interrogeant sa conscience. Et celui qui parlait ainsi, autre nouveauté, ce n'était pas un homme d'église, on ne l'eût pas écouté et son discours n'aurait pas eu d'écho : qui se souciait alors de ce que pouvait dire en chaire le P. Laugier ou le P. Griffet ? on était assis très au large à leurs sermons ! Celui qui parlait de la sorte était un laïque, et ce laïque était l'ami des philosophes : on conviendra que tout cela n'était pas banal. Qu'on lise, par exemple, le passage que voici : « Qu'est-ce donc que la philosophie et que contiennent les écrits des philosophes les plus connus ? quelles sont les leçons de ces amis de la sagesse ? à les entendre, ne les prendrait-on pas pour une troupe de charlatans, criant chacun de son côté sur une place publique : Venez à moi, c'est moi seul qui ne trompe point ? L'un prétend qu'il n'y a point de corps et que tout est représentation ; l'autre, qu'il n'y a d'autre substance que la matière, ni d'autre Dieu que le monde. Celui-ci avance qu'il n'y a ni vertus ni vices, et que le bien et le mal sont des chimères ; celui-là, que les hommes sont des loups et peuvent se dévorer en sûreté de conscience. O grands philosophes ! que ne réservez-vous pour vos amis et pour vos enfants ces leçons profitables ? vous en recevriez bientôt le prix et nous ne craindrions pas de trouver dans les nôtres quelqu'un de vos sectateurs. »

Ces lignes-là n'étaient pas les moins habiles, car les salons n'allaient pas manquer d'applaudir et de faire fête à cet allié inattendu qui ne craignait pas de railler ces impertinents philosophes dont on ne pouvait souffrir l'outrecuidance grandissante. En faveur de ses furieuses attaques contre la philosophie, on lui passait toutes ses tirades contre le luxe et la politesse, et on prenait le parti de s'en amuser.

Ainsi ce débutant se posait d'emblée en redresseur et en critique de tout son siècle ; il descendait seul dans l'arène et, ne l'oublions pas, il faisait cela, il s'isolait, en un temps où l'on ne réussissait que par les coteries : l'Académie en était une, et l'Encyclopédie allait bientôt en être une autre. Rousseau jouait donc une grosse partie : il la gagna et son Discours eut, on l'a vu, un succès prodigieux. Je ne voudrais pourtant pas exagérer l'importance ni surfaire l'originalité de ce Discours. Je me doute bien, par exemple, que Rousseau, en l'écrivant, n'en avait pas le moins du monde perdu de vue une certaine opportunité : il pouvait y avoir alors, dans un certain nombre d'esprits, un vague malaise résultant de l'excès même de sociabilité ; mais il ne faudrait pas aller jusqu'à voir là, comme l'a fait Brunetière, « un *esprit de réaction* qui commençait à se faire jour contre le caractère artificiel de la civilisation du siècle. » (1).

Cette « réaction », qui ne se manifestera que bien plus tard, datera en réalité de Rousseau, et elle sera son œuvre. Voici, je crois, ce qu'on peut se figurer : à de certains jours de lassitude, ou d'énervement, on faisait un retour sur soi-même, on se trouvait bien frivole... et l'on courait à la comédie. Maintenant qu'un auteur (comme aurait pu faire un prédicateur en vogue) vînt vous faire honte de votre frivolité, l'on était prêt à l'ap-

(1) *Manuel de Littérature française* p. 333.

plaudir ; et plus il serait sérieux, amer même dans ses sarcasmes, plus on prendrait goût à sa verte mercuriale (il y aura toujours quelque chose de cela dans l'influence de Rousseau). Un jour Mme de Sévigné est lasse des compliments et des louanges, et elle s'écrie : « Il y a du ragoût à pouvoir être assurée qu'on n'a pas eu dessein de vous faire plaisir. » C'est ce *ragoût* qu'offrit aux esprits blasés le Discours de Dijon. Je ne puis m'empêcher de croire que Chamfort a pensé à l'auteur de ce Discours, quand il a écrit cette maxime : « Il y a des moments où le monde paraît s'apprécier lui-même ce qu'il vaut : j'ai souvent démêlé qu'il estimait ceux qui n'en faisaient aucun cas. »

## VI

Le Discours de Rousseau n'a-t-il plus, pour des gens du vingtième siècle, aucune espèce d'intérêt ? Si l'on voulait bien y regarder de près, on trouverait peut-être que la question posée par l'Académie de Dijon est moins sotte qu'on ne l'a dit, et la réponse qu'y fit Rousseau moins insoutenable qu'on ne le pense, abstraction faite, bien entendu, de ses déclamations et de ses sophismes. Par exemple, il est permis encore de se demander, après Rousseau, s'il est bien sûr que la civilisation soit une chose *morale* : et il est permis de répondre, avec Rousseau, que la civilisation serait une chose immorale, si elle devait éternellement réserver les biens de la terre à quelques privilégiés, soit du rang, soit de la fortune. Et n'est-ce pas justement pour cela que cette même civilisation se heurte de nos jours au socialisme, lequel a naturellement pour premier ancêtre l'auteur du Discours de Dijon. Mais c'est plus particulièrement dans son second Discours que Rousseau s'attaquera à la civilisation comme à la cause profonde des inégalités sociales ; ici, dans ce premier Discours, il l'accuse surtout de corrompre les mœurs et d'abaisser les caractères. (On verra d'ailleurs que le second Discours découle logiquement du premier). Tenons-nous donc à la question même posée par l'Académie de Dijon :

le rétablissement des sciences et des arts peut-il, oui ou non, contribuer à épurer les mœurs ? Que le lecteur se rassure : je ne vais pas refaire le Discours de Dijon. Je ne veux, avant de me séparer de ce Discours, que soumettre au lecteur deux ou trois réflexions qui ne lui paraîtront peut-être pas déplacées.

Il y avait, dans la question posée, deux choses distinctes que Rousseau a eu le tort de confondre : la science, ayant pour objet le vrai, et l'art, ayant pour objet le beau, leur influence sur les mœurs ne pourra être la même, quelle que soit d'ailleurs cette influence. C'est ce qu'a très bien vu M$^{me}$ de Staël dans ses *Lettres sur les écrits de Rousseau* : « Il ne fallait pas lier les arts aux sciences, car les effets des uns et des autres ne sont pas les mêmes. »

Que dirons-nous donc d'abord de la *science* ? Peut-elle corrompre les mœurs? C'est une pure bêtise de le prétendre, comme a fait Rousseau : il n'y a évidemment aucun rapport entre la botanique, par exemple et l'art de voler son prochain. Dirons-nous, au contraire, que la science contribue à épurer les mœurs? On le dit couramment, mais a-t-on raison de le dire? S'il n'y a pas de rapport entre la science et le vice, comment peut-il y en avoir entre la science et la vertu, puisque le vice et la vertu sont choses de même nature? Bacon était l'homme le plus savant de son siècle et il avait volé l'État. Je crois pourtant que la science a *indirectement* une influence morale et moralement bonne sur l'évolution de l'humanité. Ces premiers hommes, dont nous parle Rousseau pour nous les vanter sans cesse, ils étaient naturellement très ignorants : ils avaient peur de tout, parce que tout était pour eux inconnu et mystérieux ; ils étaient donc, en face d'une nature hostile et menaçante, poltrons et lâches. C'est la science qui, peu à peu, a affranchi l'humanité des terreurs folles que lui inspirait le monde environnant; l'homme s'est redressé, a pris confiance en lui-même, il s'est senti plus fort et il est par conséquent devenu plus fier : c'est le chemin vers la dignité et la moralité. L'homme faible est facilement méchant et, pour se défendre, il a recours à la ruse : tous les sauvages sont rusés.

Ce sentiment de la valeur humaine, les diverses sciences, à mesure qu'elles se constituent, l'épurent et le fortifient. Par l'histoire, pour ne prendre que cet exemple, l'homme se rend compte des efforts et des progrès qu'a faits l'humanité à travers les âges, depuis les temps reculés où ses premiers ancêtres vivaient dans les cavernes jusqu'au jour où il a bâti des villes et fondé des États; et par cet enseignement de l'histoire, il acquiert une idée plus haute de l'humanité et il estime plus l'homme et la vie humaine : c'est précisément à cette haute idée que l'homme est sacré pour l'homme qu'était arrivée au XVIIIe siècle, et ce sera son éternel honneur, cette philosophie française si *humaine* que Rousseau accable de ses sarcasmes et de son injuste mépris.

Rousseau est ingrat envers les sciences et les lettres : si quelqu'un avait le droit d'en médire, ce n'était assurément pas lui. Les statistiques démontrent que « tout vagabond contient l'étoffe d'un malfaiteur et le devient tôt ou tard » (1). Qu'est-ce donc qui a permis à Rousseau d'échapper aux inéluctables conséquences de son vagabondage? En grande partie, l'étude et la lecture. Quand il était apprenti chez Ducommun, il n'avait à nous raconter que ses vols et ses mensonges ; un beau jour, il loue des livres chez La Tribu et voici ce qu'il constate alors : « Livré tout entier à mon nouveau goût, je ne faisais plus que lire, je ne volais plus. » Et quand, plus tard, dans sa retraite studieuse des Charmettes, il dévorait les auteurs qu'il nous cite, que de pensées élevées entrèrent alors dans son âme! « La lecture agrandit l'âme », disait ce huron de Voltaire auquel ressemble un peu notre Genevois, sauf qu'il n'est pas, lui, un « ingénu ». Mais qu'on l'écoute encore lui-même. Il est sur la route de Montpellier : il a promis à Mme de Larnage de l'aller voir au bourg Saint-Andéol ; mais il décide tout à coup qu'il n'ira pas et qu'il « ne trompera pas si indignement Mme de Warens. » C'est peu de chose, mais qu'on lise les réflexions qui suivent : « Cette résolution, je l'exécutai courageusement, avec

(1) Macé : *Le service de la Sûreté.*

quelques soupirs, mais aussi avec cette satisfaction intérieure que je goûtais, pour la première fois de ma vie, de me dire : Je sais préférer mon devoir à mon plaisir. Voilà la première obligation que j'aie à l'étude : c'était elle qui m'avait appris à réfléchir. »

Que dirons-nous maintenant de *l'art ?* Ici la question n'est pas si simple : l'art peut faire ce que ne fait pas la science ; il peut contribuer à corrompre les mœurs. Et la preuve, Rousseau, ce nous semble, la donne lui-même : « Nos jardins sont ornés de statues et nos galeries de tableaux. Que penseriez-vous que représentent ces chefs-d'œuvre de l'art exposés à l'admiration publique ? les défenseurs de la patrie ? ou ces hommes, plus grands encore, qui l'ont enrichie par leurs vertus ? Non : ce sont des images de tous les égarements du cœur et de la raison, tirées soigneusement de l'ancienne mythologie et présentées de bonne heure à la curiosité de nos enfants, sans doute afin qu'ils aient sous les yeux des modèles de mauvaises actions avant de savoir lire ». Que Rousseau n'a pas calomnié l'art de son siècle, c'est ce que j'ai essayé déjà de démontrer et ce que confirmerait au besoin une page vigoureuse de Brunetière où l'art du dix-huitième siècle est qualifié « d'excitation perpétuelle à la débauche ». (1). Mais ce verdict de Rousseau contre l'art qui ne craint pas d'être *corrupteur* de l'enfance, ai-je besoin de faire remarquer que ce n est pas seulement l'art de son temps qui le justifie et que, pour donner raison à Rousseau — et à Brunetière, — il suffit d'un regard jeté en passant sur nos murs et dans nos librairies ? Dieu me garde de déclamer à ce propos sur les pas de mon auteur ; et pourtant qui ne serait de mon avis si je disais, exactement comme disait à ses contemporains l'auteur du Discours de Dijon, que ce n'est pas avec de telles images et avec une telle littérature qu'on forme un peuple de citoyens ?

Mais il est temps de clore ces considérations. Si j'ai parlé un peu longuement du Discours sur les sciences, c'est, on le sent bien, parce qu'il contient en germe la plupart des idées que

(1) Brunetière : *L'Art et la Morale.*

Rousseau va développer dans ses autres ouvrages. J'en méconnais si peu, du reste, les imperfections et les défauts que c'est par une fine critique (elle n'est pas de moi) que je résumerai l'impression que laisse à un lecteur impartial cette première œuvre marquante de notre auteur. Dans ses *Confessions*, Rousseau nous dit qu'il connut Fontenelle dès 1741 et le fréquenta jusqu'à sa mort : « Il n'a point cessé de me marquer de l'amitié et de me donner, dans nos tête-à-tête, des conseils dont j'aurais dû mieux profiter ». On ne peut pas dire, en effet, que le fougueux lauréat de Dijon ait été un élève bien docile du prudent Fontenelle; mais il est piquant de trouver, dans une page de celui-ci, une réfutation anticipée du Discours de Dijon. Voici ce qu'a écrit Fontenelle en 1683 : « Les habits changent, mais ce n'est pas à dire que la figure des corps change aussi. La politesse ou la grossièreté, la science ou l'ignorance, ce ne sont là que les dehors de l'homme et tout cela change; mais le cœur ne change pas et tout l'homme est dans le cœur. On est ignorant dans un siècle, mais la mode d'être savant peut venir; on est intéressé, mais la mode d'être désintéressé ne viendra jamais ». (1). Il me semble que, de tous les contradicteurs de Rousseau que nous avons fait parler, aucun ne l'a réfuté avec autant de finesse et en si peu de mots.

(1) *Dialogue des Morts:* Socrate et Montaigne.

(*A suivre*).

Marseille. — Imprimerie du *Sémaphore*, BARLATIER, rue Venture, 19.

## PUBLICATIONS DES COLLABORATEURS DES ANNALES

---

Michel CLERC

**LA BATAILLE D'AIX.** — Études critiques sur la campagne de Caius Marius en Provence. — 1 vol. in-8° de 284 pages et quatre cartes. Prix : **7 fr. 50**

---

Paul MASSON

**LES COMPAGNIES DU CORAIL.** — Étude sur le commerce de Marseille au XVIe siècle et les Origines de la Colonisation française en Algérie-Tunisie. — 1 vol. in-8° de 254 pages et cinq planches. Prix : **6 francs**.

PARIS
FONTEMOING, Éditeur
4, Rue Le Goff, 4

# UNIVERSITÉ D'AIX-MARSEILLE

---

PUBLICATIONS SUBVENTIONNÉES

PAR

*Le Conseil Municipal de Marseille*
*Le Conseil Général des Bouches-du-Rhône*
*Le Conseil de l'Université*

## Annales de la Faculté des Sciences

---

## Annales de la Faculté de Droit

---

## Annales de la Faculté des Lettres

---

## Annales de l'Ecole de Médecine et de Pharmacie

---

*Le Directeur-Gérant :* Michel CLERC.

Marseille. — Imprimerie du *Sémaphore*, BARLATIER, rue Venture, 17-19.

www.ingramcontent.com/pod-product-compliance
Lightning Source LLC
LaVergne TN
LVHW011953220826
846092LV00001B/171

* 9 7 8 2 3 2 9 5 6 1 9 6 7 *